真珠湾攻撃・全記録

日本海軍・勝利の限界点

秋元健治

現代書館

真珠湾攻撃・全記録＊目次

はじめに

一九四一年十二月七日（日本時間では八日）、日本海軍の真珠湾攻撃は、日本のみならずアメリカ合衆国にとっても歴史の大きな転換点となった。ハワイ作戦として入念に立案された真珠湾攻撃は、航空母艦の集中運用という先駆的戦術、徹底した機密保持、また日本軍にとって幸運な偶然も重なり、日本側の圧倒的勝利となった。ハワイ作戦の目的は、日本が資源を求め東南アジア地域へ侵攻する際の最大の脅威、アメリカ太平洋艦隊の主力を撃滅することだった。その作戦目的は、完全に達成されたかにみえた。

日本海軍と陸軍は、明治期の創設後まもない頃から対抗意識が強く、両軍の連携と調整を有効におこない日本軍全体を統轄する中枢は実質的に存在しなかった。海軍は軍令部、陸軍は参謀本部が独自の戦争計画をもち、両軍は最高司令官の天皇にそれらを奏上した。陸軍は、一九三七年中頃から中国大陸で際限のない拡張に突き進み、日本を国際的に孤立させた結果、石油などの資源供給が断たれる事態をまねいた。海軍は、陸軍が中国で無謀に始め、すでに泥沼化した戦争のために、海軍艦艇を動かす燃料が数カ月後に枯渇するという状況に大きな不満を抱いた。こうした状況を打開する方策が、海軍の緊急の課題となった。軍隊が自らの危機を打開する方策を模索すれば、当然のこととして軍事力の発動が第一の選択肢である。海軍の明治以来の伝統的戦略は、日本近海へ来襲する敵性艦隊と洋上決戦をおこなう迎撃作戦だった。その防衛的性格は、ハワイ作戦においては、攻撃の有効性の観点から、先制攻撃をおこないアメリカ艦隊に大打撃を与えるとの発想に変わった。

真珠湾攻撃の一八カ月前、フランクリン・D・ルーズベルト大統領は、太平洋艦隊をアメリカ西海岸からハワイの真珠湾へ派遣した。そして太平洋艦隊は、真珠湾に期限の定めないまま駐留し続けた。ルーズベルト大統領は、ハワイにアメリカの大艦隊が存在することが、日本の南方侵攻の抑止力になると考えた。しかしそれは、逆に日本軍の攻撃を誘発する結果となった。真珠湾攻撃後、アメリカは日本に宣戦布告、直接介入を避けてきたヨーロッパ戦線にも参戦した。ヨーロッパと太平洋で生起した個々の戦争は、国家間の同盟関係で一体化され、世界大戦という惨禍が再び繰り返されることに

1958年5月31日、空母「ベニントン」が、真珠湾に沈んだまま記念館とされた戦艦「アリゾナ」の近くを航行する。「ベニントン」の飛行甲板上、乗員の人文字でARIZONAが描かれている。バトルシップ・ロウ（戦艦泊地）で沈没着底した「アリゾナ」から漏れ続ける重油が海面に漂っている。〔The Naval History & Heritage Command (formerly the Naval Historical Center)〕

なった。太平洋の戦いは、主に日本軍とアメリカ軍との戦闘であり、広大な海域で艦隊決戦、航空決戦が展開された。そして日本軍は、時を経るにつれ島嶼防衛と玉砕、兵力の減耗と資源不足で窮地に追い込まれる。太平洋上の島々から飛び立ったB-29の日本本土への無差別空襲が続けられ、沖縄での地上戦、特攻作戦、そして戦争の結末は、広島と長崎への人類史上初の核兵器の使用だった。

今から六十年以上前に日本がおこなった真珠湾攻撃は、ヨーロッパの戦争と太平洋・アジアの戦争を結びつけ、二度目の世界大戦として未曾有の惨劇を生み出す端緒となった。二十世紀、帝国主義の時代に戦争は、国富や経済と密接な関係をもち、現実主義者は、軍事力を欠くならば国家の繁栄も人びとの安全な生活も実現できないと考えていた。そして現在、そうした当時とは、兵器も世界観、そして人命にたいする価値観も大きく異なるように見える。しかしグローバリズムの進展のなか、繰り返される戦争と紛争、人命軽視と傍観的姿勢が、再び新たな大きな危機の到来を招かないようにしなくてはならない。今、真珠湾攻撃から学ぶべきことは、その作戦や戦術的優劣ではなく、戦争へと歩んだその不幸な道をしっかりと記憶することである。

真珠湾攻撃に関する書籍は、アメリカをはじめ日本国内でも数多く発表されている。本書は、日本側の資料としては防衛庁防衛研修所戦史室編集の『戦史叢書　布哇《ハワイ》作戦』が中心となっている。アメリカ側の資料としては、アメリカ海軍作成の各艦艇ならびに艦隊・戦隊の戦闘記録（Action Report）、くわえて真珠湾攻撃に関する調査報告書などを用いている。

本書の構成は、真珠湾攻撃に至るまでの国際情勢、その実行部隊だった日本海軍航空艦隊の発展、ハワイ作戦立案などをイントロダクションとして、真珠湾攻撃で大きな被害を受けたアメリカ太平洋艦隊の各戦艦の状況を記述することをメインテーマとする。

プロローグ——海軍航空隊の誕生——

日本海軍が、兵器として航空機に着目した時期は早く、第一次大戦の前だった。海軍航空は一九一二年六月、海軍航空術研究委員会の設置が組織上の起源とされる。このとき、神奈川県の漁村、追濱に海軍航空基地がつくられた。当初、用意された機体は水上機だけで、それらを岸辺に繋留していたが、陸上機のための滑走路用地も確保されていた。そして一九一六年に帝国議会は航空隊予算を承認、横須賀に海軍航空隊が誕生する。この部隊は第一次大戦時、運送船「若宮丸」に搭載した水上機四機で、青島のドイツ軍施設や艦艇を攻撃した。

各国海軍のなかで、航空機の艦隊運用にもっとも野心的に取り組んだのはイギリスだった。イギリス海軍は、使用する機体を海象や構造上制約の大きい水上機ではなく、フロートを必要としない艦上機の開発をすすめた。同時に、飛行甲板をもつ海上移動基地、航空母艦の実用化のための試行錯誤を繰り返し、一九一八年に空母「アーガス」を建造する。当時、日英同盟に基づきイギリス海軍から多くを学んでいた日本海軍は、この先駆的なイギリス空母を参考に一九二二年九月、最初の空母「鳳翔」を完成させた。同時期、アメリカ海軍も石炭輸送船を改造した空母「ラングレー」を就役させている。一九二六年六月には巡洋戦艦として建造中の「赤城」が、ワシントン軍縮条約の主力艦保有枠の関係から、空母に設計変更されて竣工することになった。一九二八年四月、この空母「赤城」と「鳳翔」で第一航空戦隊を編制、空母の用法に関する研究と訓練が本格的にすすめられた。

この頃、艦隊における空母の役割は、まだ補助的なものとみなされていた。すなわち艦隊決戦の主力は大口径砲を搭載する重防御の戦艦だという考えが一般的だった。第一次大戦後の軍縮の国際世論を背景に開かれたワシントン軍縮条約で、日本は主力艦（戦艦ならびに巡洋戦艦）の対米比率を六割に制限された。日本の仮想敵国とされたアメリカとの戦争で、海軍はアメリカ戦艦部隊との砲撃戦が生起する前に、潜水艦と水雷部隊、そして空母艦載機による攻撃で、その兵力を漸減させる作戦を構想していた。

海軍航空では、国産の艦載機の開発にも精力的に取り組んだ。当初、航空機の技術集積のない海軍工廠造兵部は、外国

1918年にイギリスが建造した世界最初の空母「アーガス」。この写真は、1925年に実施された大改装後に撮影されたもので、艦上に艦橋はなく、飛行甲板は全通式となっている。〔The Naval History & Heritage Command (formerly the Naval Historical Center)〕

製機材の模倣から始め、しだいに独自製作の機体とエンジンを国際水準に近づけていった。日華事変が勃発する一九三七年頃には、航空機の設計技術は欧米先進国と同等以上となった。航空機開発を加速させるために、軍は複数の民間企業に競争設計させ、航空機の国産技術発達を促した。

初期に海軍が採用した艦載機は、主翼が三葉あるいは複葉、機体は布張り一部木製構造だったが、しだいに単葉低翼、鋼鉄構造、アルミニウムの機体へと進化していった。エンジン出力も、四〇〇馬力未満からほぼ一〇〇〇馬力へと二倍以上、高速化と携行兵装重量増を実現した。艦載機は艦上攻撃機（艦攻）とされる機種が、研究開発の中心となった。艦上攻撃機は、爆弾、あるいは当時開発中の航空魚雷を搭載し、空母から発進し敵艦艇を攻撃する。艦攻は雷撃と水平爆撃の両方をおこなえる機体である。

海軍が最初に正式採用した艦上攻撃機は、イギリス人ハーバード・スミスが設計した一三式艦上攻撃機（B1M）で、これは複葉で、国産のイスパノスイザ水冷四五〇馬力エンジンを搭載していた。良好な操縦性で、航空母艦の艦載機運用、搭乗員の養成などでの貢献が大きかった。

ところで海軍では一九二九年以降、兵器の正式名称に皇紀でその開発年を冠している。皇紀は、日本書紀の神武天皇即位の年を元年（西暦紀元前六六〇年）として数える。兵器名

1937年5月11日、豊後水道で発艦作業中の空母「加賀」の飛行甲板。手前より、九〇式艦上戦闘機、九四式艦上爆撃機、八九式艦上攻撃機。当時の搭載機のすべてが複葉機だった。（資料提供　大和ミュージアム）

は、皇紀の下二桁をつけ〇〇式としたが、十の位がゼロの場合は省略し一桁のみとする。たとえば零式艦上戦闘機（皇紀二六〇〇年）、一式陸上攻撃機（皇紀二六〇一年）、九九式艦上爆撃機（皇紀二五九九年）などと命名された。

三菱航空機は、艦載機の開発とその正式採用を至上命題としていた。同社は、イギリスから最新技術のライセンスを購入するなど、多額の投資をして八九式艦上攻撃機（Ｂ２Ｍ）を完成させたが、重い機体で軽快性を欠き、搭乗員の評価は悪く、まもなく発注は停止された。

失敗だった八九式艦上攻撃機に続き、三菱航空機は一九二九年に九三式艦上攻撃機を完成させた。しかしこれは、大型の双発機で空母での運用は実質的に不可能だった。双発大型艦載機の開発は、海軍からの要請に基づいていたが、当時海軍は艦載機運用方法を模索中だった。軍令部（海軍）は、数トンの爆弾を搭載し長距離飛行が可能な野心的な航空攻撃案をもっていた。しかし、こうした大艦巨砲主義の空母版のような構想では、海上航空兵力の機敏性と柔軟性が失われ、なによりも技術的に困難だった。九三式艦上攻撃機は空母ではなく、陸上基地から運用する九三式陸上攻撃機となったが、それでも実用の域に達せずに姿を消した。

一九三四年、三菱航空機は三菱造船と合併、三菱重工業となるが、同社はその後も大型攻撃機の開発を続け、一九三六年に九六式陸上攻撃機（Ｇ３Ｍ１）を完成させた。この機も九三式艦上攻撃機と同様に大型で陸上基地での運用となった。九六式陸上攻撃機は、単葉の近代的設計で高速を実現し、爆弾搭載量も多く、陸上基地からの長距離渡洋攻撃を可能にした。しかし艦上機の開発では、ライバルの中島飛行機に遅れをとる結果となった。中島飛行機は翌年の一九三七年、当時の世界最高水準と評された九七式艦上攻撃機（Ｂ５Ｎ）を完成、正式採用されている。この機の改良型が、一九四一年十二月の真珠湾攻撃において、アメリカ戦艦群への雷撃と水平爆撃で大きな戦果をあげた。

Ⅰ 世界初の空母機動部隊

（i）戦艦と海軍航空戦力

第一次大戦後、初めて戦場に投入された航空機は、まだ開発途上だったが有効な兵器であることが実証され、各国は精力的に軍用機の開発に取り組んだ。航空機は陸上基地からのみならず、海上での使用が指向され、艦載機の艦隊運用は試行錯誤が続けられていた。一九四一年十二月、日本の真珠湾攻撃によって太平洋戦争が始まる前まで、各国の海軍力決戦の主力は長距離射程と大きな破壊力をもつ大口径砲を搭載する戦艦だった。航空主兵論者の唱える航空優勢は、一定の支持を得ていたが、それが海軍兵力の中核を担えると考える者は少数派だった。

世界で初めて航空母艦を集中、それらを空母中心の大艦隊として編制したのは、日本海軍だった。真珠湾攻撃の八カ月前の一九四一年四月十日、第一航空艦隊が南雲忠一中将を司令官、草鹿龍之介少将を参謀長として編制された。

日本海軍が大型空母「赤城」、「加賀」を建造できたのは、列強間の軍縮条約締結の結果である。第一次大戦後に開かれたワシントン軍縮会議は、海軍の主力兵器である戦艦の建造と保有、兵装を制限するものだった。それは世界史における最初の軍縮会議で、戦艦建造の軍拡競争が各国の大きな財政負担となっていたことが背景となっていた。この会議において、戦艦に関する各国の保有量上限が決定されたが、航空母艦にも一定の制限が合意された。すなわち空母の基準排水量を二万七〇〇〇トン以下とし、保有する空母全体の基準排水量の合計をアメリカとイギリスは一三万五〇〇〇トン、それにたいし日本はそれらの六割の八万一〇〇〇トンと制限した。

ところが日本を含む列強は、すでに戦艦の建造をすすめており、戦艦の保有枠を上回る建造中の船体破棄には強く抵抗した。これに対応し、三万三〇〇〇トンを超えない二隻以内の建造を認める例外協定が結ばれた。建造できるのは戦艦（主力艦）以外であるが、戦艦でない大型艦といえば空母しかなかった。アメリカと日本は、それぞれ建造中の巡洋戦艦二隻を空母に改造することを了解した。それらはアメリカの「レキシントン」と「サラトガ」、日本は「赤城」と「加賀」であり、いずれも戦艦あるいは巡洋戦艦として建造中だったが、設計変更して大型空母として完成させることになった。

著しい進歩を遂げる航空機、その海上基地である空母を重視する航空主兵論が、欧米海軍で論じられ始めたのは一九二〇年代の後半だった。日本海軍では一九二七年、聯合艦隊演習で実証された基地航空部隊の活用法と大きな成果が注目された。艦隊決戦で航空機が正当な評価を得る実戦はまだなかったが、航空兵力の有効性は中国大陸での戦闘で証明された。一九三七年七月の日華事変（支那事変）では、海軍航空隊の陸戦部隊への支援、航空機での迎撃、要地爆撃などの戦果をあげた。しかし航空主兵論は、列強海軍が長年、膨大な軍費をかけ整備してきた戦艦の価値を脅かすものであり、各国海軍内部で当然、大きな抵抗にあった。航空主兵論と大艦巨砲主義は、それぞれの支持者によって戦術的優劣が議論されたが、その結論は次の大戦まで待たなくてはならなかった。

日本海軍は、ロシアのバルチック艦隊を撃破した明治時代の日本海海戦を艦隊決戦の理想としていた。こうした敵遠征艦隊の撃滅作戦では、相手は日本海軍を上回る兵力と仮定される。両軍の戦艦部隊の会敵前に、敵兵力の漸減をおこなう戦闘には潜水艦、水雷部隊とともに補助兵力として空母の飛行隊の投入が考えられていた。そのため空母は、戦艦を中核とし、戦艦砲力を最大の打撃力とする艦隊に分属される。しかし、こうした艦隊編制では、空母の航空兵力を最大限有効に活用することは難しい。そのため日本海軍内では、空母を中核とし、かつ集中的に運用する艦隊編制が考案、主張されるようになった。

この代表的な提唱者は、聯合艦隊参謀長の小澤治三郎少将だった。当初、小澤少将の空母集中運用案は、採用されることはなかったが、その後、彼は第一航空戦隊司令官となり、一九四〇年に「航空艦隊編制に関する意見」を提出した。これは航空戦隊を集めて航空艦隊を編制すべきと再び主張していた。この内容に示唆を与えたのは、空母「赤城」の飛行隊長の淵田美津雄少佐だった。彼は後にハワイ作戦（真珠湾攻撃）において攻撃隊の総指揮官を務める。結局、小澤少将の進言に基づき、水上砲撃戦をおこなう戦艦部隊とは独立した空母艦隊の創設が決定された。

一九四一年四月十日、空母「赤城」、「加賀」に護衛の駆逐艦三隻を加えた第一航空戦隊、空母「蒼龍」、「飛龍」に駆逐艦三隻の第二航空戦隊、そして空母「龍驤」と駆逐艦二隻の第四航空戦隊が組まれた。以上の三戦隊が第一航空艦隊を編制し、一人の艦隊司令官の指揮下におかれた。この時期、山

1925年４月６日、呉海軍工廠造船船渠で進水後の空母「赤城」。（資料提供　大和ミュージアム）

本五十六聯合艦隊司令長官は、アメリカとの開戦劈頭においてハワイの真珠湾を攻撃することを決意していた。一九四一年九月、海軍は聯合艦隊の戦時編制を発令し、就役したばかりの新鋭の制式空母「翔鶴」、「瑞鶴」に駆逐艦二隻を付けた第五航空戦隊を編制、第一航空艦隊に加えた。山本五十六聯合艦隊司令長官は、第一航空艦隊と、第三戦隊以下の支援部隊でハワイ真珠湾のアメリカ太平洋艦隊を奇襲するハワイ作戦を具体化、これらの艦隊を機動部隊と命名した。

以上の経緯で、日本海軍は世界最初の空母機動部隊を実現した。空母艦隊の編制に貢献した小澤治三郎は、太平洋戦争後期の一九四四年十月、捷一号作戦において日本海軍の最後の空母機動部隊を指揮した。これは、戦艦「大和」以下の第一遊撃部隊（戦艦部隊）のレイテ湾突入を実現するための囮艦隊で、小澤艦隊の空母は壊滅した。皮肉な歴史の巡り合わせといえるだろう。

（ⅱ）空母「赤城」

一九二一年のワシントン軍縮条約締結によって、日本海軍の空母の保有枠はアメリカとイギリスの六割、上限八万一〇〇〇トンとされた。ただし同条約締結前に建造された空母ならびに一万トン以下の艦は、この保有枠に含まない。空母一艦の最大の基準排水量は二万七〇〇〇トンと規定されたが、それも実質的には三万三〇〇〇トンまで許容された。

アメリカ海軍は「レキシントン」級戦艦二隻を空母に設計変更し、空母「レキシントン」、「サラトガ」を建造した。日本海軍は八八艦隊計画の五番艦、六番艦として巡洋戦艦「天城」、「赤城」を建造中だったが、ワシントンで軍縮交渉が始まると一九二二年にこれらの工事を中止した。呉海軍工廠で「赤城」は最下甲板まで工事がすすんでいた。横須賀海軍工廠で建造中の「天城」は、空母への転換が予定されていたが、一九二三年の関東大震災で大破、破棄された。その代わりとして、八八艦隊計画の「長門」型に次ぐ三番艦として建造、すでに進水していた「加賀」が空母として完成されることになった。

「赤城」は一九二三年以降、航空母艦としての工事を再開し、一九二五年に呉海軍工廠で進水、一九二七年三月に竣工した。基準排水量二万六九〇〇トンの「赤城」は、「鳳翔」に続く二番目の空母となった。「鳳翔」の基準排水量は七四七〇トンで、「赤城」はその三倍以上の排水量をもつ大型空母だった。当時、航空機と空母の運用については、技術的に不確定要素が多く、搭載機の性能向上や発艦滑走距離の伸長など、それに合わせて艦の構造変更が必要とされた。

一九二七年の就役時、「赤城」は雛壇式に三段の飛行甲板をもつイギリス空母「フューリアス」と同じ飛行甲板構成だった。すなわち長さ一九〇・二メートルの上層が発着用甲板、屋根のある中段が戦闘機の発艦用甲板、同じく屋根のある下段は攻撃機と爆撃機の発艦用甲板とされた。そして艦載機を各甲板に移動させる昇降機（エレベーター）を前後に二基設置した。この三段式飛行甲板は、艦載機の発艦と着艦が大きな時間差なく実施可能だった。また中段、下段では、艦尾側の格納庫からエレベーターで艦載機を上下に移動しなくても、そのまま発艦できる。しかし新型艦載機の高速化と大型化、爆弾など搭載兵装の重量増加で、発艦時の滑走距離が伸長したため、そうした運用方法が困難となった。特に中段の飛行甲板は、新型機の離艦滑走距離に足りず、艦首側に二基設置された二〇センチ連装砲塔は発艦の大きな障害になった。

当時、空母に重巡洋艦用の主砲を搭載したのは、敵艦隊との水上砲撃戦を想定してのことだった。空母「赤城」の二〇センチ砲は、中段の艦首側、飛行甲板上に連装砲塔二基で四門、そして艦尾側の両舷側に単装砲として片舷三門で計六門、合計一〇門も搭載していた。これはワシントン軍縮条約の規定、八インチ（二〇センチ）以下、五インチ（一二・七センチ）以上の砲は一〇門以内という制限に合わせたことによる。他に対空火器は、六基の一二センチ連装高角砲、合計一二門が装備されていた。

空母の艦橋は、航行に不可欠な操舵室とともに艦載機の発

1930年８月15日、横須賀海軍工廠に接岸する空母「赤城」、３段式の飛行甲板をもつ。最上甲板の前端下部に隠れて20センチ連装砲塔２基がある。右舷側には戦艦「長門」が停泊している。戦艦は被弾面積の最少化のため、全長を可能な限り短くするが、空母は飛行甲板面積の最大化のため船体長が排水量のわりに大きい。（資料提供　大和ミュージアム）

着を指揮する管制塔が一体となったものである。航空機の離発着の障害となる艦橋は、その機能を失わない限りできるだけ小型が望ましい。就役時の「赤城」の艦橋は、艦載機の発着を管制する機能のない羅針盤艦橋が、中段飛行甲板の上部（上段飛行甲板の下部）、艦首側に設置されていた。

就役時の搭載機は、三式艦上戦闘機（三式艦戦）一六機、一〇式艦上偵察機（一〇艦偵）一六機、一三式艦上攻撃機（一三艦攻）二八機で、合計六〇機だった。三段式飛行甲板では、中段甲板と下段甲板が飛行甲板であり、それらの格納庫としての容積は限られたため、大型空母にしては搭載機数が少なかった。なお、この時期、後に艦爆と呼ばれる急降下爆撃機はなく、爆撃機は水平爆撃だけをおこなった。

今日の大型艦は動力にディーゼル機関、あるいは原子力を用いるが、第二次大戦期までは、重油で水を入れた缶（ボイラー）を焚いて発生する蒸気の圧力を動力源としていた。蒸気圧力をピストンまたはタービンで受け、その回転力をプロペラシャフトに伝える方式が一般的だった。重油の燃焼にともない発生する黒煙と熱をどう処理するかが、空母では特に問題となる。煙突から排出される黒煙と気流の乱れは、艦載機の離着艦時の機体安定性を損ない、重大事故の原因ともなりうる。煙突の配置は、艦の大型模型を製作して風洞実験を繰り返し、検討がなされた。その結果、舷側から引き出して湾曲させ下に向けた煙突、垂直に立てられた煙突、という二種類を設置した。

一九三五年十月、「赤城」は、さまざまな問題のある三段の飛行甲板を上段一段だけとする近代化改装を、佐世保海軍工廠で開始した。一九三八年八月まで長期間かかったこの工事で、中段と下段の甲板は、密閉式の艦載機格納庫に変わった。上段だけ残された飛行甲板は、長さ二四九・一七メートル、幅三〇・五メートルに拡張され、艦首側と艦尾側が下向へわずかに湾曲している。格納庫の容積が増加したことで、搭載機は常用六六機、補用二五機の合計九一機となった。補用とは機体を分解し、格納庫の舷側、隔壁の空間に沿って収納するもので、常用機が失われた場合、短時間で組み立てて使用が可能である。搭載機合計九一機の内訳は、八九式艦上攻撃機（八九艦攻）、九四式艦上爆撃機（九四艦爆）、九〇式艦上戦闘機（九〇艦戦）とした。

昇降機も三基に増設、機関は石炭を燃料とする缶が廃止され、すべての缶が重油燃焼となった。そのため直立煙突がなくなり、右舷の大型の湾曲煙突のみとなった。中段飛行甲板の格納庫化とともに、同甲板上に設置されていた二〇センチ連装砲塔二基は撤去された。ただし艦後部舷側に設置されていた単装砲計六門はそのまま残された。六基の一二センチ連装高角砲に加え、二五ミリ連装機銃を一四基増設した。

近代化改装後の「赤城」の艦橋は、煙突のある右舷の反対、左舷中央の飛行甲板上に設置された。しかし運用後、左舷側の艦橋は、艦載機の操縦士から不評をかった。空母への着艦は、機体の浮力を最大とする必要から、風上に向かい高速で航行する艦尾側からおこなわれる。ほとんどの日本軍機は、プロペラが右回りであり、右旋回より左旋回の状態で機体制御が容易だった。着艦運動に入った艦載機は、空母の左舷前方から大きく左旋回しながら、飛行甲板の艦尾端を目標に着艦態勢をとろうとする。左にバンクする機上で母艦を注視する操縦士にとって、左艦橋は飛行甲板を確認する障害となった。

また近代化改装後の「赤城」では、煙突からの熱気流や右艦橋が関係し、離着艦時に気流の乱れが発生することも判明した。この近代化改装を完了した「赤城」、建造工事がすすんでいた「飛龍」を例外とし、以後の日本海軍の空母では艦橋がすべて右舷側となった。「赤城」の艦橋は船体のほぼ中央、左舷よりにある。この位置は艦載機の発着を管制するには好都合だが、前方の視認性は劣るため、高さを増して他空母より大型の艦橋となった。それは最上部から下に向かって防空指揮所、羅針盤艦橋、上部艦橋、下部艦橋という構成になっている。

「赤城」の基準排水量は二万六九〇〇トンと発表されたが、

空母「赤城」(近代改装後)

排水量基準：36,500t　公試：41,300t
全長艦体：260.67m
水線長：250.36m
全幅：31.32m
飛行甲板 249.17m
機関 13万3,000馬力
最大速力 31.2ノット(時速 58Km)
巡航速度 16ノット(30Km)
航続距離 8,200海里(1万 5186Km)
乗員 1,630名

兵装 20cm砲 6基 6門
12cm連装高角砲 6基 28門
25cm連装機銃 14基 28門
搭載機 常用 66機、補用 25機
1941年 12月(ハワイ作戦時)
常用機
零式艦上戦闘機　18機
九九式艦上爆撃機　18機
九七式艦上攻撃機　27機

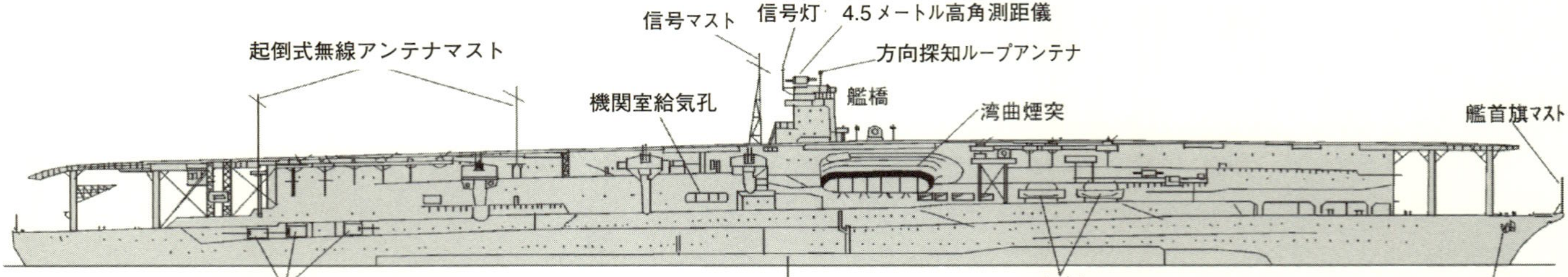

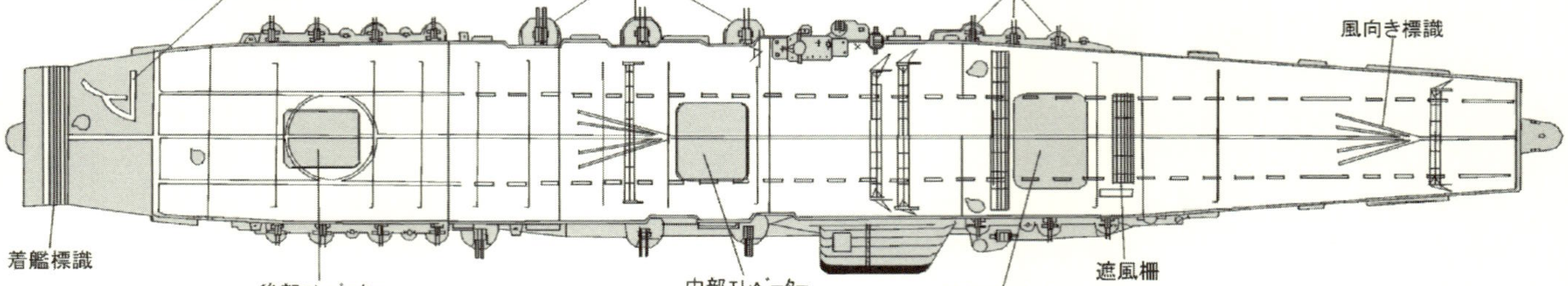

近代化改装後の空母「赤城」。艦橋は左舷に設置されていた。

実際は三万トン以上の大型艦となり、全長は二六〇・六七メートルで、全長二六三メートルの「大和」型戦艦と約二メートルしか変わらない。主機はオール・ギヤード・タービン八基、四軸推進で、速力は最大出力一三万三〇〇〇馬力で三一・二ノット（時速五八キロメートル）を発揮する。航続距離は一四ノットで八〇〇〇海里（一万四八〇〇キロメートル）、乗員は一六三〇名とされた。

空母「赤城」は、「加賀」とともに第一航空戦隊を構成、中国沿岸での作戦などに出動した。空母機動部隊の編制がなされると、その艦隊旗艦となった。

(iii) 空母「加賀」

空母「加賀」も「赤城」と同様、ワシントン軍縮条約の申し子である。海軍は、建造途上の巡洋戦艦「天城」を、「赤城」とともに空母に改造することを決定していたが、「天城」は一九二三年の関東大震災によって船渠内で大破してしまう。そのため、すでに進水し横須賀海軍工廠に回航されていた「加賀」が空母に改装されることになった。ちなみに「加賀」型戦艦の二番艦「土佐」は、射撃実験の標的とされ海没処分となった。空母「加賀」の設計においても、当時は飛行甲板や格納庫、煙突や艦橋の設置など、未解決の問題が多々あり、この艦でも「赤城」と同様、実験的運用が繰り返され、

1928年11月20日、横須賀海軍工廠、艤装岸壁で工事中の空母「加賀」。格納庫の外側に露出した長い煙突は、艦尾付近まで延びている。（資料提供　大和ミュージアム）

その結果に基づき大規模な近代化改装が実施された。

「加賀」の煙突は、イギリス海軍の空母「アーガス」を参考に煙突誘導方式とした。それは非常に特徴的な配置だった。煙路を二つに分けて左右両舷方向に導き、格納庫の外側に露出させ、それをさらに艦尾付近まで長く伸ばした。しかし「加賀」の完成後、この方式は適切なものでないことが判明した。艦尾両舷側から出る高温の排煙は、気流を乱し、艦尾側から着艦する航空機の安定性を損なった。また両舷に長く伸びる煙突に隣接する乗員居住区に熱が伝わり、室内温度四〇度を超すこともあり、居住区は乗員の休養、睡眠のできる環境ではなかった。

「加賀」は一九二三年三月に竣工、第一艦隊に「鳳翔」とともに第一航空戦隊を編制した。一九三二年の上海事変では、陸戦部隊との共同作戦をおこなっている。新造時の「加賀」の諸元は以下のとおり。基準排水量二万六九〇〇トン。全長は二三八・五メートル、全幅二九・六メートル。平均吃水七・九二メートル。機関は主機ブラウン・カーティス式オール・ギヤード・タービン四基、四軸。出力九万一〇〇〇馬力。最大速力二七・五ノット（時速五一キロメートル）。航続力は一四ノットで八〇〇〇海里（一万四八〇〇キロメートル）。乗員一二六九名。武装は二〇センチ連装砲二基、同単装砲六基、一二センチ連装高角砲六基。搭載機は、常用と補用合わ

1930年、瀬戸内海で停泊中の空母「加賀」。中段甲板上両舷に20センチ連装砲塔があり、その中央に羅針盤艦橋がある。（資料提供　大和ミュージアム）

せて六〇機だった。

一九三四年、空母「加賀」も、近代化のための大改装を佐世保海軍工廠で実施した。「赤城」と同様に三段式だった竣工時の飛行甲板は、上段の飛行甲板を延ばし、中段、下段の飛行甲板は密閉式の格納庫とした。これによって搭載機数は、常用七二機、補用一八機の合計九〇機にまで増加した。一段式の飛行甲板は二四八・六メートル、昇降機は延長した飛行甲板の部分に一基を新設、三基となった。「加賀」には艦載機の発艦に油圧カタパルトを設置する計画があり、それに関連する工事もなされたが、結局、カタパルトは実用化に至らず設置されることはなかった。

「加賀」も中段飛行甲板の前端両舷に二〇センチ連装砲二基、くわえて単装砲として六門を舷側に設置していた。近代化改装時、連装砲二基は撤去、単装砲はそのままにされた。「加賀」の船体は戦艦として設計されたため防御力は高かったが、機関は大型艦としては九万一〇〇〇馬力の低出力、最高速は二七・五ノット（時速五一キロメートル）で、航空機の発着時に高速発揮が必要な空母としては低速だった。

近代化改装で「加賀」の煙突誘導方式は、「赤城」と同じく外側下向き湾曲煙突に変更された。新しくなった「加賀」の煙突には、ポンプで汲み上げた海水を煙突から煙と一緒に排出する機構があった。この方式は、航空機の発着に影響を

1936年、近代化改装後の空母「加賀」。飛行甲板上に排煙が上がらないように、右舷の湾曲煙突から海水を散布している。（資料提供　大和ミュージアム）

及ぼす気流の乱れの原因となる排気の冷却、また航空機の視認性を損なう黒煙の減少に有効だった。

「加賀」の艦橋は、就役時の「赤城」と同様、中段飛行甲板の前面に羅針盤艦橋として設置されたが、飛行甲板上の艦首右舷側に移設、小型の塔型となった。

武装は中段飛行甲板上の艦首寄りに置かれた二〇センチ連装砲塔二基を撤去、それを単装砲にして艦尾両舷に移設した。対空火器は一二センチ連装高角砲を新型の一二・七センチ連装高角砲に換装し、これを八基一六門とした。高角砲は反対舷方向へも射角がとれるよう飛行甲板よりも高い位置に設置された。二五ミリ連装機銃も飛行甲板脇に増設した。

機関については戦艦用の安定性は高いが出力を抑えたものを、空母としての運用に支障のない性能まで高める必要があった。蒸気タービンの半数を新型の艦本式オール・ギヤード・タービン二基に換装、缶（ボイラー）は、重油専燃のロ号艦本式水管缶八基とした。その結果、機関出力は九万一〇〇〇馬力から一二万五〇〇〇馬力に強化された。また高速発揮に有利な船型とするために艦尾を八メートル延長した。しかし最大速力は二八・三ノット（時速五二キロメートル）にとどまった。

改装後の「加賀」の諸元は次のとおり。基準排水量三万八二〇〇トン、全長二四七・六五メートル、全幅三二・五メー

1937年、呉海軍工廠で艤装中の空母「蒼龍」。（資料提供　大和ミュージアム）

トル、平均吃水九・四八メートル。飛行甲板は長さ二四八・六〇メートル、幅三〇・五メートル。搭載機は常用七二機、補用一八機の合計九〇機。装甲は舷側一二七ミリ。主機は艦本式オール・ギヤード・タービン二基、ブラウン・カーティス式オール・ギヤード・タービン二基、四軸。出力一二万五〇〇〇馬力、最大速力二八・三ノット（時速五二キロメートル）。航続距離は一六ノットで一万海里（一万八五〇〇キロメートル）。乗員約二〇〇〇名。

近代化改装を一九三五年六月に終えた「加賀」は、同年十一月に艦隊に復帰した。一九三七年の日華事変勃発後には上海、杭州、広東方面の陸軍を航空支援する作戦に参加、帰投後、第一航空戦隊に編入された。

(iv) 空母「蒼龍」・「飛龍」

日本は一九三四年の第二次補充計画で、基準排水量一万〇〇五〇トンの空母二隻の建造を予定していた。巡洋艦以下の保有量と兵装を制限したロンドン条約に基づき、「蒼龍」として完成する艦は、後部に航空機発着甲板をもつ航空巡洋艦として設計された。しかし建造の直前の一九三四年三月に船体の強度不足が露見した夕鶴事件が発生、新造艦の設計が全面的に見直された。そして再設計された「蒼龍」は、他の事情もあり主砲をすべて廃止、純然たる航空母艦として建造さ

1939年4月、宿毛泊地で停泊中の空母「蒼龍」。右方には空母「龍驤」の艦尾が見える。（資料提供　大和ミュージアム）

れることになった。

中型空母「蒼龍」は一九三四年に起工、翌年に進水、艤装工事を経て一九三七年に竣工した。空母「赤城」、「加賀」での運用実績を踏まえて、飛行甲板は最初から全通式の一段だった。格納庫は密閉式で三層、昇降機三基、煙突は艦尾側に下向きに湾曲した方式を採用した。搭載機は、常用五七機、補用一六機の計七三機。右舷側艦首寄りに小型の塔型艦橋を設置した。右舷艦橋は艦載機の着艦に不適切だったのは「赤城」と同様だが、建造工事の進捗状況からそのままにされた。

「蒼龍」の船体構造は、重量の増す従来の鋲留めではなく、電気溶接を多用した。しかし当時、日本の溶接技術は強度に不安があり、続いて建造された「飛龍」では鋲留めでの接合方式に戻った。「蒼龍」の機関は、重巡洋艦「鈴谷」型と同じ重油専燃焼缶大型八基で一五万二〇〇〇馬力、最大速力三四・九ノット（時速六四・六キロメートル）を発揮する。これは日本空母中最速だった。「蒼龍」は防御力の弱さが指摘されたが、搭載機数、速力、航空機運用性など均衡のとれた理想的中型空母とされ、以後の小型、中型空母設計の標準型とされた。

「蒼龍」の就役時の諸元は次のとおり。基準排水量一万五九〇〇トン、全長二二七・五メートル、全幅二一・三メートル、平均吃水七・六二メートル。飛行甲板長さ二一六・九メ

1939年4月28日、館山沖で全力公試中の空母「飛龍」。（資料提供　大和ミュージアム）

ートル、幅二六メートル。装甲は舷側三五から一四〇ミリ、甲板四〇ミリ。主機艦本式オール・ギヤード・タービン四基四軸で出力一五万二〇〇〇馬力、最大速力三四・六ノット（時速六四・六キロメートル）、航続距離は一八ノットで七六八〇海里（一万四二〇〇キロメートル）。武装は一二・七センチ連装高角砲六基一二門、二五ミリ連装機銃一四基。搭載機は、常用五七機、補用一六機の合計七三機。搭載機の内訳は、零戦一八機（補用六機）、艦上爆撃機三三機（補用一一機）の合計六八機。乗員は一一〇〇名。

第二航空戦隊に編入された「蒼龍」は、一九三八年の日華事変時に出動、一九四〇年にも陸軍のフランス領インドシナ（仏領印度支那）への侵攻を航空支援した。その後、ハワイ作戦のための飛行隊の訓練を開始、真珠湾攻撃では、「飛龍」とともに第二航空戦隊を編制した。

空母「飛龍」は、「蒼龍」型航空巡洋艦の二番艦として設計されたが、その後、空母として建造された。日本は一九三四年にワシントン軍縮条約、一九三六年にロンドン条約から離脱したため、基準排水量の上限に拘束される必要がなくなった。「飛龍」は、「蒼龍」を基盤に全面的に再設計されたため、実質的に「蒼龍」とは異なる型の航空母艦として完成した。

飛行甲板の幅は、「蒼龍」の二六メートルから一メートル長い二七メートル。そして艦橋は「蒼龍」の右舷前方ではなく、左舷中央付近に設置された。艦中央の艦橋は、航空機の管制には都合がよかったが、前方の視界が充分ではなく、艦橋を高くし前方視界をできるだけ改善した。

「飛龍」は一九三六年に起工され、翌年に進水、艤装工事を施して一九三九年に竣工した。完成時の諸元は次のとおり。基準排水量は一万七三〇〇トン、全長二二七・三五メートル、全幅二二・三二メートル、平均吃水七・七四メートル。搭載機数は「蒼龍」と同じく、常用五七機、補用一六機の合計七三機。「飛龍」の機関も、「蒼龍」と同じ重油専燃缶大型八基を搭載し、一五万二〇〇〇馬力で最大速力三四・九ノット（時速六四・六キロメートル）を発揮する。航続力は一八ノットで七六八〇海里（一万四二〇〇キロメートル）。対空火器は「蒼龍」よりも強化され、一二・七センチ連装高角砲六基一二門、二五ミリ三連装機銃七基と二五ミリ連装機銃五基の合計三一挺を設置した。乗員は一一〇一名だった。

「飛龍」は一九三九年に就役後、「蒼龍」とともに第二航空戦隊を編制した。真珠湾攻撃時は、零戦二一機、九九艦爆二一機、九七艦攻二一機の計六三機を搭載していた。

(v) 空母「翔鶴」・「瑞鶴」

中国問題で国際社会から孤立を深める日本は、ワシントン軍縮条約とロンドン条約から離脱し、一九三六年末で艦艇の保有量、装備に関する一切の制限から解放された。日本海軍は「大和」型戦艦二隻をはじめ艦艇総数七〇隻、総排水量三二万トンを整備する第三次補充計画を決定、帝国議会は予算執行を承認した。この計画での第三号艦、第四号艦とされたのが、「翔鶴」型の制式空母二隻だった。「翔鶴」型の設計には、「赤城」、「加賀」ならびに「蒼龍」、「飛龍」の運用実績での成果が盛り込まれた。大型空母の「翔鶴」型は、中型空母「飛龍」の設計を基礎にそれを拡大したものとなった。

二万五六七五トンという排水量をもつ「翔鶴」型は、飛行甲板の全長が二四二・二メートル（艦の全長は二五七・五メートル）で、それは排水量三万トン以上の大型空母「赤城」、「加賀」とほぼ同じだった。船体中心線上にエレベーターを三基設置、航空機格納庫は密閉式の二層である。日本空母に一般的に採用された密閉式格納庫は、内部で爆発や火災の際、被害の拡大が懸念される。このためアメリカ空母は、開放型の格納庫を採用していた。しかし日本海軍は、台風などの強風波浪の多い日本近海での空母の運用から、密閉式の格納庫の利点が大きいと評価していた。格納庫の側壁は薄く造られており、内部での爆発時、容易に壁が破壊され、爆圧を艦外へ逃がすことを想定していた。といっても密閉式格納庫では、側壁が破壊するほどの爆圧では人的、物的被害は相当なもので、また火災発生時に爆弾や魚雷の誘爆を避けるため、それ

空母「翔鶴」

排水量基準：25,675t
公試：29,800t
満載：32,105t
全長 257.5m
水線幅 26.0m
平均吃水 8.87m（公験状態）
飛行甲板 長さ：242.2m×幅：29.0m
主缶 ロ号艦本式専燃缶8基
主機 艦本式タービン4基4軸 16万馬力
速力 34.2kt（時速63キロメートル）
航続距離 18ノット（時速33キロメートル） で9,700海里（1万7900キロメートル）
乗員 仕官、兵員1,660名

兵装
40口径12.7cm連装高角砲8基
25cm3連装機銃12基
搭載機 常用72機、補用12機
1941年12月（真珠湾攻撃時）
常用機
零式艦上戦闘機　18機
九九式艦上爆撃機　27機
九七式艦上攻撃機　27機

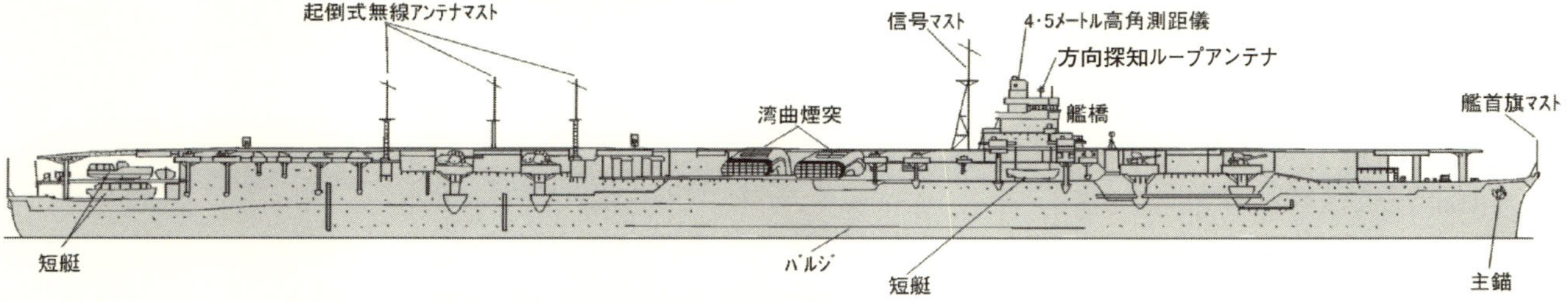

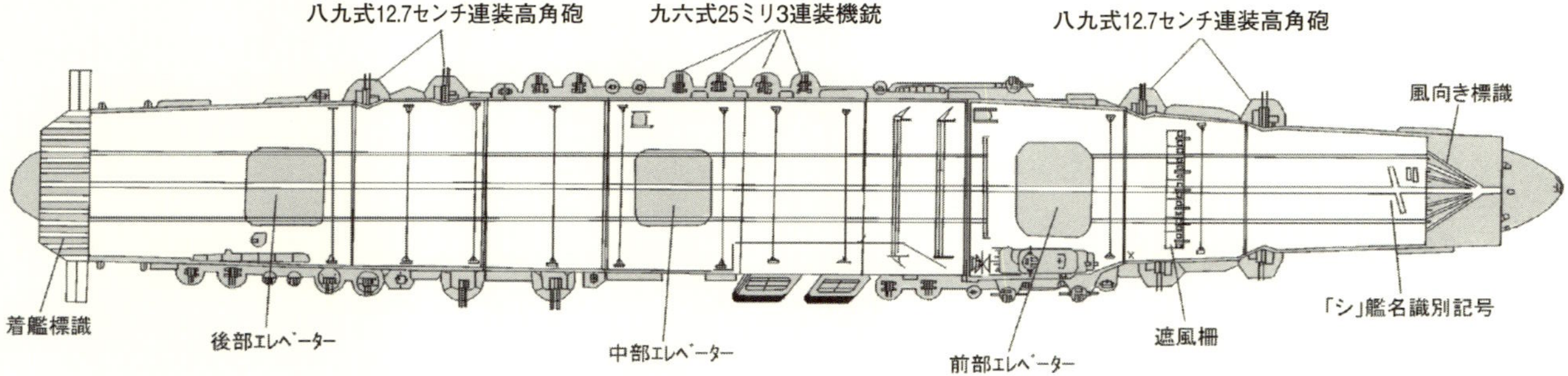

艦の全長・全幅の比較

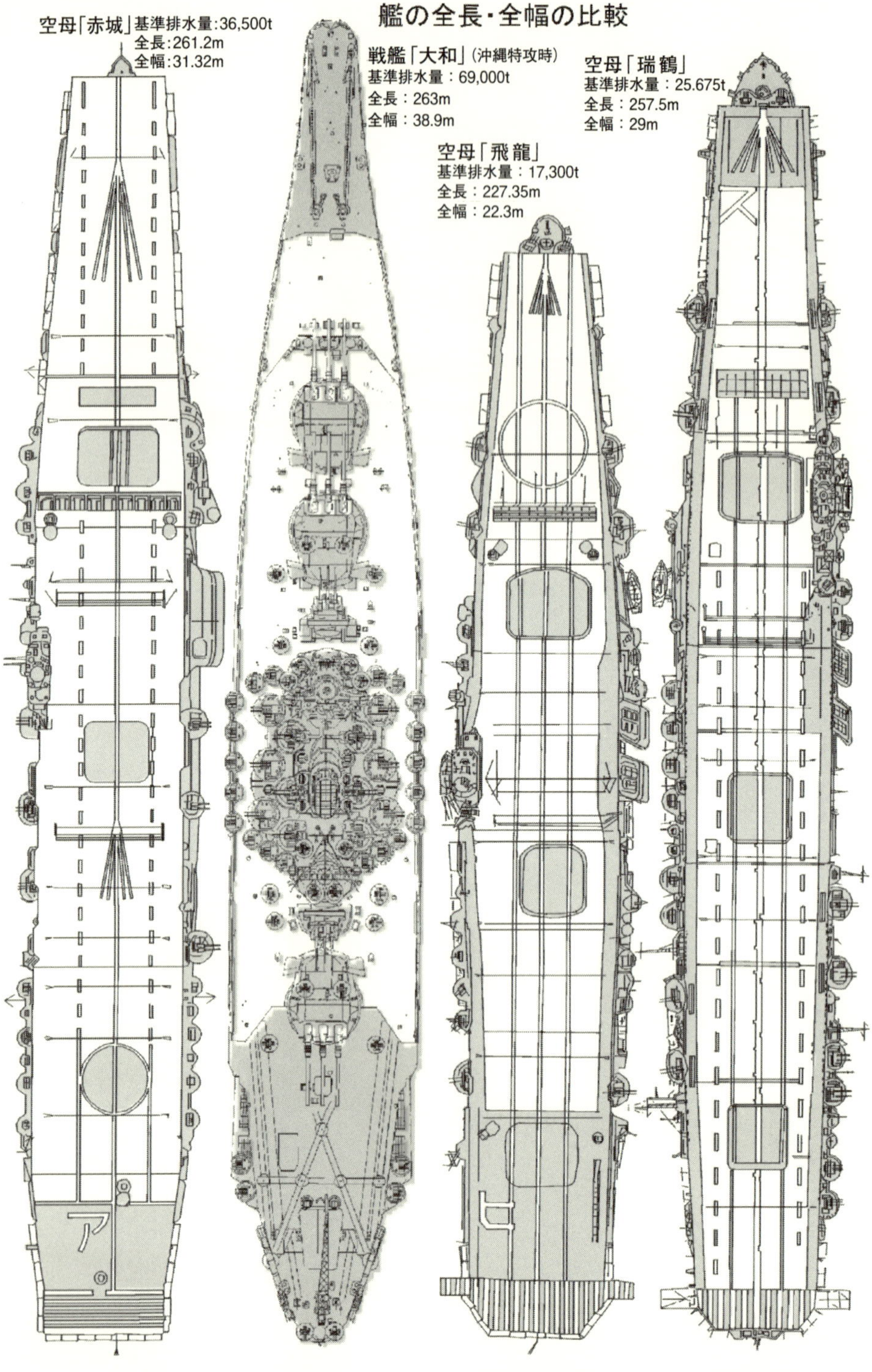

空母「赤城」基準排水量:36,500t
全長:261.2m
全幅:31.32m
戦艦「大和」(沖縄特攻時)
基準排水量：69,000t
全長：263m
全幅：38.9m
空母「飛龍」
基準排水量：17,300t
全長：227.35m
全幅：22.3m
空母「瑞鶴」
基準排水量：25.675t
全長：257.5m
全幅：29m
ア
ヒ
ス

1941年秋、ハワイ作戦に備え訓練中の空母「翔鶴」。（資料提供　大和ミュージアム）

らをただちに海に投棄することも不可能だった。

「翔鶴」型は、零式艦上戦闘機一八機（補用二機）、九九式艦上爆撃機二七機（補用五機）、九七式艦上攻撃機二七機（補用五機）の合計七二機（補用一二機）を搭載した。対空火器は、一二・七センチ連装高角砲八基一六門と二五ミリ三連装機銃一二基三六挺を設置した。

防御力も高い水準にあり、弾火薬庫は八〇〇キロの航空爆弾、重巡洋艦クラスの主砲二〇センチ砲弾に、舷側は四五〇キロの炸薬を充填した魚雷に耐えられるよう強化された。機関は、「大和」型戦艦の一五万馬力を上回る一六万馬力で日本軍艦での最大出力を発揮し、三四ノット（時速六二・九キロメートル）の高速だった。突出型球状艦首のバルバスバウを採用していた。

「翔鶴」は一九三七年十二月に起工、一九三九年進水、一九四一年八月に竣工した。二番艦「瑞鶴」は一九三八年五月に起工し、完成は一九四二年と予定された。しかし国際関係が悪化、日米戦の開戦時期に間に合わせるため、建造工事を急ぎ一九四一年九月二十五日に竣工した。この「翔鶴」型二隻は、飛行隊の訓練期間を含め、かろうじて真珠湾攻撃に間に合わせることができた。真珠湾攻撃日は、「翔鶴」型二隻の就役時期に合わせて決定されたという説もある。

竣工時の空母「翔鶴」型二隻の諸元は次のとおり。基準排水量は二万五六七五トン、全長二五七・五メートル、全幅二六メートル。飛行甲板は、長さ二四二・二メートル、幅二九メートル。平均吃水八・八七メートル。機関は、艦本式オール・ギヤード・タービン四基、四軸で、出力一六万馬力、速力三四・二ノット（時速六三キロメートル）。航続力は、一八ノットで九七〇〇海里（一万七九〇〇キロメートル）。乗員一六六〇名。対空火器は一二・七センチ連装高角砲八基一六門、二五ミリ三連装機銃一二基三六挺。搭載機は、常用七二機、補用一二機。防御甲鈑は、装甲舷側が三〇ミリから一二七ミリ、飛行甲板は六三ミリだった。

就役後まもない新鋭制式空母「翔鶴」と「瑞鶴」は、ただちに第五航空戦隊を編制、真珠湾攻撃のための訓練に入った。

Ⅱ 真珠湾への道

(i) 日米対立

日本とアメリカが戦争へと向かう状況は、一九三〇年代に形づくられていった。日本のアジアにおける政治的、軍事的に際立った存在が、この二つの国家の対立をしだいに厳しいものとした。一九三一年、日本は中国東北部を占領し満州国という、傀儡政権の衛星国家を樹立する。そして一九三七年、日本陸軍は中国への際限のない侵攻を開始した。一九四〇年に日本は、ヨーロッパで頭角をあらわすナチスドイツと同盟を結び、その翌年、オランダ領東インド諸島インドネシアを占領した。東アジアに大きな政治的、経済的関心をもっていたアメリカは、その事態を憂慮する。アメリカは、日本軍とゲリラ戦を戦う蔣介石の中国国民党軍にたいして軍事、経済両面での支援を強化した。また太平洋における軍事力を増強し、日本への石油など資源輸出を禁じた。石油の約八〇%をアメリカからの輸入に依存していた日本は、それが軍隊、とくに海軍の機能を停止させる事態を恐れた。帝国主義時代での軍事力喪失は、国家の存亡にかかわる重大な問題だった。日本政府や軍部は、資源の豊富な東南アジアを植民地化することで、この苦境を打開しようとする。

東南アジアの確保は、中国大陸で蔣介石との戦いを続ける陸軍にとっても重要だった。陸軍は満州から中国北部に侵略したが、決定的な勝利を得ることは不可能のように思われた。内陸部へ移動しながら抵抗を続ける国民党軍は、インドシナなど東南アジア経由で、アメリカなどから物資の供給を受けていた。日本は南方を攻撃し、蔣介石を孤立させ、東南アジア、オランダ領東インド諸島、ボルネオにある石油をはじめとする資源確保を狙った。一九三〇年代後半、日本はフランス軍をインドシナから、オランダ軍を東インド諸島から駆逐した。日本陸軍の戦車部隊は前近代的だったが、密林が生い茂る山間地では機動力の高い歩兵部隊が水陸両用作戦に優れていた。

（上）1939年９月、ポーランドのワルシャワを行進するドイツ陸軍。〔The Naval History & Heritage Command (formerly the Naval Historical Center)〕

（左）1940年６月23日、パリ制圧後、エッフェル塔を背景に写真におさまるアドルフ・ヒトラー総統。〔The Naval History & Heritage Command (formerly the Naval Historical Center)〕

一九三九年九月一日、アドルフ・ヒトラーのドイツ軍はポーランドに侵攻、ヨーロッパで戦争が勃発した。ドイツ軍は破竹の快進撃を続け、一九四〇年五月にイギリス軍をヨーロッパ大陸から駆逐し、六月にはドイツの同盟国イタリアがイギリスとフランスに宣戦布告した。ドイツ軍は六月十四日にパリを制圧しフランスは降伏、ドイツ軍のイギリス侵攻は時間の問題のように思われた。

ヨーロッパでのドイツ軍優勢の展開に、日本国内では好戦的政治家や陸軍が自信を深め、日本は一九四〇年九月に日独伊三国同盟を締結する。日本は枢軸国の一員となり、日本陸軍は、三国同盟調印の前日にフランス領インドシナ（現在のベトナム、カンボジア、ラオス）のハイフォンを爆撃した後、インドシナ北部に進軍した。フランスは、ヨーロッパでのナチスドイツの進撃の前に、インドシナの兵力を増強する余裕はなかった。日本政府は、フランス領インドシナから軍事物資が蔣介石の国民党軍に供給されており、そのことを理由としてフランス領インドシナ北部を管理する必要があると、軍事力行使の正当性を主張した。しかしアメリカのコーデル・ハル国務長官は、脅迫によるフランス領インドシナの現状変更は認めないと強く非難し、ルーズベルト政権は、アメリカ国内の日本資産の凍結、日本への鉄屑、鋼鉄屑の輸出禁止令を発した。

コーデル・ハル国務長官。1941年11月、中国問題で対立を深めるアメリカに、日本政府は「乙案」を提示した。その回答「ハル・ノート」は、日本にたいしアジアの権益と植民地の放棄、日独伊三国同盟解消を要求していた。こうした「ハル・ノート」の非常に厳しい内容が、日本政府に対米戦を決断させた大きな要因となった。コーデル・ハルは、国際連合の創設に尽力し、その功績から1945年にノーベル平和賞を受賞している。

アメリカは一九三九年七月、日本の中国侵攻に抗議し日米通商航海条約の破棄を通告、それは翌一九四〇年一月に発効した。日本陸軍は、ナチスドイツのパリ占領後、石油、錫、ゴムなど豊富な資源をねらってフランス領インドシナ、オランダ領東インド諸島（現在のインドネシア）を確保する作戦計画を立案した。この時期、日本国内の石油貯蔵量はわずか数カ月分だった。とくに海軍は、石油資源の豊富なオランダ領東インドの占領は絶対必要と主張し、石油の国内備蓄がつきる前に、可及的速やかにそれを実現すべきと考えていた。

アジアでの日本の軍事行動によって、日米関係は急速に険悪化した。一九四一年十一月二十六日、コーデル・ハル国務長官は、ひとつの提案を日本政府に示した。それは日本がインドシナの駐留軍を削減し、日本政府が蔣介石の中国国民党と交渉することを条件に、石油輸出禁止などの制裁措置を一部解除するという内容だった。アメリカ政府は、日本がこの強硬な要求に屈すると楽観的だった。日本が太平洋においてアメリカとの戦争を決断するなどとは考えていなかったからだ。

ハル国務長官は、ミュンヘン会議でのイギリスの譲歩が、ドイツの思い上がりと逆襲を許す結果を招いたことに教訓を得ていた。アメリカは日本に融和策をとるべきではない。中国大陸での終わりのない戦争で、日本の軍隊と経済は疲弊し国力は衰えている。当時、対日専門家たちの見解は、その点で一致していた。しかし実はアメリカの支援を受ける蔣介石の国民党政府は、国民党軍の善戦で日本陸軍は甚大な損害を受けているとの誤った情報をアメリカ政府に伝えていた。国民党は、アメリカからの援助の継続を期待し、援助が一定の結果を出しているということを強調して事実を歪曲した。

日本は、同盟国ドイツとイタリアの軍事的支援を受けられない太平洋で、大国相手に無謀な戦争を始めるのではなく、しぶしぶ極東からの軍の撤退を小規模に実施し、石油の禁輸措置解除に関する条件の緩和を求めるだろう。そこでアメリカは日本との交渉のテーブルにつき、日本軍のアジアでの軍事力行使を抑制する条件を再提示する。双方が段階的に歩み寄り、厳しく対立しながらも調整がなされるだろう。冷静に状況を分析すれば、日本が軍事力、経済力で圧倒的有利なアメリカとの開戦という暴挙にでる可能性は低い。

日本の経済を締め上げるアメリカの経済制裁は、その解除の条件として日本陸軍が極東で確保した地域からの撤退を要求していた。陸軍はそれに強硬に反対し、近衛文麿首相にけっしてアメリカに譲歩すべきでないと詰め寄った。事態の打開をはかるため近衛首相は、東京駐在のアメリカ大使ジョゼフ・グルーをつうじ、ルーズベルト大統領と直接交渉を試みた。両国の頂上会談の場所として近衛首相はハワイを提案した。しかし帝国議会は、日独伊三国同盟を締結する日本がこうした形でアメリカと交渉することは、枢軸国を困惑させ、日本の国益を損なうと強く非難した。またアメリカ側においても、合衆国大統領が中国への侵略国家日本の首相と直接対話することに冷淡だった。

日本政府は一九四一年十一月、日本の「乙案」にたいするアメリカ側の回答「ハル・ノート」を事実上の最後通牒とみなし、開戦を決定した。「ハル・ノート」は、日本が日露戦争後にアジアに確保した権益と植民地の放棄、日独伊三国同盟の解消を要求していた。日本政府が、これらを受け入れるとは思われなかった。この時点ではアメリカ側も、「ハル・ノート」を日本が拒否した後、日本軍は無通告で攻撃をしかけてくる可能性を考えた。ルーズベルト政権にとって、日本との戦争が避けられないとしたら、その戦争は日本側から仕掛けられることが重要だった。

日本政府は、アメリカの要求を拒否し、交渉団絶を述べた一四項目からなる覚書「帝国政府見解」を作成する。ワシントンの日本大使館へ送信されたこの文書は、「パープル」と呼ばれた暗号を翻訳され、日本領事がそれをアメリカ側に提出する前に、ハル国務長官やルーズベルト大統領に届けられた。彼らは、日本軍が過去におこなったように、奇襲での先制攻撃をするのを予感していた。

アメリカ在住武官だった山本五十六大佐（左）が、アメリカ海軍長官カーチス・D・ウィルバー（右）とともに一葉の写真におさまっている。1925年から28年頃の撮影。〔The Naval History & Heritage Command (formerly the Naval Historical Center)〕

真珠湾攻撃を最初に発案し、その作戦の実現を強く求めたのが聯合艦隊司令長官山本五十六だった。彼は一八八四年四月四日、新潟県長岡に高野五十六として生まれた。父の高野貞吉がすでに五十六歳ということから「五十六」と名づけられた。高野五十六は一九〇五年五月、聯合艦隊がロシアのバルチック艦隊と戦った日本海海戦で、装甲巡洋艦「日進」に艦長付士官として乗艦していた。「日進」は被弾し大きな損害を被ったが、高野五十六も負傷、左手の中指と人指し指を吹き飛ばされた。日露戦争後、高野五十六は海軍大学校に入学、在学中に旧長岡藩の名家、山本帯刀の跡を継いで、高野から山本に姓が変わった。

山本五十六は、二度のアメリカ在住武官を経験し国際的視野を広めた。ワシントン軍縮会議、ロンドン海軍軍縮会議に随員として出席している。また早くから航空兵力運用の研究に没頭、その重要性を確信し、海軍において航空部隊と空母、航空艦隊の整備に情熱を傾けた。霞ヶ浦航空隊の副長兼教頭、空母「赤城」の艦長も務め、少将に昇進後は海軍航空本部技術部長、第一航空戦隊司令官、海軍航空本部長を歴任した。

国際情勢に高い見識をもち、理論家であった山本五十六は、一九三七年に政治の世界に抜擢され、永野修身海軍大臣の下で海軍次官に就任した。その後、山本五十六は米内光政を海軍大臣に推し、拡張政策を強行しようとする陸軍と対立した。

海軍大臣米内光政（大将）、軍務局長井上成美（少将）、海軍次官山本五十六（中将）の三人は、海軍左派として、陸軍と対米強硬派が実現をめざすドイツとイタリアとの軍事同盟に強く反対した。その理由は、独伊防共協定がさらに強固な三国同盟となれば、いずれ太平洋上でアメリカとの戦争は避けられない状況が生まれる。しかし日本は戦争でアメリカに勝利する戦力も経済力ももっていない。一九三〇年代の日本では、右翼過激派のテロが頻発していた。山本五十六らの身辺を危険人物が徘徊し、常時、憲兵隊の警護がついた。

一九三九年八月、米内光政が海軍大臣を辞任する際、山本五十六も海軍次官の職を解かれ、聯合艦隊司令長官に就任した。それは適切な人事であったが、右翼過激派のテロから山本五十六を守るという意味もあった。米内光政から聯合艦隊司令長官を打診されたとき、山本五十六は固辞したと伝えられる。彼は海軍次官として政府に残り、日独伊三国同盟締結の阻止、対米戦の回避に尽力することを望んでいた。

(ii) ハワイ作戦の構想

日本の真珠湾攻撃に先行すること約一年、世界で最初に航空母艦で艦艇を撃沈したのはイギリスだった。地中海、イオニア海タラント湾には、イタリア海軍の拠点タラント軍港があった。イギリス海軍は一九四〇年十一月十一日、タラント軍港に停泊中のイタリア海軍艦艇を空襲した。攻撃は、空母「イラストリアス」から発進した二一機の複葉雷撃機「ソードフィッシュ」でおこなわれた。「ソードフィッシュ」はフェアリー社の三座複葉の雷撃機で、最大速力は時速二二二キロメートル、航続距離八八〇キロメートル、六八〇キロまでの魚雷または爆弾を懸架する。これは複葉機としては最高水準の雷撃機だが、一九四〇年時には間違いなく旧式艦載機で、最大速力三七七キロメートル、航続距離九七八キロメートルの九七式艦上攻撃機とは性能で格段の差がある。

雷装あるいは爆装の「ソードフィッシュ」二一機は、二波に分かれてタラント軍港内のイタリア艦隊を攻撃した。

「ソードフィッシュ」は照明弾を投下、阻塞気球を回避しつつ雷撃と爆撃をおこなった。戦果は、戦艦「コンテ・ディ・カブール」、「リットリオ」、「カイオ・デュイリオ」の三隻が大破、沈没着底、戦艦「ヴィットリオ・ベネト」も中破した。他に重巡洋艦と駆逐艦、陸上の石油タンクが被害を受けた。イギリス海軍の損害は「ソードフィッシュ」二機の損失のみだった。このイギリス海軍のタラント空襲の結果、地中海での海軍力はイギリスがイタリアにたいして優勢となった。

軍令部からタラント空襲調査を命じられたベルリン駐在の海軍武官は、イタリアに行ってその詳細な状況を整理、分析した。その報告書は、イギリス空母が隠密裏にイタリア軍港

1931年10月30日に高々度から撮影された真珠湾のアメリカ海軍基地（U.S.Naval Operation Base）。画面上が南西方向で真珠湾の入り口となっている。中央のフォード島に海軍航空基地の滑走路が見える。フォード島の左（南東沿岸）に戦艦泊地（Battleship Row）、その対岸に海軍工廠がある。画面上部の左の飛行場は、陸軍のヒッカム航空基地である。〔The Naval History & Heritage Command (formerly the Naval Historical Center)〕

聯合艦隊首席参謀の黒島亀人大佐。

1940年代に撮影された聯合艦隊司令長官山本五十六大将。（The Naval History & Heritage Command (formerly the Naval Historical Center)）

に接近、ほぼ完全な奇襲攻撃に成功、また水深の浅い港湾での魚雷攻撃の問題も克服していたことを述べていた。タラント空襲の約一年前に聯合艦隊司令長官となっていた山本五十六大将は、当然のこととしてこのイギリス海軍の空母作戦に大きな関心をもった。目下、整備されつつある日本海軍の航空艦隊が最新鋭の艦載機で、アメリカ海軍艦艇の軍港に奇襲攻撃をかけたら、大きな戦果をあげることが期待される。タラント空襲は、山本聯合艦隊司令長官がかねてより構想してきたハワイ作戦の成功に確証を与えた。

日本とアメリカが開戦した際、日本は東南アジアの資源地帯を制圧し、石油資源を早急に確保しなくてはならない。山本五十六の考えるハワイ攻撃は、日本陸軍が南方資源地帯を占領するまでの期間、太平洋上におけるアメリカの軍事的脅威を取り除くことが目的だった。その攻撃対象は、一九四〇年五月以降、ハワイ、オアフ島の真珠湾に常駐するようになったアメリカ海軍太平洋艦隊だった。

山本五十六司令長官は、ハワイ作戦の構想を聯合艦隊司令部では公表せず、一部の幕僚だけに話し、その調査と研究を指示していた。当初、その作戦計画立案にかかわったのは、首席参謀の黒島亀人大佐、大西瀧治郎少将と源田実中佐、佐々木彰中佐だった。源田中佐は戦闘機操縦士で、卓越した操縦技術でその名を知られていた。当時、源田中佐は、新た

第十一航空艦隊（基地航空部隊）参謀長の大西瀧治郎少将。

第一航空戦隊参謀の源田実中佐。

に編制される第一航空艦隊の航空参謀への着任が確実視されていた。第一航空艦隊とは、空母二隻を中核とする複数の航空戦隊から構成される空母艦隊である。

航空兵力だけを用いたアメリカ艦隊攻撃は、日本海軍の伝統的戦術構想とはまったく異なる。従来の日本海軍の決戦構想は、一九〇五年に対馬海峡で帝政ロシアのバルチック艦隊を撃滅した日本海海戦の再現だった。つまり遠洋航海で日本や日本の支配地域へ来襲するアメリカ艦隊の迎撃作戦が中心とされた。しかしそれより、開戦劈頭、アメリカの軍事的拠点にたいし、日本海軍の優秀な航空艦隊で先制攻撃をする戦術が有効である。ハワイならびにフィリピンのアメリカ軍を制圧し、その後に石油などの資源を確保する方策をとるべきと山本司令長官は考えていた。

黒島亀人首席参謀は、航空参謀の佐々木彰中佐にハワイ作戦の研究を命じた。佐々木中佐は、次の三つの案に分けて検討した。第一案として、敵の警戒が厳重な場合は、三五〇海里（六五〇キロメートル）の距離から急降下爆撃機で航空母艦だけを攻撃する。第二案は、三〇〇海里（五五〇キロメートル）圏内まで進出、戦闘機、艦爆、艦攻で攻撃する。第三案は、急降下爆撃機だけの航続距離いっぱいの片道攻撃をおこない、帰路は飛行機を海上に投棄、潜水艦が搭乗員を収容する。

まず第一案は、アメリカ艦隊の海上航空兵力だけを破壊し、戦艦の強力な水上兵力がそのまま残される。第三案は日本艦隊の安全がもっとも確保される作戦だが、攻撃後の急降下爆撃機は海上投棄で確実に失われ、反復攻撃は不可能。また潜水艦による搭乗員の救出も気象条件などで不確実性が高い。これらの理由で、第二案が妥当と考えられた。

大西瀧治郎少将と源田実中佐が立案した攻撃計画は、佐々木彰中佐の第二案と基本的に同じものとなった。山本五十六司令長官は、一九四一年一月下旬、第十一航空艦隊（基地航空部隊）に着任したばかりの参謀長大西瀧治郎少将にもハワイ作戦の研究を依頼した。大西少将は山本五十六の信頼が厚く、第一連合航空艦隊司令官として中国戦線で航空作戦の経験が豊富だった。大西少将は、同年二月初旬に志布志湾に停泊中の第一航空戦隊旗艦「加賀」の参謀源田実中佐と連絡をとった。

源田中佐は、検討されたハワイ作戦案を精査、再構成して新しい二つの案にまとめて大西少将に提出した。それは戦果最大化のため往復反復攻撃を基本としていた。この時期、高々度から爆弾を投擲する水平爆撃では命中率が低く、雷撃は真珠湾の浅海面で使用可能な魚雷の改良がまだ研究途上で、その完成見込みはたっていなかった。したがって攻撃の中心は、命中率の高い急降下爆撃とし、雷撃の技術的問題が解決すれば艦上攻撃機（九七艦攻）をすべて雷装とする。これらの共同攻撃とするのが一つの案。そして第二案は、雷撃の技術的問題が解決されない場合、水平爆撃用と雷撃用の機体である艦上攻撃機（九七艦攻）は空母に搭載せず、すべてを急降下爆撃機（九九艦爆）でおこなうという案だった。両案ともに攻撃目標は、航空母艦を最優先とし、次に戦艦、巡洋艦、その他補助艦艇、そして航空基地施設とした。航空母艦を第一の攻撃目標とした理由は、真珠湾攻撃中の日本艦隊の安全確保がなによりも重要視された結果だった。戦闘機（零戦）の役割は、攻撃隊を敵戦闘機から守る上空制圧、そして航空基地の攻撃だった。

兵力は空母「赤城」、「加賀」の第一航空戦隊、空母「蒼龍」、「飛龍」の第二航空戦隊、そして空母「龍驤」の第四航空戦隊で編制する。艦隊集結と出撃は、父島か、北海道の厚岸《あっけし》湾、約二週間の航海でハワイ近海に二〇〇海里（三二〇キロメートル）まで接近、攻撃隊（飛行隊）を発進させる。

以上の二つの源田案を参考に、大西瀧治郎少将は、急降下爆撃を攻撃の中核とし、強固な装甲をもつ戦艦にたいしては、艦上攻撃機（九七艦攻）を用いて大型徹甲爆弾を高々度から投下する水平爆撃を組み込むことにした。大西少将は、浅海面での魚雷使用の不確実性と、停泊艦艇に魚雷防御網が張られている可能性を想定、雷撃をなくし、すべてを爆撃とする計画案で一九四一年四月上旬、山本五十六司令長官に提出した。しかし山本司令長官は、雷撃が不可能であれば、大きな戦果を期待できないから、ハワイ作戦を断念するほかはないと不満をもらした。

急降下爆撃は、攻撃目標にたいし急角度で高度を下げ近接、爆弾を投擲するので命中率は高い。しかし使用爆弾は最大で二五〇キロ、投擲高度が低いため着弾時の爆弾落下速度が小さい。航空母艦や巡洋艦以下の艦艇には有効だが、戦艦の厚い甲鈑に覆われたバイタルパート（集中防御区画）を貫いて内部を破壊するには、小さな爆弾落下速度では貫徹力が足りなかった。バイタルパート内には、機関室、缶室、そして主砲弾火薬庫などがある。航空攻撃で戦艦のバイタルパートを覆う防御甲鈑を貫徹するには、大型の徹甲爆弾を高々度から投擲、着弾時の落下速度を上げるしかない。

徹甲爆弾とは、戦艦の強靭な甲鈑を貫通する強度をもつ爆弾である。通常の爆弾であれば、防御甲鈑に着弾しても、その表面で跳ね返されるか着弾時に爆発し、バイタルパート内部の損傷は限定される。爆弾の爆発は、着弾の衝撃で生じることもあるが、基本的には信管が作動し炸薬が発火、充塡された爆薬が爆発する。徹甲爆弾は甲鈑を貫通後、軍艦内部で爆発させるために、コンマ数秒の時間差で炸裂するよう遅延信管が組み込まれている。八〇〇キロ徹甲爆弾は、戦艦「長門」型の四一センチ砲弾である九一式徹甲弾を改造したものがすでに完成していた。その九九式八〇番五号爆弾は、弾頭部が鋼合金で高い貫通力をもち、これに安定翼と空気圧を受けるプロペラと連動する信管解除装置を組み込んだ航空爆弾だった。

爆撃で戦艦に致命的な打撃を与えるため、高度三〇〇〇メートルの水平爆撃で八〇〇キロ徹甲爆弾を用いれば、アメリカ戦艦の一五センチ水平の防御甲鈑を貫通できる。しかしその高々度からの投擲では、目標が遠く命中率は低下する。命中率向上のための編隊爆撃法が研究された。

真珠湾では、艦艇が停泊する海域の水深が約一二メートルである。この浅い水深で使用可能な魚雷の研究開発は、具体的な展望がみられないまま続けられていた。しかし山本五十六司令長官は、雷撃の除外をかたくなに認めず、大西瀧治郎少将は雷撃併用案を軍令部に提出、軍令部第一部長（作戦部長）の福留繁少将に説明した。

一九四一年四月十日、かねてから予定されていたとおり、空母「赤城」、「加賀」に護衛の駆逐艦三隻を加えた第一航空戦隊、空母「蒼龍」、「飛龍」に駆逐艦三隻を加えた第二航空戦隊、そして空母「龍驤」と駆逐艦二隻の第四航空戦隊が組まれ、これら三つの戦隊が第一航空艦隊を編制した。艦隊司令官に南雲忠一中将、艦隊参謀長に草鹿龍之介少将が任命さ

ハワイ作戦の実施計画作成にたずさわった第一航空艦隊参謀長、草鹿龍之介少将。

軍令部総長の永野修身大将。彼は、聯合艦隊の強い要求に押され、ハワイ作戦に制式空母全力投入を認めた。

れた。空母を集中、それらを攻撃力の中核とする艦隊編制は、世界のどの海軍にもなかった。

軍令部第一部長の福留繁少将は、第一航空艦隊参謀長の草鹿龍之介少将に大西案の「ハワイ奇襲作戦計画案」を渡し、その詳細な実施計画の作成を指示した。第一航空艦隊司令部では、草鹿少将が艦隊航空参謀の源田実中佐などとともに、大西案に基づき、奇襲のための機密保持、長距離航海での洋上補給、使用兵力、進撃針路など細部をつめた。

一九四一年六月上旬、軍令部はアメリカやイギリスにたいする同時作戦計画の立案を開始、聯合艦隊司令部は、ハワイ作戦の採用を軍令部第一部に正式に要求した。この翌月、アメリカ政府は日本政府にたいし在アメリカ資産凍結、石油の全面禁輸を通告してきた。対米開戦の可能性がにわかに高まってきた同年八月、聯合艦隊司令部首席参謀の黒島亀人大佐は、軍令部がハワイ作戦を採用していないことを知り驚いた。

軍令部は、次のような理由からハワイ作戦を却下していた。大兵力を使用するため機密保持が難しい。二週間の航海での途上、他国の艦船、航空機などに遭遇、計画が露見する可能性が高い。艦隊の燃料補給が不確実。真珠湾での雷撃の困難。水平爆撃は命中率が低く、曇天での爆撃は不可能。急降下爆撃では大型艦にたいし破壊力が小さい。そしてなによりも、石油資源地域の獲得のためおこなわれる南方作戦では、空母が絶対に必要でそれをハワイ作戦にまわす余裕はない。聯合艦隊から提出されたハワイ作戦は、投機的で成功が不確実だというのが軍令部の総合的な判断だった。

一九四一年九月に入って聯合艦隊司令部は、目黒の海軍大学校で図上演習をおこない対米戦の作戦計画案を検討した。ここではハワイ作戦も研究された。その作戦は、第一航空艦隊がオアフ島北方から真珠湾に接近し奇襲攻撃をおこなう。兵力は第一航空戦隊と第二航空戦隊の空母四隻、一個水雷戦隊（軽巡一隻、駆逐艦八隻）、第八戦隊（重巡二隻）、第六艦隊（潜水艦一九隻）の編制、艦載機は三六〇機を投入する。図上演習の戦果は、戦艦四隻撃沈、一隻大破、空母二隻撃沈、一隻大破、巡洋艦三隻撃沈、三隻大破。そしてアメリカ軍機一八〇機撃墜とされた。しかし日本側の被害も甚大で、空母三隻沈没、一隻大破、艦載機一二七機の損失という計算だった。この結果は、ハワイ作戦に関する軍令部の評価が正しいことを証明したかにみえた。

この時期、新型の制式空母「翔鶴」型二隻が相次いで完成した。八月に「翔鶴」、九月に「瑞鶴」が就役し、第五航空戦隊を編制した。第五航空戦隊は、南雲忠一中将の第一航空艦隊に組み入れられ、その兵力は格段に強化された。

ハワイ作戦の大きな課題の一つに、洋上での艦艇への燃料補給があった。北方航路では悪天候と波浪が続き、洋上補給が実施できない可能性があった。そこで苦肉の策として新しい作戦計画案が考えられた。それは航続距離の長い「加賀」（一六ノットで一万海里）、「翔鶴」と「瑞鶴」（一八ノットで九七〇〇海里）の空母三隻だけで航空艦隊を編制する。「翔鶴」、「瑞鶴」の艦載機搭乗員は養成中だが、これに代えて練度の高い「蒼龍」の飛行隊を乗せる。航続距離の短い「赤城」、「蒼龍」、「飛龍」で新編制した航空艦隊は、ハワイ作戦には参加せず南方作戦を担当する。「蒼龍」、「飛龍」には「翔鶴」型空母二隻に配属される予定の養成中の飛行隊を乗せる。以上の空母艦隊分割案は、限られた航空戦力を、ハワイ作戦と南方作戦に配分し、二つの作戦要求を調整しようとしていた。

しかし、これではハワイ作戦に投入できる艦載機は、当初計画から一〇〇機以上減の二二六機であり、アメリカ太平洋艦隊を攻撃するには戦力不足と思われた。また奇襲での戦果最大化には、短時間での兵力の大量投入が最善で、少なくとも艦載機は三五〇機が必要だった。

第一航空艦隊参謀長大西瀧治郎少将と参謀の草鹿龍之介少将は、ハワイ作戦の実施案作成に取り組む一方、軍令部の同作戦実施反対に苦慮していた。ついに二人はハワイ作戦断念やむなしと同意し、山本五十六司令長官を訪ねた。二人の説明にたいし山本司令長官は次のように述べた。

「南方作戦中に東方から米艦隊に本土空襲をやられたらどうする。南方資源地域さえ手に入れば東京、大阪が焦土となってもよいのか。自分が聯合艦隊司令長官であるかぎり、ハワイ奇襲作戦は断行する」(1)

この山本司令長官の固い決意の前に、草鹿少将と大西少将は、ハワイ作戦実施の努力を続けざるを得なかった。

この頃、海軍航空技術廠では、浅沈度航空魚雷の研究開発の成果があらわれてきた。真珠湾で雷撃が可能であれば、大型艦に大きな打撃を与えることができる。聯合艦隊旗艦「長門」艦上で、十月九日から数日間、空母六隻投入を想定した図上演習が再びおこなわれた。その結果は、大きな戦果にたいし、相変わらず日本側も空母の大半を喪失するというものだった。しかし山本五十六司令長官は、この案での作戦実行を決意し、第一航空艦隊参謀長の草鹿少将を軍令部に送った。

草鹿少将は、聯合艦隊司令部の強い要請としてハワイ作戦での空母六隻投入と給油艦手配を軍令部に伝えた。しかし軍令部は、空母六隻投入だけは、南方作戦で空母の航空支援が必要であるとして断固拒否した。山本五十六司令長官は、次に聯合艦隊首席参謀の黒島亀人大佐に軍令部と折衝させた。ここでも軍令部第一部長(作戦部長)福留繁少将と富岡定俊課長は、制式空母六隻を出すことはできないと拒絶した。

黒島大佐は、伊藤整一軍令部次長にかけあい、ハワイ作戦に関する聯合艦隊の要請をあくまで拒否するのであれば、山本司令長官は辞職する決意だと伝えた。そこで軍令部のトップ、永野修身軍令部総長が黒島大佐と接見し、ついに空母六隻使用は認められた。その日は一九四一年十月十九日、前日には東條英機内閣が成立し、日米開戦までの日程が検討されていた。

(ⅲ) 攻撃計画の立案

ハワイ作戦が軍令部に正式採用されると、聯合艦隊司令部は、作戦計画の詳細を全面的に実施部隊である第一航空艦隊に任せることにした。

ハワイ作戦は奇襲攻撃を最善とし、アメリカ軍の哨戒圏と商船の常用航路を避けハワイに接近する。マーシャル諸島付近からハワイへ向かう航路は、航行距離が短く気象も比較的安定しているが、アメリカ軍の哨戒圏を通過することで作戦が暴露する可能性が大きい。艦隊行動の秘匿を徹底するため、船舶航行にもっとも気象条件の厳しい北緯四〇度と四五度に挟まれた海域を東方へ遠洋航海する航路が選択された。

機動部隊は、ハワイ近海までの片道約三四〇〇海里(六三〇〇キロメートル)を遠洋航海できる航続力が必要である。日本海軍艦艇は、艦の大きさ(基準排水量)のわりに強力な兵装をもつが、迎撃作戦を前提に設計されているため、一般的に航続距離は長くない。したがって洋上での燃料補給が不可欠である。

ハワイ作戦の実施計画詳細を立案する第一航空艦隊では、一九四一年の夏、航海参謀雀部《ささべ》中佐が北緯四〇度線の航路の気象、船舶航行状況などを調査した。北緯四〇度線の北方航路およびハワイ諸島付近の波浪、視界など気象状況の過去十年間の統計を整理した。北緯四〇度線の北方航路は、アメリカ軍の哨戒圏外で、一般船舶の常用航路から離れている。この海域の気象は、太平洋高気圧と極地高気圧とが合流するため、天候不良が常態で洋上燃料補給も困難、特に十一月、十二月は天候が荒れる。しかし洋上燃料補給ができそうな海面状況も記録にはみられ、洋上補給成功の公算は約六〇％と評価された[2]。

航路研究の結果、次のような航路が計画された。機動部隊は択捉島の単冠《ひとかっぷ》湾に集結、ここを出撃し、北緯四二度線上を東へ向かい、ミッドウェー島東側の八〇〇海里（一五〇〇キロメートル）を進む。そしてハワイ攻撃の四日前の午前に待機地点（北緯四二度〇分、西経一七〇度〇分付近）を経由、攻撃前日の午前に接敵点（北緯三三度〇分、西経一五七度〇分付近）に到達する。その後、オアフ島からのアメリカ軍の飛行哨戒圏内を南下、攻撃当日の黎明、艦載機の発進地点とする真珠湾の北二〇〇海里（三七〇キロメートル）に到達する[3]。艦隊速力は、航続力を延ばすため一四ノット（時速二六キロメートル）、洋上での曳航補給時は九ノット（時速一七キロメートル）の低速とする。片道全航海の平均速力が一二ノット（時速二二キロメートル）で計画された。

攻撃終了後の撤退航路は、攻撃機隊発艦後、艦隊は二〇ノット（時速三七キロメートル）で北方に退避し、真珠湾の北三〇〇海里（五五〇キロメートル）付近で攻撃機隊を収容する。その後、ミッドウェー島の八〇〇海里（一五〇〇キロメートル）圏外を通過、瀬戸内海へ直行する。アメリカ軍の攻撃を受け損傷艦を出した場合、ハワイ攻撃の翌日、第二航空戦隊（空母「蒼龍」、「飛龍」）と第五航空戦隊（空母「翔鶴」、「瑞鶴」）から空母一隻を分派し、近距離撤退航路に近いミッドウェー島のアメリカ軍航空基地を撃破する。これにより撤退航路での制空権を確保し、最短距離で離脱する。艦艇の損傷が大きい場合は、ハワイ諸島付近を突破、日本の委任統治領マーシャル諸島へ退避する。

洋上での曳航燃料補給については、研究訓練が必要とされた。洋上補給不可能の場合も想定して、燃料搭載量を増すため庫外燃料を可能な限り搭載することにした。

真珠湾攻撃は、アメリカ軍太平洋艦隊艦艇、特に戦艦、航空母艦を主目標とし、副目標は艦艇攻撃の障害となる陸上基地の航空機で、それらを可能な限り地上で撃破する。真珠湾の工廠、石油タンク等施設は、戦略上重要な目標であるが、それらと艦艇の双方を攻撃し、いずれも不徹底な戦果に終わるより、攻撃はアメリカ軍太平洋艦隊艦艇に集中する方針がとられた。

投入する艦載機、三機種の航続距離は、零式艦上戦闘機（零戦）は増槽なしで一二三五海里（二二八〇キロメートル）、九七式艦上攻撃機（九七艦攻）は魚雷一本、あるいは八〇〇キロ大型徹甲爆弾搭載で航続距離一三一五海里（二四三五キロメートル）、九九式艦上爆撃機（九九艦爆）は二五〇キロ爆弾一個搭載で航続距離一三一二海里（二四三〇キロメートル）である[4]。しかし発艦、上昇、編隊集合、編隊飛行、戦闘行動、着艦行動、そして航法誤差による飛行距離伸延を考え、母艦を中心とする行動半径は約二六〇海里（四八〇キロメートル）とした。

アメリカ海軍の艦載機の行動半径は約三〇〇海里（五五〇キロメートル）で、攻撃隊収容地点を真珠湾から三〇〇海里以上離し、その攻撃圏外に航空艦隊を保全するのが安全だ。しかしオアフ島に配備されるアメリカ海軍の哨戒爆撃飛行艇PBY「カタリナ」は、最大六〇〇海里（一一〇〇キロメートル）もの行動半径をもつ。機動部隊がオアフ島に二〇〇海里（三七〇キロメートル）まで進出すると発見される確率は高まる。

日出一時間前に真珠湾の北二〇〇海里で第一次攻撃隊を発進させ、それから機動部隊は北上して第二次攻撃隊を発進させる。その後、機動部隊は真珠湾から三〇〇海里（五五〇キロメートル）まで離れるという案が示された。しかし第一航空艦隊の航空参謀源田実中佐は、この案に強く反対した。これでは母艦が真珠湾から遠すぎ、損傷機の帰投が困難で、また機動部隊の保全に執心するのは搭乗員の士気にも影響するというのが、その理由だった。結局、源田実中佐の主張を取り入れ、第一次攻撃隊の発進を真珠湾北二三〇海里、そして機動部隊はオアフ島に向けて南下、第二次攻撃隊を二〇〇海里で発進、その後に反転北上する計画とした。これで当初の案よりも攻撃隊の母艦への帰投が容易になった。

攻撃隊の発進時刻は、飛行隊の訓練状況をみて変更になった。当初、攻撃隊の発進は夜間、そして攻撃開始時は黎明と想定していた。それに基づきハワイ作戦のための飛行隊は夜間訓練を実施したが、夜間発進はできても空中集合が難しいことが分かった。第一次攻撃隊一八〇機以上を、雷撃、水平爆撃、急降下爆撃、制圧の各隊、中隊ごとに整然と所定の空中位置に配置するのは、夜間では困難だった。夜間空中集合は、練度の高い第一航空戦隊（「赤城」、「加賀」）、第二航空戦隊（「蒼龍」、「飛龍」）はなんとか可能でも、新たに編入された空母「翔鶴」、「瑞鶴」の第五航空戦隊に大きな不安があった。そのため黎明に発進、早朝攻撃とし時間をずらした。アメリカ軍将兵が就寝中の黎明攻撃のほうが、奇襲攻撃に都合がよかったが、そうせざるを得なかった。

真珠湾攻撃の前に日本海軍は、ホノルルの日本領事館にスパイを送り込み、アメリカ太平洋艦隊の動向や防御態勢を探っていたが、攻撃開始直前の偵察が必要である。アメリカ艦艇は、真珠湾、訓練用のマウイ島ラハイナ泊地、あるいは太平洋上のどこかに所在する。攻撃直前のアメリカ艦艇の正確な位置、防御態勢、天候、とくに爆撃では雲量と風向の情報が不可欠だった。隠密裏に直前偵察をするには潜水艦がいいが、港湾への侵入は困難、狭い潜望鏡の視野から得られる情報は正確性を欠く。また港湾周辺の哨戒警備で発見され、攻撃計画が露見する危険性も大きい。したがって直前偵察は、航空機でおこなうと決定した。

アメリカ軍基地の上空を飛行する日本軍機は当然、発見されるだろう。しかしアメリカ軍が防御態勢を整えるには一定の時間がかかり、偵察の数分後の攻撃開始に大きな障害とはならないと考えられた。空母の艦載機は一機でも多く攻撃隊に参加させるため、偵察には第八戦隊の巡洋艦に搭載される水上機を使用することになった。これは三座の零式水上偵察機で、一機を真珠湾上空へ、もう一機をマウイ島ラハイナ泊地上空へ飛ばす。零式水上偵察機一一型は、発動機が金星四三型で一〇八〇馬力だが、空気抵抗の大きいフロートをもつため、最大速力は時速三六〇キロメートルで空母艦載機よりずっと遅い。アメリカ軍の戦闘機の迎撃にあったら、後座の機銃だけが頼りだ。

投入する航空兵力は、第一航空戦隊の「赤城」、「加賀」、第二航空戦隊の「蒼龍」、「飛龍」、第五航空戦隊の「翔鶴」、「瑞鶴」、これら空母六隻に搭載する艦載機三種類、すなわち零式艦上戦闘機（零戦）、九七式艦上攻撃機（九七艦攻）、九九式艦上爆撃機（九九艦爆）である。練度の高い搭乗員をもつ第一航空戦隊と第二航空戦隊が艦艇攻撃、編制後まもない第五航空戦隊は陸上の航空基地攻撃を担当する。

空母から発進する飛行集団（攻撃隊）は二回に分ける。航空母艦ではその飛行甲板上にすべての搭載機を並べるわけにはいかない。飛行甲板艦首方向に滑走距離を確保すると、連続して発進可能なのは搭載機数の約半数である。最初の発艦作業で第一次攻撃隊を、その一時間三〇分後に第二次攻撃隊を発進する。それぞれの発艦作業は一五分以内に完了する。第一次攻撃は、完全な奇襲あるいは強襲となっても対空砲火が少ないと想定し、雷撃と対艦水平爆撃、そしてアメリカ軍航空兵力の地上破壊をねらった航空基地にたいする急降下爆撃とした。続く第二次攻撃隊には、雷撃はなく、水平爆撃と急降下爆撃で艦艇と航空基地をねらう。

戦艦と空母など大型艦にたいする最初の攻撃は、雷撃と大型徹甲爆弾での水平爆撃とする。第一航空戦隊の「赤城」、「加賀」、第二航空戦隊「蒼龍」、「飛龍」に合計九〇機搭載される九七艦攻がこれをおこなう。九七艦攻は四〇機を雷装、五〇機を爆装とする。

第一次攻撃隊の攻撃順は、奇襲の場合と強襲では異なる。奇襲では対空砲火や戦闘機による迎撃などが皆無、強襲はそれらの防御体制が部分的に機能している状況を想定している。奇襲では、対空砲火を受けやすい雷撃機（雷装の九七艦攻）が最初に大型艦を目標として先陣をきる。九一式魚雷改二を携行する雷撃機四〇機は、六機編隊四個中隊、四機編隊四個中隊として編制した。攻撃目標は、各中隊で大型艦一隻を選定する。戦艦など大型艦を撃沈するためには、一艦に魚雷三本以上の命中を期する。目標が停止していること、浅海面での低空からの魚雷投下という条件から、高い命中率六〇％と計算、したがって二四本命中が期待された。

艦艇にたいする水平爆撃を担当するのは、大型徹甲爆弾で爆装した九七艦攻五〇機である。この水平爆撃隊は、五機編隊で一〇個中隊が編制された。水平爆撃では、戦艦の厚い甲鈑を貫通させるため三〇〇〇メートルの高々度から投擲、着弾時の爆弾速度を高める。五機が集合した一中隊が嚮導機《きょうどう》（編隊先頭の照準機のこと）の照準に合わせ投擲する。五個の爆弾が同時に着弾する範囲に、攻撃目標をおさめる捕捉率を八〇％と想定した。この着弾範囲に落下した爆弾の一または二発が命中する計算で、五〇機（爆弾五〇発）全体では八発以上の命中を期した。威力の大きい大型徹甲爆弾は、最低二発の命中で戦艦一隻を撃沈可能と考えられた。真珠湾の戦艦泊地《バトルシップ・ロウ》には通常、戦艦が二艦ごとに並んで繋留されているが、水平爆撃では、魚雷攻撃の不可能な内側（陸側）に停泊する艦をねらう。

第一次攻撃隊の急降下爆撃は、第五航空戦隊（「翔鶴」、「瑞鶴」所属機）の九九艦爆五四機が担当する。これはアメリカ軍航空基地を攻撃する。急降下爆撃隊の攻撃順は、奇襲の場合は雷撃と水平爆撃の後、強襲の場合は一番最初に攻撃を開始する。奇襲では急降下爆撃で発生する黒煙が、雷撃や高々度から照準をする水平爆撃の視界を妨げることを懸念し、急降下爆撃は攻撃順が最後になる。しかし強襲という状況ではアメリカ軍の基地航空兵力の反撃を最初に潰す必要から、急降下爆撃隊が先陣をきり、航空基地を爆撃する。

第一次攻撃隊には、制空隊の零式艦上戦闘機（零戦）四五機が加わる。この零戦が、雷撃隊、水平爆撃隊、急降下爆撃隊をアメリカ軍の航空兵力から守る。空中にアメリカ軍機があれば、これを空中戦で撃墜する上空制圧、その必要がない状況では航空基地を低空飛行で機銃掃射し、地上でアメリカ

淵田美津雄少佐。第一航空艦隊幕僚事務輔佐、「赤城」飛行隊長となり、真珠湾攻撃における第一航空艦隊所属全飛行隊の総指揮官を務めた。

第一航空艦隊司令官としてハワイ作戦の指揮をとることになった南雲忠一中将。〔The Naval History & Heritage Command (formerly the Naval Historical Center)〕

軍機を破壊する。

一九四一年八月にハワイ作戦のため指揮官の人事異動がなされた。淵田美津雄少佐は、第一航空戦隊（「赤城」、「加賀」）の艦隊幕僚事務輔佐となり、同時に「赤城」飛行隊長にも任命され、第一航空艦隊所属全飛行隊の現場指揮を任されることになった。またハワイ作戦実施前の訓練も、淵田少佐の指揮下で統一的におこなわれる。ところで空母の艦載機ならびに飛行隊（搭乗員）は、部隊編制上、航空母艦に属し、母艦の艦長の指揮下におかれるというのが当時の命令系統だった。しかし、母艦から遠距離で他空母所属機とも連携しながら航空作戦をおこなう飛行隊の指揮権を、母艦艦長にもたせるには不都合があった。アメリカ海軍では早くから、各空母の飛行隊は共同して作戦をおこなう機上の指揮官の下に統制されていた。日本海軍はハワイ作戦の直前から、この形態に移行した。

(vi) 南雲機動部隊の編制

山本五十六聯合艦隊司令長官は、艦隊司令官や「赤城」艦長を務めた経験もあり、自らがハワイ作戦の指揮をとりたかった。しかし彼は聯合艦隊司令長官として、軍令部と聯合艦隊司令部間の連携や石油資源地帯確保のための南方作戦など他に多くの責務があった。ハワイ作戦は、その実施艦隊である第一航空艦隊司令官の南雲忠一中将が当然のこととして指揮官を務めることになった。

南雲忠一中将は、山形県米沢出身、江田島の海軍兵学校を出て、巡洋艦の艦長や駆逐艦戦隊司令官、戦艦の艦長、そして水雷戦隊司令官を務め、一九三九年に中将に昇進した。彼は独創性や想像力は乏しかったが、実直で部下の厚い信任を得た海軍将官で、水雷戦を専門としていた。海軍航空の経験が皆無だったにもかかわらず、年功序列、先任序列の海軍の慣習にしたがい第一航空艦隊司令官に就任した。ハワイ作戦での南雲中将の専門性での貢献は、過酷な気象の海上を隠密裏に大艦隊を率いていく航海術だけだった。しかし第一航空艦隊司令部には、豊富な航空経験をもつ草鹿龍之介少将が艦隊参謀長を務め、彼の下には源田実中佐や淵田美津雄少佐など優秀な航空専門士官たちが揃っていた。

ハワイ作戦は、日本海軍の制式空母六隻の全力投入、すなわち第一航空戦隊（空母「赤城」、「加賀」）、第二航空戦隊（空母「蒼龍」、「飛龍」）、第五航空戦隊（空母「翔鶴」、「瑞鶴」）からなる第一航空艦隊を主力とする。これらの六空母の搭載機は合計約四四〇機という、強力な航空打撃力をもつ。ハワイ作戦計画を具体化する過程で、最初に問題となったのは各空母の航続力だった。空母機動部隊は、択捉島から北方航路でハワイ近海まで片道約三四〇〇海里（六三〇〇キロメートル）、攻撃後の帰還航路は距離を短縮したとして約二八〇〇海里（五一八〇キロメートル）、往復で六二〇〇海里（一万一四八〇キロメートル）の大航海をしなくてはならない。

艦の航続距離は、機関の燃料消費効率と燃料タンクの容積で決まるが、六空母の航続距離は次のとおり。「赤城」の航続距離は一六ノットで八二〇〇海里（一万五一〇〇キロメートル）、「加賀」は一六ノット一万海里（一万八五〇〇キロメートル）、「蒼龍」と「飛龍」は一八ノットで七六八〇海里（一万四二〇〇キロメートル）、そして「翔鶴」と「瑞鶴」は一八ノットで九七〇〇海里（一万七九〇〇キロメートル）である。

以上のように、ハワイ作戦での往復距離六二〇〇海里を、すべての空母の航続力が満たしている。しかし実際には、燃料消費量が高速発揮や想定外の艦隊行動によって大幅に増加する可能性が高い。当時の艦艇動力源は、蒸気タービン機関が一般的でディーゼル機関はまだ開発途上にあった。蒸気機関の基本型は、シリンダー内でピストンを往復させるレシプロ型とタービン翼（羽根車）を回転させるタービン型がある。どちらも原理的には、真水を缶（ボイラー）で沸騰させ発生した蒸気圧力を動力に変換する仕組みをもつ。タービン型は、蒸気圧力をタービン翼で受けて回転エネルギーとする。水を沸騰、蒸気を発生させる熱源として重油を燃焼させる。

空母は航空機の発艦時には高速で風上方向へ走り、合成風力で機体に浮力を与え、着艦時には機体の相対速力を減少させるため、風上方向へ高速航行する。このように空母は、艦載機の離着艦時には高速航行が必要である。また空母機動部隊は、ハワイ近海のアメリカ軍機の哨戒圏内では艦隊速力を上げなくてはならない。蒸気機関は、高速発揮での燃料消費が著しく、したがってハワイ作戦では経済速度に計算すると最大一万海里（一万八五〇〇キロメートル）もの航続力が求められた。

「加賀」と新鋭の制式空母「翔鶴」型二隻は、洋上燃料補給なしでハワイ作戦が可能だが、「赤城」と中型空母「蒼龍」と「飛龍」は、途中で燃料補給をしないと機関が停止し漂流する事態もあり得る。洋上燃料補給の時期は、攻撃開始前に済ましておくのが最善と考えられた。アメリカ軍との戦闘が始まれば、低速での曳航補給は難しいし、艦が被害を受ければ高速での撤退が必要となる。また空母機動部隊が作戦上、二〇ノット以上の高速航行をすれば給油艦は追随できない。

悪天候で洋上燃料補給ができない場合を想定し、燃料タンク以外の艦内区画にも重油の積み込みを実施した。重油が入れられた区画は、艦首と艦尾にある釣合タンクと両舷にある予備タンクである。これらは船体のトリム（前後傾斜）や両舷バランスをとるための注水区画である。さらに重油を入れたドラム缶や石油缶を艦内の空所に搬入した。こうしたことは、艦の安定性を損ない、荒天時、高い波浪での転覆の危険を増すため、規則で禁止されているが、艦隊司令官の責任で実施された。航続距離の長い空母「加賀」、「翔鶴」、「瑞鶴」と船体構造の弱い軽巡洋艦「阿武隈」および駆逐艦以外の艦艇は、全部で二〇〇リットルドラム缶三五〇〇缶、一八リットル石油缶四万四五〇〇缶を積み込んだ。

攻撃の主体である第一航空戦隊、第二航空戦隊、第五航空戦隊の三つの航空戦隊の他に、護衛、哨戒、洋上燃料補給などの任務を負う艦艇、戦隊、艦隊がハワイ作戦に必要とされた。空母と同様、航続距離はできるだけ長いことが望ましい。日本海軍艦艇は、来航する敵艦隊の迎撃作戦を想定した設計のため、一般的に航続距離は短い。また空母機動部隊と随伴できる高速も必要である。作戦行動中にアメリカ海軍との水上戦闘の可能性も考えられ、水上砲撃力も不可欠だった。哨戒と索敵に潜水艦、また戦闘の結果、損傷艦の支援や乗員救助のため機動性の高い艦艇も不可欠だった。以上を考慮し、次の艦艇、戦隊が選ばれた。

戦艦は、アメリカ軍水上部隊との砲撃戦、また空母が損傷を受けた際に曳航帰投できる機関出力をもっている。選ばれた戦艦は、「比叡」と「霧島」。両艦とも航続距離は一八ノットで九八〇〇海里（一万八一〇〇キロメートル）、最高速力二九・八ノット（時速五五キロメートル）である。この二隻

最高速力29.8ノット（時速55キロメートル）を発揮する金剛型戦艦４番艦の「霧島」。同型艦の「比叡」とともに南雲機動部隊の護衛を務めた。〔The Naval History & Heritage Command (formerly the Naval Historical Center)〕

の「金剛」型戦艦は、速力重視の巡洋戦艦として設計されたため、戦艦としては防御力が弱いが、日本戦艦のなかで最速を誇る。「比叡」と「霧島」には、それぞれ予備タンクに二三〇トンの燃料を追加した。同型艦の戦艦「金剛」、「榛名」は、南方作戦に使用する予定だった。

重巡洋艦は、「利根」型の「利根」と「筑摩」の二隻。航続力は一八ノットで八〇〇〇海里（一万四八〇〇キロメートル）、最高速力三五・六ノット（時速六六キロメートル）である。「利根」型は、もっとも航続距離が長い重巡洋艦で、二〇センチ砲八門の砲撃力をもち、艦後部に水上偵察機を五機搭載できる。空母の艦載機はすべて攻撃に使用するため、攻撃直前の偵察は巡洋艦の搭載機が担当する。

軽巡洋艦は「阿武隈」の一隻で、航続距離は一四ノットで七五〇〇海里（一万三八〇〇キロメートル）、最高速力三六ノット（時速六七キロメートル）を発揮する。「阿武隈」は、駆逐艦数隻から編制される水雷戦隊の旗艦となる。軽巡洋艦も駆逐艦と同様、搭載燃料が少なく航続距離は短い。

駆逐艦は九隻。それは「陽炎」型の「谷風」、「浦風」、「浜風」、「磯風」、「不知火」、「陽炎」の六隻と、「朝潮」型の「霞」、「霰」の二隻、そして「夕雲」型から「秋雲」。「陽炎」型は、航続距離が一八ノットで五〇〇〇海里（九二〇〇キロメートル）、最高速力三五ノット（時速六五キロメートル）。「朝潮」

第一航空艦隊の空母6隻

第一航空戦隊

空母「赤城」　常用機　零式艦上戦闘機：18機　九九式艦上爆撃機：18機　九七式艦上攻撃機・27機

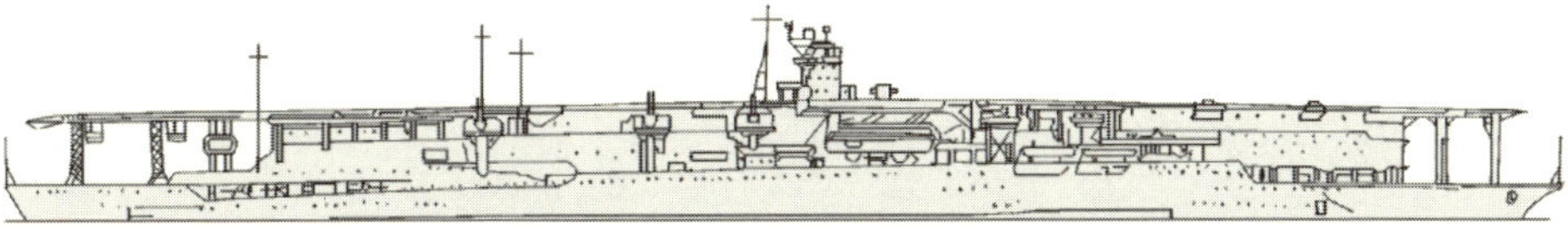

空母「加賀」　常用機　零式艦上戦闘機：18機　九九式艦上爆撃機：27機　九七式艦上攻撃機・27機

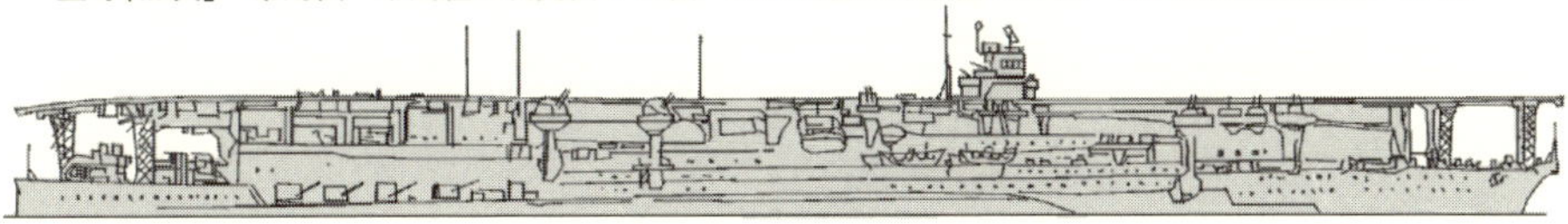

第二航空戦隊

空母「蒼龍」　常用機　零式艦上戦闘機：18機　九九式艦上爆撃機：18機　九七式艦上攻撃機・18機

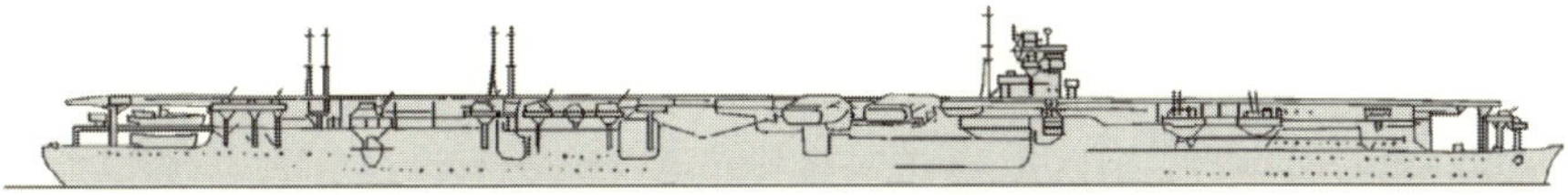

空母「飛龍」　常用機　零式艦上戦闘機：18機　九九式艦上爆撃機：18機　九七式艦上攻撃機・18機

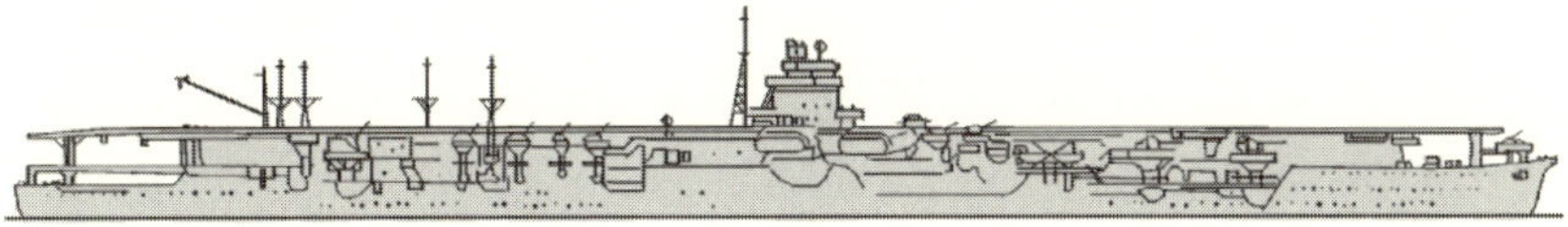

第五航空戦隊

空母「翔鶴」　常用機　零式艦上戦闘機：18機　九九式艦上爆撃機：27機　九七式艦上攻撃機・27機

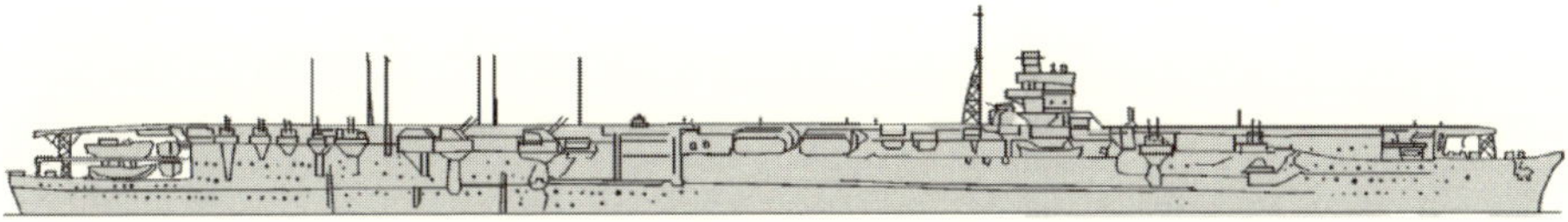

空母「瑞鶴」　常用機　零式艦上戦闘機：18機　九九式艦上爆撃機：27機　九七式艦上攻撃機・27機

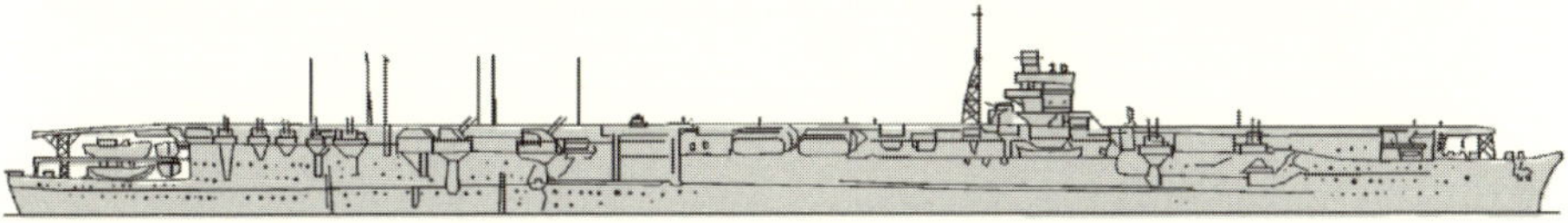

型は、航続力は一八ノットで五〇四〇海里（九三〇〇キロメートル）。「夕雲」型は、一九四一年九月に就役したばかりの最新鋭艦で、まだ一隻しかなかった。航続距離は一八ノットで六一三七海里（一万一三〇〇キロメートル）、三五ノット（時速六五キロメートル）の最高速力をもつ。

洋上燃料補給をおこなう給油艦は、一万トン級の七隻が用意された。これらは最高速度二〇ノット前後で、空母機動部隊の巡航速度一四ノットに随伴可能だった。

ハワイ諸島へ航海中、悪天候続きで洋上燃料補給ができなかった場合は、次のような作戦変更が決められていた。重油の庫外搭載をしていない軽巡洋艦「阿武隈」以下駆逐艦七隻の第一水雷戦隊は、ハワイ作戦から離脱し帰路につく。そして空母六隻、戦艦二隻、重巡洋艦二隻のみでハワイ作戦を実施する。その際、第二潜水隊の潜水艦三隻「伊一九潜」、「伊二一潜」、「伊二三潜」は、哨戒隊として前路警戒をおこなう。

ハワイ作戦に参加する艦艇は、以下のように編制された。

第一航空艦隊（第一航空艦隊司令官・南雲忠一中将、第一航空艦隊参謀長・草鹿龍之介少将）

第一航空戦隊（第一航空戦隊司令官・南雲忠一中将（兼務））
　空母「赤城」（艦長・長谷川喜一大佐、飛行長・増田正吾中佐、飛行隊長・淵田美津雄中佐）
　空母「加賀」（艦長・岡田次作大佐、飛行長・佐多直大中佐）

第二航空戦隊（第二航空戦隊司令官・山口多聞少将）
　空母「蒼龍」（艦長・柳本柳作大佐、飛行長・楠本幾登中佐）
　空母「飛龍」（艦長・加来止男大佐、飛行長・天谷孝久中佐）

第五航空戦隊（第五航空戦隊司令官・原忠一少将）
　空母「瑞鶴」（艦長・横川市平大佐、飛行長・下田久夫中佐）
　空母「翔鶴」（艦長・城島高次大佐、飛行長・和田鉄二郎中佐）

第三戦隊（第三戦隊司令官・三川軍一中将）　戦艦「比叡」、「霧島」

第八戦隊　重巡洋艦「利根」、「筑摩」

第一水雷戦隊（警戒隊）　軽巡洋艦「阿武隈」
　第一七駆逐隊　駆逐艦「谷風」、「浦風」、「浜風」、「磯風」
　第一八駆逐隊　駆逐艦「不知火」、「霞」、「霰」、「陽炎」、「秋雲」

第二潜水隊（哨戒隊）　潜水艦「伊一九潜」、「伊二一潜」、「伊二三潜」

第一補給隊　「極東丸」、「健洋丸」、「国洋丸」、「神国丸」

第二補給隊　「東邦丸」、東栄丸」、「日本丸」

Ⅲ　空母艦載機とその兵装

海軍が航空機を陸上基地のみならず、海上でも運用する試みは早くからなされた。日本初の航空母艦「鳳翔」の建造予定によって、一九一九年、同艦に搭載する艦載機の開発がすすめられた。当初、試作された機体は、艦上戦闘機（艦戦）、艦上攻撃機（艦攻）、艦上偵察機（艦偵）の三機種だった。しかし偵察は、艦攻でも可能であり、さらに艦隊行動時の索敵哨戒は巡洋艦に搭載される水上機の任務となったため、母艦搭載機は艦戦と艦攻の二種類となった。艦攻は、空母打撃力の中核であり、艦戦は艦攻を敵戦闘機から守る護衛、空母を敵攻撃機から守る迎撃を任務とする。

艦攻は、超弩級戦艦の主砲口径に匹敵する四五センチ魚雷での雷撃、大型徹甲爆弾での水平爆撃が可能である。爆撃の命中率を高める研究は、攻撃目標に上空から高速、高角度で降下近接し、爆弾を投擲する急降下爆撃機を生み出した。艦攻の機体構造には、急降下と投擲後の上昇に耐える強度がなかった。ただし急降下爆撃では、機体構造を強化する必要から重量が増し、艦攻で懸架できる大型爆弾は使用できず、中型爆弾を懸架する。一九三四年に急降下爆撃機（艦爆）が開発され、初めて空母に搭載された。

ハワイ作戦では、航空母艦に次の三機種、すなわち零式艦上戦闘機二一型、九九式艦上爆撃機一一型、九七式艦上攻撃機一二型が搭載され、それぞれ略して、零戦、九九艦爆、九七艦攻と呼ばれた。

(i)　雷撃

航空機による魚雷攻撃法を野心的に研究、実用化したのは、イギリス海軍だった。初期の雷撃機は大きなフロートをもつ水上機で、イギリス海軍は第一次大戦中に戦果をあげた。その後、イギリスは陸上機での航空母艦への着艦に成功する。航空機は第一次大戦中、ヨーロッパ戦線で活躍し、その兵器としての有用性が注目されて各国で開発がすすめられた。日本海軍は、フランスやアメリカ、イギリス製の航空機を購入し、イギリス製の魚雷で雷撃実験を繰り返した。一九一六年にフランスから帰国した中島知久平大尉が、一四インチ（三六センチ）魚雷を搭載する攻撃機の試作を始めるが、それからおよそ十年を経て、一三式艦上攻撃機が完成した。

一九二一年、イギリス海軍から技術士官を招いて技術指導を受け、これが海軍航空が世界水準に追いつく端緒となった。日本海軍の魚雷開発を担当したのは、イギリスでの調査から帰国した成瀬正二大尉だった。彼は一九二五年、艦艇用の四四式魚雷を航空魚雷として改造し、魚雷の着水時の安定を高め、一九三〇年に九一式航空魚雷を完成させた。この九一式魚雷は駛走《しそう》（水中の魚雷走行）特性に優れ世界水準の性能と評価され、翌年から航空艦隊への配備が始まった。

さらに改良された九一式魚雷は、空気室の容積を減らし炸薬量を増加した九一式魚雷改一、次に全長を延ばして炸薬量を増した九一式魚雷改二となった。一九四一年、海軍空技廠は、加速度制御機能をもつ安定装置を開発した。この安定器は、空気バルブ構造物で魚雷本体後部両側にあるロール舵を制御する画期的な発明だった。これにより九一式魚雷改二は、投下着水時に二〇メートルより深く沈下することなく駛走し、荒れた海面でも安定性を増した。

ハワイ作戦を発案した山本五十六聯合艦隊司令長官は、命中率が高く破壊力の大きい魚雷攻撃をもっとも重視していた。雷撃をする機体は、九七式艦上攻撃機（九七艦攻）だが、真珠湾での魚雷攻撃は、浅い水深と防御網という問題があった。魚雷は攻撃機から投下後、その勢いで深く沈下してから一定深度まで浮き上がり駛走する。日本海軍の開発した九一式魚雷改二は、沈下深度二〇メートル以内、駛走安定性に優れていたが、真珠湾は水深が約一二メートルしかなく、投下された魚雷はそのまま海底に衝突してしまう。また停泊時に艦艇、とくに大型艦は、魚雷攻撃に備え防御網を展張している可能性があった。

ハワイ作戦での雷撃実施は、聯合艦隊司令長官の強い要請なので、海軍空技廠は九一式魚雷改二の沈度を一二メートル以内とする改造、雷撃法を研究した。九一式魚雷改二は、框《きょう》板を付けることで空中での安定性が向上したが充分ではなかった。着水時の沈度は一定せず、実験では二〇メートル以上潜る場合もあった。機体を離れた魚雷が、空中で中心軸のまわりを回転すること（転動：ローリング）が魚雷沈降の一つの原因とされた。

海軍航空廠の中尾源吾技師は、魚雷を水平に保持するジャイロ（回転儀）と木製の安定翼を考案した。魚雷が投下された瞬間、このジャイロが起動し、安定翼を制御して転動を防ぐという仕組みである。ジャイロ（回転儀）は、コマが回転する際、その回転軸が一定の方向を指し、回転軸は支台を動かしても一定に保たれる特性を利用し、羅針盤や船舶の安定装置に応用されている。木製の安定翼は、水中では魚雷走行の障害となるため、魚雷の着水時の衝撃で飛散する構造にした。このジャイロと安定翼は一体化した装置で、安定機と呼ばれる。この安定機を装着した九一式魚雷改二を試作し実験での改良を重ね、一九四一年八月に満足な結果を得た。この安定機付き九一式魚雷改二の完成で、真珠湾の浅い水深でも雷撃が可能となった。

　九一式魚雷改二は、直径が四五センチ、全長五四二・七センチ、全重量八三八キロで、頭部に二〇四キロの炸薬を充填する。この炸薬量は戦艦の主砲弾よりかなり多い。戦艦が水上戦闘で使用する砲弾は、厚い甲鈑を貫通できる硬度の高い弾殻で覆われた徹甲弾である。「大和」型戦艦の九四式四五口径四六センチ砲で使用される九一式徹甲弾は弾体重量が一四六〇キロもあるが、充填された炸薬は三三・八五キロにすぎない。戦艦用徹甲弾は貫通力を重視し、少ない炸薬を用いての弾片飛散の破壊効果を期待していた。それにたいし九一式魚雷改二は、炸薬二〇四キロという格段に大きな破壊力で、命中すれば確実に水線下の船殻を破壊する。海軍航空専門家は、この魚雷が三本命中することで戦艦の撃沈が可能と考えていた。

　九七艦攻から投じられた九一式魚雷改二は、機体を離れた瞬間に発停装置が操舵装置を起動、安定機によって空中での姿勢を水平に保持、そして着水と同時に両側の安定翼は飛散、着水の衝撃で主機関が発動する。水深約一二メートルまで潜った後、深度を上げつつ四二ノット（時速七八キロメートル）で駛走する。魚雷後端の推進器尾框《びきょう》の中には二重反転プロペラがあり、これを回転させるのは約二〇〇馬力の出力を発揮する星型のピストン八気筒エンジンである。薄い円筒で囲まれた気室には、一五〇から二〇〇気圧の高圧空気が充填されており、これが石油を燃焼させる。[5] 九一式魚雷をはじめ日本海軍の魚雷が酸素魚雷と呼ばれるのはこの機構による。

　水中を駛走する魚雷の姿勢と方向を制御するのも、ジャイロ（回転儀）の機構をもつ装置で、魚雷の後部の舵を動かす。一定距離を駛走した後に安全装置が解除され、命中時の衝撃で起爆装置の慣性体が移動し点火、頭部の炸薬が燃焼、その瞬間に発生する大量の一酸化炭素ガスの膨大な圧力が強力な破壊力を生み出す。

(ii) 水平爆撃

　爆撃は、水平飛行中に爆弾を投擲する水平爆撃と、目標めがけて急降下し投擲する急降下爆撃がある。水平爆撃は、着弾時の爆弾速度を大きくし、また対空砲火の被弾確率を小さくするため、高々度からおこなう。命中率は、目標に近接して投擲する急降下爆撃のほうが当然に高い。水平爆撃は、使用機体に急降下爆撃機ほどの構造的強度は必要なく、搭載重量に余裕があるため大型爆弾を使用できる。しかし高度二五〇〇メートルから四〇〇〇メートルの投擲では、単機では命中率がかなり低い。四機から六機の編隊を組み、嚮導《きょうどう》機が投擲するタイミングに合わせて後続機が一斉に投擲、数個の爆弾の着弾範囲に攻撃目標をおさめる爆撃法がとられる。アメリカ海軍は、本質的に命中率の低い小型機の水平爆撃に関心をもたず、空母に搭載された爆撃機はすべて急降下爆撃機だった。日本海軍でも大戦中、しだいに命中率の高い急降下爆撃が、空母艦載機爆撃の中心となった。

ワシントン軍縮条約により、主力艦（戦艦）の保有比率で、対アメリカの六割とされた日本海軍は、主力艦の艦隊決戦の前哨戦としてアメリカの戦艦を漸減すべきと考えた。潜水艦、水雷戦隊について、敵戦艦の撃沈を想定した装備、戦術が研究されたが、航空機もその例外ではなかった。戦艦撃沈を可能とする航空魚雷の開発は、九一式魚雷を生み出し、爆弾では一九三七年から大型の徹甲爆弾の開発がなされた。

日本海軍は、アメリカ戦艦の水平防御の甲鈑厚が一五センチであることを知っていた。これを貫通できる徹甲爆弾を開発するため、一九四一年一月から「長門」型戦艦の四一センチ砲用九一式徹甲弾を改造して投下実験をおこなった。実験の結果、着弾時の爆弾速度が毎秒二二五メートル以上で、八〇〇キロの徹甲爆弾が一五センチ甲鈑を貫通することを確認し、その爆弾速度に至る投擲高度は二五〇〇メートルだった。

爆弾形状や尾部の安定板、起爆装置など改良を重ね、完成した爆弾が、炸薬二二・八キロを充填する重量七九六・八キロの九九式八〇番五号爆弾である。なお海軍では、八〇〇キロ爆弾は八〇番、二五〇キロ爆弾は二五番と呼称され、号は特種爆弾の種類を表し五号は徹甲爆弾である。

高々度から投擲する水平爆撃では、爆弾が落下していく軌道が長く、目標に命中させるはの難しい。爆撃をする航空機は高速で飛行し、投下器の解除で機体を離れた爆弾は、飛行速度を急激に減じ、落下速度を増しながら弧の軌道で落ちていく。投擲高度と機体速力の組み合わせで、どのようなタイミングで投擲すれば命中できるかの計算と実験データはすでにあるが、落下中の爆弾は風圧などさまざま要因で軌道が変化する。また爆弾形状には精密な整形が要求される。

水平爆撃で爆弾照準するのは、九七艦攻では中座の照準手である。艦艇が攻撃目標の場合、爆撃機は艦の中心線にそって艦首あるいは艦尾方向から接敵する。照準器を覗きながら照準手は風力、風向を測定し、操縦士に針路の修正を指示する。照準手と操縦士の連携は、一定の命中率を維持するために非常に重要で、彼らは一組みとして訓練はもちろん転勤な

中島九七式艦上攻撃機（九七艦攻）一二型

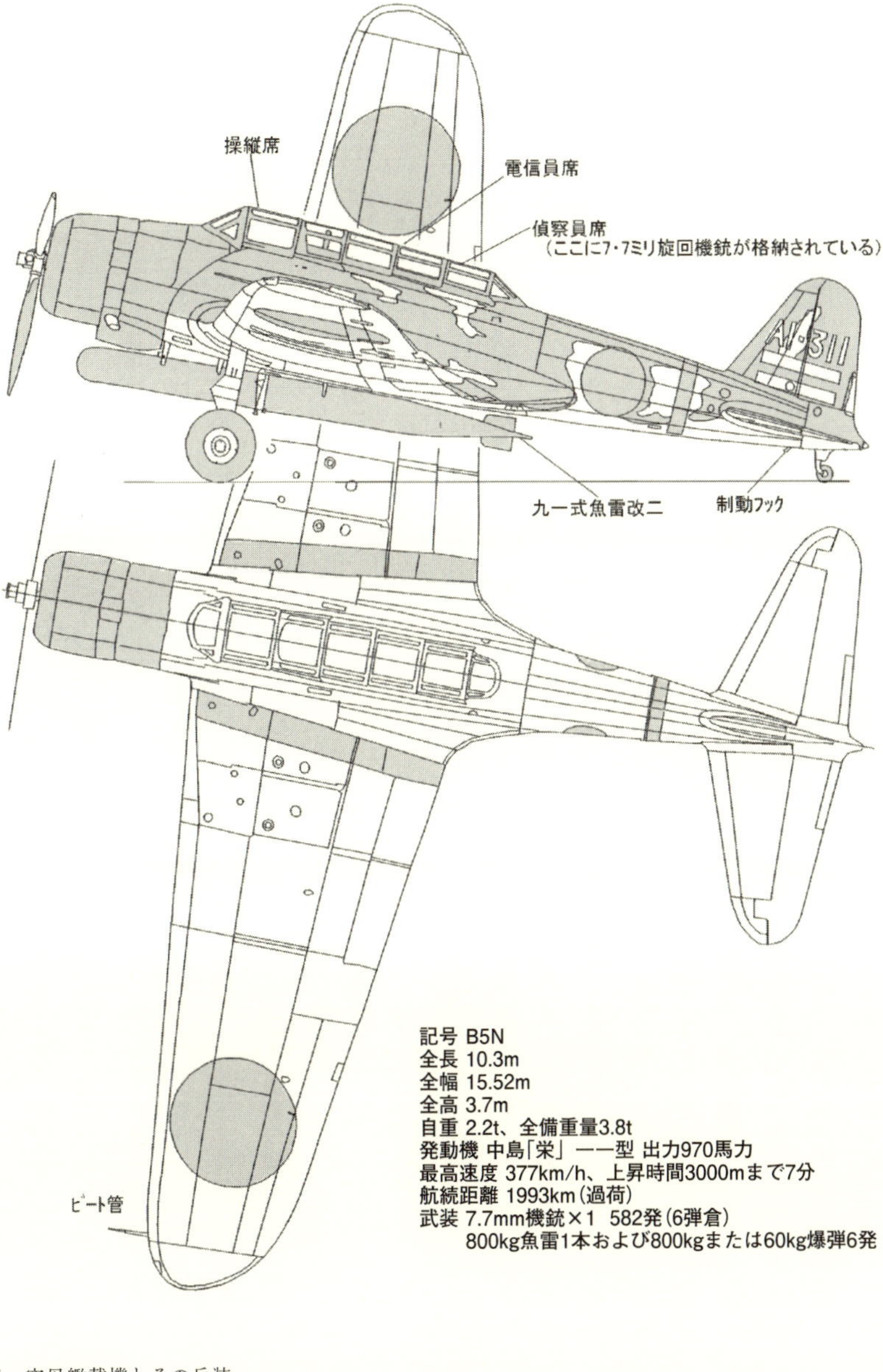

記号 B5N
全長 10.3m
全幅 15.52m
全高 3.7m
自重 2.2t、全備重量3.8t
発動機 中島「栄」 一一型 出力970馬力
最高速度 377km/h、上昇時間3000mまで7分
航続距離 1993km（過荷）
武装 7.7mm機銃×1　582発（6弾倉）
800kg魚雷1本および800kgまたは60kg爆弾6発

ども一緒になされた。

〔中島九七式艦上攻撃機（九七艦攻）〕

艦上攻撃機（艦攻）とは、航空母艦で運用される攻撃機である。攻撃方式は爆撃と雷撃で、したがって爆弾または魚雷を搭載、そのどちらかの兵装によって爆撃機あるいは雷撃機と呼ばれる。急降下と急上昇を可能とする機体強度はなく、急降下爆撃はできない。一九三六年に配備された中島飛行機の九七式艦上攻撃機〔B5N〕（九七艦攻）は、海軍初の全金属製の低翼単葉機で、引き込み脚、可変ピッチプロペラや蝶型フラップ、密閉式風防など新機軸を盛り込んだ新鋭機だった。この九七艦攻は、複葉、布張りの機体をもつ九六式艦上攻撃機（九六艦攻）より格段に高い性能を発揮した。

中島九七式艦上攻撃機（九七艦攻）一二型の諸元は次のとおり。全長一〇・三メートル、全幅一五・五二メートル、全備重量三八〇〇キロ。エンジンは栄一一型（八三五）九七〇馬力。最大速力は時速三七七キロメートル。航続距離は一九九三キロメートル。搭載兵装は、八〇〇キロ魚雷一本、爆弾は八〇〇キロ爆弾一個または六〇キロ爆弾六個である。機銃は後座に七・七ミリ旋回機銃一挺を装備するが、これは使用時に後部風防の解放が必要で、未使用時には風防内に格納されている。

以上の性能をもつ九七艦攻は太平洋戦争初期、駛走安定性が高く浅海面でも使用できる九一式魚雷改二での雷撃、大型徹甲爆弾である九九式八〇番五号爆弾の水平爆撃によって世界最高水準の打撃力をもつ航空兵器だった。しかし戦局の推移につれ、保有機数の漸減、高性能発揮のため犠牲とされた防御力の脆弱さが弱点となり、しだいに旧式化した。一九四三年十一月に後継機「天山」が投入されるが、日本の航空機生産力はすでに疲弊し、その交代も搭乗員養成訓練もままならず、残存する九七艦攻は戦争末期に特攻機として最期を迎える。

（ⅲ）急降下爆撃

航空母艦の運用初期、艦載機での爆撃方式は水平爆撃だけだった。水平爆撃は総じて命中率は低く、密集編隊飛行で命中率向上が工夫されたが絶対的な限界があった。海軍は命中率の高い急降下爆撃に注目するようになる。艦上攻撃機（艦攻）には、急降下と爆弾投擲後の急上昇に耐える機体強度がなく、急降下爆撃機（艦爆）の開発がなされた。

艦爆は構造強化のため機体重量が増加し、爆弾搭載重量は艦攻の約三分の一程度となった。一九三三年に九四式艦上爆撃機（九四艦爆）が完成したが、これは複葉で固定脚だった。九四艦爆は、胴体下に二五〇キロ爆弾一個、翼下に三〇キロ

中島九七式艦上攻撃機（九七艦攻）一二型。海上には露天甲板に天幕を張った「大和」型戦艦が停泊している。

爆弾二個を懸架、時速五〇〇キロメートルまでの急降下に耐える機体強度をもっていた。その後、九四式艦爆に若干改良をくわえた九六式艦上爆撃機（九六艦爆）が完成、海軍に正式採用されるが、これは九四艦爆と同様、複葉、布張りの機体だった。愛知航空機はドイツのハインケルを参考に設計を抜本的に見直し、低翼単葉、全金属の機体の開発を一九三六年から始め、一九三九年、九九式艦上爆撃機（九九艦爆）を完成した。これは艦爆の近代化をめざす海軍の高い性能要求を満たし、空母の艦載機として正式採用された。

日本海軍の定義によれば、急降下爆撃は攻撃目標に四五度以上の角度で急降下し、その直上四〇〇メートルから六〇〇メートルで爆弾を投擲、ただちに機体を引き起こし退避する爆撃法である。突入角度が四五度以下の爆撃法は、緩降下低空爆撃と定義する。急降下爆撃は、接敵距離が短いため、命中率は高く、航行中の艦艇でも回避する時間的余裕はほとんどない。しかし低空からの投擲のため、爆弾の落下加速時間が短く、したがって着弾時の衝撃速度は小さいため、徹甲爆弾を使用しても戦艦の厚い甲鈑の貫通はできない。急降下爆撃では、戦艦に致命傷を与えることは難しいが、その機能の喪失、あるいは削減には有効である。もちろん巡洋艦以下の艦艇、航空母艦にたいしては、数発の命中弾での撃沈の確率は高い。近距離に接敵する急降下爆撃は、目標艦艇の対空火器、とくに照準調停の速い機銃の猛射を浴びることになる。
九九艦爆での艦艇にたいする急降下爆撃は、次の方式が基本である。攻撃目標艦艇を特定したら、編隊のまま高々度で雲に隠れながらの隠密接敵をおこない、目標付近上空に達した後、太陽を背後に一列縦隊で単機ごとに急降下を開始する。対空砲火の中、前部固定機銃を掃射しつつ、高度四〇〇メートルから六〇〇メートルまでの急降下中、操縦士は照準器で爆撃照準をおこなう。このとき、急降下制限速度を超えないよう主翼下の起倒式の空気抵抗板を操作する。急降下制限速度を超えると機体制御を失い、爆撃照準不能、爆弾投擲後の機体引き起こしが困難となる事態におちいる。爆弾投擲後、ただちに機体を引き起こし、低高度で全速離脱する。後座の偵察機銃員は、戦果確認をしつつ後部旋回機銃を目標艦に掃射、対空機銃の射撃に対抗する。

海軍は攻撃目標の第一を艦船としていたので、艦船攻撃用の爆弾を通常爆弾と呼んでいた。ハワイ作戦の前、茨城県の鹿島爆撃場で爆撃実験をした結果、二五〇キロ爆弾の甲鈑貫徹力を上げるため、その弾体強度を高めることになった。弾体を厚くし炸薬量を減少させた九九式二五番通常爆弾を完成した。この爆弾は、全長一八〇・九センチ、直径三〇・四センチ、重量二五一・一キロ、炸薬量六〇・五キロである。[6]

陸用爆弾は、装甲のない陸上施設攻撃を想定しており、爆弾の貫徹力より弾片飛散と炸裂の威力を重視していた。したがって爆弾重量の約四〇%まで炸薬を充塡し、弾体強度は低められていた。投擲後の軌道も、精密爆撃が要求される通常爆弾(艦艇攻撃用)ほど重視されず弾体の整形も簡潔だった。真珠湾攻撃では、六〇キロ爆弾(六番)と二五〇キロ爆弾(二五番)の二種類の陸用爆弾が使用された。これらの爆弾は強固な装甲は貫けないが、鉄筋コンクリートは貫通できる。炸裂した際の兵員殺傷力は六〇キロ爆弾が一〇メートル半径、二五〇キロで二〇メートル半径である。九七式六番陸用爆弾(六〇キロ爆弾)は、全長一〇二・五センチ、直径二〇センチ、重量六〇・四キロ、炸薬量二三・六キロ、九八式二五番陸用爆弾(二五〇キロ爆弾)が、全長一八一センチ、直径三〇センチ、重量二四二・二キロ、炸薬量九六・六キロだった。[7]

ハワイ作戦では、第一航空戦隊(「赤城」、「加賀」)、第二航空戦隊(「蒼龍」、「飛龍」)の九九艦爆は、艦艇を目標としたので通常爆弾を、第五航空戦隊(「翔鶴」、「瑞鶴」)の九九艦爆は陸用爆弾で航空基地を目標とした。

〔愛知九九式艦上爆撃機(九九艦爆)〕

急降下爆撃機は、爆撃目標への急降下と制動、爆弾投擲後の引き起こし時に機体に大きな荷重がかかる。設計者は、堅牢な機体構造と飛行安定性の両立に苦労した。愛知航空機は、

愛知九九式艦上爆撃機（九九艦爆）一一型

記号 D3A1
全長 10.19m
全幅 14.360m
全高 3.348m
翼面積 34.970m²
自重 2,390kg
全備重量 3,650kg

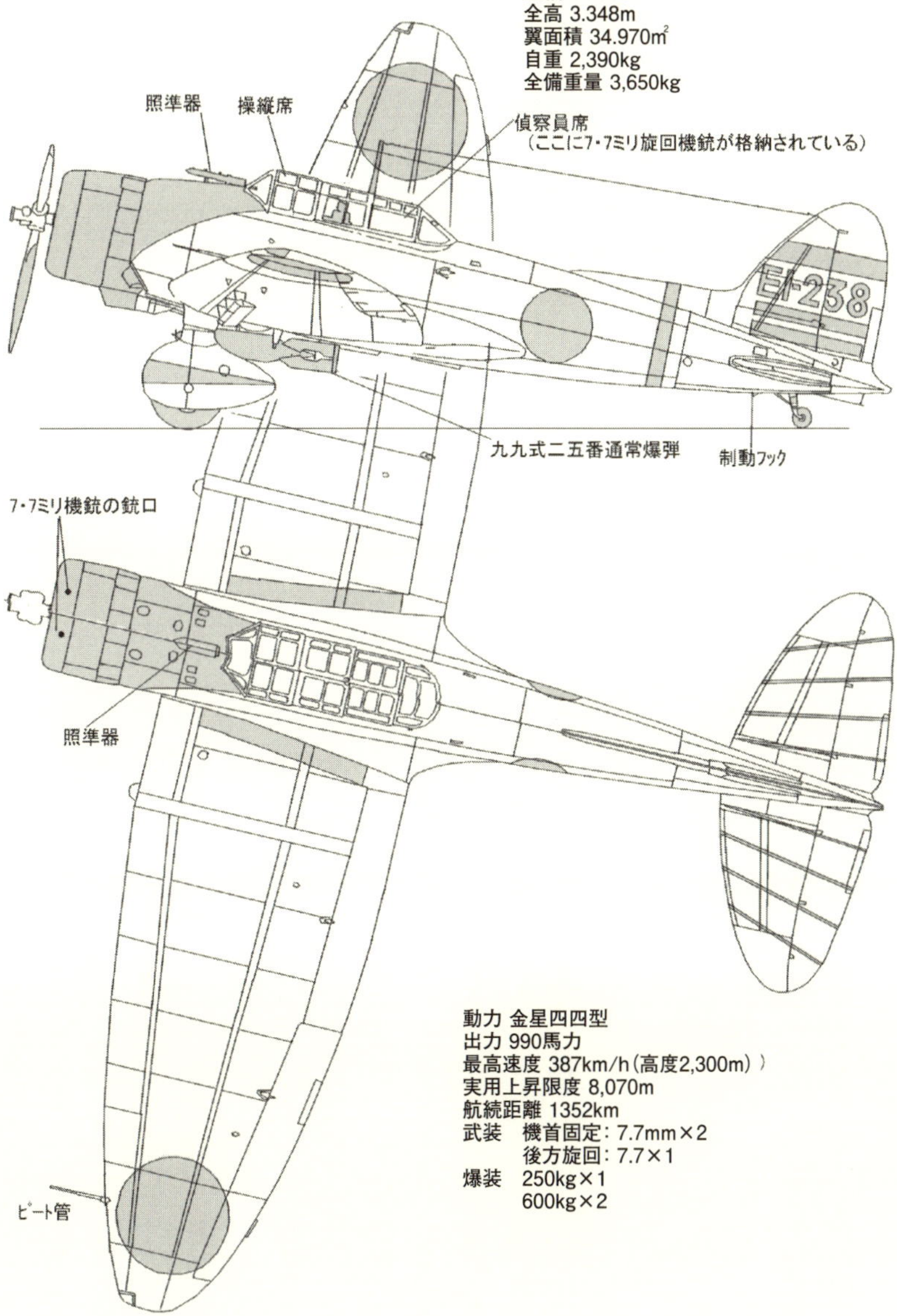

動力 金星四四型
出力 990馬力
最高速度 387km/h（高度2,300m））
実用上昇限度 8,070m
航続距離 1352km
武装　機首固定：7.7mm×2
　　　後方旋回：7.7×1
爆装　250kg×1
　　　600kg×2

愛知九九式艦上爆撃機（九九艦爆）一一型。固定脚であるが、堅牢な機体と高い操縦性で海軍航空隊の急降下爆撃の中心となった。

ドイツのハインケル航空機製造会社のハインケルHe70を参考に設計をおこなった。一九三二年に完成したハインケルHe70は、時速三五〇キロメートルの速力をもち、区間距離速度における国際記録を次々に更新した。全金属製モノコック構造と涙滴型風防、逆ガル型主翼の先端を楕円翼にして高速時の安定性を高めていた。海軍は同機の民間型一機を輸入、調査研究にあてていた。

愛知航空機は、ハインケルHe70の主翼や空気抵抗係数の小さな機体形状を模倣し、九九式艦上爆撃機〔D3A1〕（九九艦爆）を完成させた。ハインケルHe70は引き込み脚だったが、引き込み脚ではその動作にまだ不安があったため、九九艦爆は固定脚を採用した。大きな空気抵抗を受ける固定脚には、流線型の覆いが被せられた。また急降下時に速度限界を超え操縦不能におちいるのを防ぐため、主翼両側下面に起倒式の空気抵抗板（ダイブブレーキ）を装備した。

一九三九年に九九艦爆一一型は、海軍に正式採用された。愛知九九式艦上爆撃機〔D3A1〕（九九艦爆）の諸元は次のとおり。全長一〇・一九メートル、全幅一四・三六メートル、全備重量三六五〇キロ。エンジンは三菱の金星四四型（または四三型）九九〇馬力、可変ピッチプロペラを採用する。最高速度は時速三八七キロメートル、航続距離一三五二キロメートル。機銃は、七・七ミリ機銃を操縦席前方に二挺、後方に旋回機銃一挺を装備。二五〇キロ爆弾一個、または六〇キロ爆弾二個を懸架する。

九九艦爆は、真珠湾攻撃での固定目標にたいし高い命中率をあげた。その後、インド洋作戦では優秀な搭乗員の技量も相まって、航行中の艦船にたいし八八%もの命中率を記録している。しかし大戦中、アメリカ軍が新鋭戦闘機を次々と投入するなか、しだいに九九艦爆はその速力で見劣りするようになった。艦爆の後継機の開発は遅れ、九九艦爆は疲弊する海軍航空隊の主力爆撃機として使用され続け、大戦後期には未帰還率が深刻な水準に達し、搭乗員から「九九棺桶」と呼ばれさえした。そして大戦末期、他の日本軍機と同様、終戦まで特攻作戦に投入された。

(iv) 上空制圧

空母飛行隊の打撃力は、雷撃機と爆撃機であり、それらの脅威となる敵迎撃航空戦力の制圧が艦上戦闘機(艦戦)の役割となる。重量の大きい攻撃機(雷撃機あるいは爆撃機)や急降下爆撃機は、速力、上昇力、旋回力など空中格闘性能は戦闘機に及ばない。空中で敵戦闘機に有効に対処できるのは、戦闘機だけだ。戦闘機で編制される飛行隊は、雷撃隊と爆撃隊の行動空域の制空権を確保し、可能ならば機銃掃射で地上の航空機を破壊する。

〔三菱零式艦上戦闘機(零戦)〕

九六式艦上戦闘機(九六艦戦)の後継機として、海軍の過大な要求を満たし一九三八年、三菱重工業の堀越二郎技師が中心となって完成したのが零式艦上戦闘機(零戦)である。生産は三菱重工業の他に中島飛行機でもおこなわれ、零戦の半数以上は中島製だった。零戦は小規模な改良を重ね、太平洋戦争の全期間、第一線で使用され続けた。その俊敏な操縦性と二〇ミリ大口径機銃、優秀な搭乗員の技量で、緒戦ではアメリカ軍戦闘機を圧倒したが、アメリカ軍が高速で堅牢な機体をもつ多種の新鋭戦闘機を投入するにしたがい、零戦は旧式化、大戦後期では劣勢を強いられた。そして大戦末期、特攻機としてその悲劇的な最期を迎えた。

零戦が防御力を犠牲に攻撃力を高めたことはよく知られる。極限まで重量軽減をおこない旋回や上昇、下降での過重と慣性を減じ、優れた運動性を実現した。また炸裂弾を使用する二〇ミリという大口径機銃二挺を、翼内に装備していた。

零式艦上戦闘機二一型の諸元は次のとおり。全長は九・〇六メートル、全幅一二メートル、全備重量は二四一〇キロ。エンジンは栄一二型九四〇馬力、最高速度は時速五三三キロメートル。航続距離三三五〇キロメートル。武装は操縦席の前方に軽快で弾数の多い七・七ミリ機銃二挺、翼内に強力な

三菱零式艦上戦闘機五二型。（スミソニアン博物館　National Air and Space Museum）

二〇ミリ機銃二挺。そして投下増槽を携行しない場合、三〇キロ爆弾二個または六〇キロ爆弾二個を懸架できた。

徹底的に軽量化が追求された零戦の機体は、構造計算で一定の機体強度を実現したはずだが、空気抵抗が大きい高速時に問題が発生していた。実戦配備後まもなく、零戦では一九四〇年三月に空中分解事故、一九四一年四月に空母「加賀」所属機の空中分解寸前での母艦への着艦といった事態が発生した。横須賀航空隊基地でおこなわれた急降下、急上昇の実験飛行中にも空中分解し、搭乗員が死亡している。

原因は、機体構造の強度不足とともに、飛行機をバンク（横転）させるために使う動翼である補助翼（エルロン）のマスバランス（釣り合い錘）不良だった。飛行機は、高速では翼面または舵面の圧力中心が後方に移動し、高い周波数の振動が発生する場合があり、これを解消するためマスバランスを取り付けている。この頃、零戦はすでに中国戦線などで実戦配備されていたが、時速五一八キロメートルの速度制限を設定、操縦士に周知させた。補助翼のマスバランス調整などの改修作業が完了したのは、一九四一年十一月上旬でハワイ作戦の艦隊集結の直前だった。

零戦は翼内に二〇ミリ機銃二挺を装備したが、これはスイスのエリコン社製の航空機銃エリコンＦＦやエリコンＦＦＬを大日本兵器株式会社がライセンス生産したもので、九九式

三菱零式艦上戦闘機（零戦）二一型

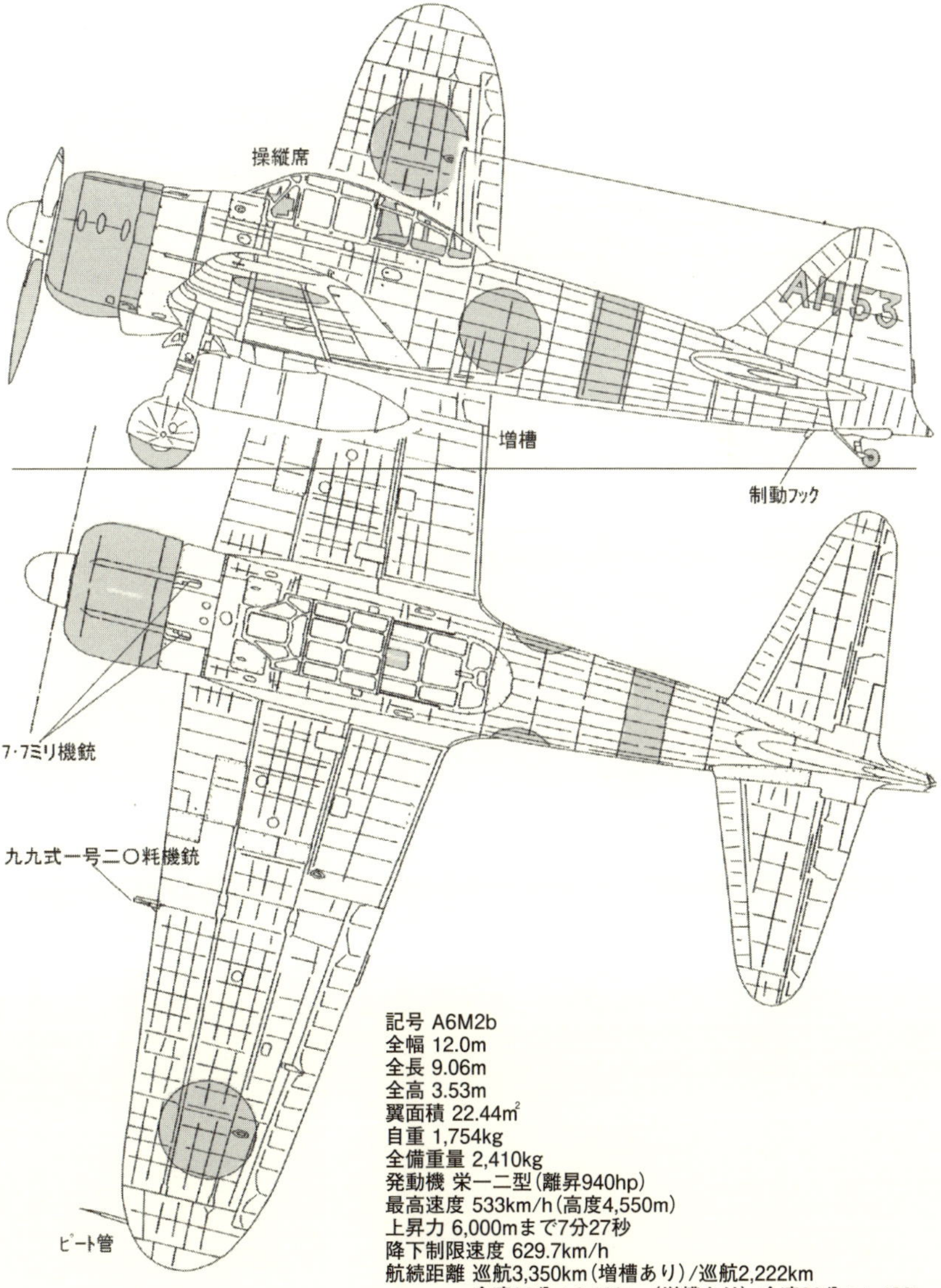

記号 A6M2b
全幅 12.0m
全長 9.06m
全高 3.53m
翼面積 22.44㎡
自重 1,754kg
全備重量 2,410kg
発動機 栄一二型（離昇940hp）
最高速度 533km/h（高度4,550m）
上昇力 6,000mまで7分27秒
降下制限速度 629.7km/h
航続距離 巡航3,350km（増槽あり）/巡航2,222km
全速30分＋2,530km（増槽あり）/全速30分＋1,433km
武装 翼内20mm機銃2挺
機首7.7mm機銃2挺

三菱零式艦上戦闘機六二型。（大和ミュージアム）

一号二〇粍《ミリ》機銃あるいは九九式二号二〇粍《ミリ》機銃の名称をもつ。七・七ミリ機銃の弾丸重量一三グラムにたいし、二〇ミリ機銃のそれは一二四グラムと大きく、しかも着弾と同時に爆発する炸裂弾で、格段の威力を発揮する。しかし初速（発射時の弾丸速度）が毎秒七五〇メートルと遅く、そのため射程が短く弾道も下がりやすい。発射薬の詰められた薬莢（カートリッジ）に弾丸をはめ込んだものを弾薬包というが、零戦の二〇ミリ機銃は、片翼それぞれ六〇発弾倉で携行弾数があまりに少なく、これを増やすため一〇〇発弾倉を試作、ベルト給弾方式の開発をすすめたが、ハワイ作戦には間に合わなかった。

Ⅳ　ハワイ作戦の発動

（ⅰ）諜報活動

ハワイ諸島に属するオアフ島の真珠湾は、アメリカ海軍の太平洋における重要な拠点である。そのため当然、日本はハワイ作戦が具体化する以前から、他のアメリカ軍基地と同様、諜報活動をおこなっていた。一九三八年九月、ホノルルでドイツ人のベルナルド・ユニウス・オットーキューンが日本のスパイとして情報を集めていた。彼は娘ルースと協力しホノルル日本領事館の指示で動いていた。オットーキューンから日本領事館にもたらされたアメリカ軍の情報は、軍令部に流された。

聯合艦隊司令部からの強い要請に折れ、軍令部は軍事的専門知識をもつ諜報員をハワイに派遣することを決定した。そして軍令部職員としてアメリカの軍事調査の経験のある吉川猛夫（予備）少尉が、この極秘任務を担当することになった。一九四一年三月、吉川少尉は外務省の調査部勤務を命ぜられた後、ホノルル日本領事館に森村正という偽名で赴任する。この森村正（吉川猛夫少尉）は、総領事の喜多長雄の協力のもと、ハワイのアメリカ太平洋艦隊、航空基地に関連する広範な情報収集を開始した。集められた情報は、総領事が暗号電報として東京の外務省へ発信し、軍令部へ伝えられた。

この日本領事館から送られたハワイ軍事情報は、一九四一年五月十二日の最初の暗号電報から、真珠湾攻撃の前日の十二月六日まで一七七回を数えた。これによりアメリカ軍艦艇の真珠湾への出入り、停泊場所、港湾の水深や防御体制、ヒッカム、フォード、ホイラー、バーバースポイントなど各航空基地の機種別機数、飛行状況、さらに真珠湾の軍事施設に関連した大量の情報が東京へ送信された。森村正（吉川猛夫少尉）は、現地の日系人を雇い、彼らを運転手や庭師、メイドとしてアメリカ軍基地や将校の居住区に潜り込ませ情報を集めた。吉川猛夫少尉の集めた艦艇情報は軍令部で「A情報」として整理され、一九四一年五月から聯合艦隊司令部に伝えられた。南雲機動部隊が択捉島単冠湾を出撃した十一月二十六日の後にも、「A情報」は電信で継続して南雲機動部隊に送信された。

真珠湾攻撃の数カ月前から、ハワイのアメリカ太平洋艦隊各戦隊は、週五日間訓練他の任務をおこない、週末に真珠湾に戻ってくるという、平時の態勢が常態化していた。太平洋艦隊が訓練、洋上演習、そして将兵の休養の効率的なスケジュールを組むと、それは当然、周期的、固定的な日程となり、ハワイ作戦にとっては好都合だった。

またハワイ作戦で遠洋航海する北方航路の調査、オアフ島と真珠湾の実地見聞のため、海軍は情報士官を民間人として日本郵船の貨客船「大洋丸」に乗せた。当時、「大洋丸」は日本在住アメリカ人と、ハワイ在住日本人の交換輸送で日本・ハワイ間を往復していた。「大洋丸」に乗船したのは、軍令部第三部（情報部）の所属士官で、潜水艦専門の前島寿英中佐、航空専門の鈴木英少佐、特殊潜航艇の松尾敬宇中尉の三人だった。一九四一年十月二十二日に横浜を出港した「大洋丸」は、機動部隊の計画航路である北緯四〇度線付近を進んだ。海軍士官たちは、航路上の気象海象、洋上燃料補給と水上機使用の可能性、他国籍の船舶と航空機との遭遇確率などを詳細に記録した。

「大洋丸」がハワイ到着後、海軍士官たちは、ホノルル日本領事の喜多長雄と会い、また現地の日系人にたいする聞き取り調査をした。ここで確認された重要な情報は、戦艦泊地《バトルシップ・ロウ》での二隻並列繫留、そしてマウイ島のラハイナ泊地が使用されていないということだった。ハワイを出港した「大洋丸」は、一九四一年十一月十七日に横浜に到着した。前島寿英中佐と松尾敬宇中尉は、軍令部に報告をしたが、航空専門の鈴木英少佐は、千葉県木更津で戦艦「比叡」に乗艦した。「比叡」はハワイ作戦に参加する第三戦隊所属で、南雲機動部隊の集結地、択捉島の単冠湾へ向かった。

（ii）特殊潜航艇

ハワイ作戦は空母機動部隊による航空作戦だが、そこに特殊潜航艇の真珠湾攻撃作戦が含まれることになった。特殊潜航艇の使用は、聯合艦隊司令部や第一航空艦隊の発案ではなく、特殊潜航艇の開発者とその乗員の強い要請によるものだった。

艦政本部で水雷兵器を担当する岸本鹿子治大佐は、隠密裏に敵艦に接近し魚雷を放つ小型潜航艇を考案した。岸本大佐は、酸素魚雷の考案者としても知られる。艦政本部は一九三二年八月に小型潜航艇の設計を始め、呉海軍工廠魚雷実験部が試作、翌年に第一号艇を完成させた。それは魚雷二本を搭載し乗員二名が乗り込む小型潜航艇で、水中で大型潜水艦から発進後、バッテリーで航行する。この特殊潜航艇は「甲標的」と名づけられ、一九四〇年九月に正式採用、三四基の建造が予定された。

「甲標的」の諸元は、次のとおり。全長二三・九メートル、直径一・八五メートル、排水量四三・七五トン。電動機は六〇〇馬力一基、蓄電池二二四個、二二四ボルト。航続力二一・五ノット（時速四〇キロメートル）で五〇分、微速六ノット（時速一一キロメートル）で八時間。安全潜航深度一〇〇メートル。魚雷発射管は四五センチ二門、九七式酸素魚雷二本を搭載。乗員二名。

この「甲標的」での訓練は、一九四一年一月中旬に開始された。「甲標的」の乗員となった岩佐直治中尉は、特殊潜航艇を用いた真珠湾攻撃作戦を構想し「甲標的」母艦の「千代田」の艦長原田覚大佐に具申した。それは「甲標的」を大型潜水艦でオアフ島近海まで運搬し、潜水艦から発進、真珠湾に潜入しアメリカ艦艇を奇襲する作戦計画だった。原田覚大佐は、この作戦計画を軍令部に伝え、さらに旗艦「長門」にある聯合艦隊司令部にたいし提案した。しかし山本五十六司令長官は、「甲標的」の短い航続距離や低い速力などから乗員の生還が絶望的として、その作戦計画を評価しなかった。

しかし岩佐直治中尉はこの作戦をあきらめず、乗員の収容法を研究した。そして「甲標的」からの発信電波を潜水艦が受信、方位情報を返信し、潜水艦まで誘導する方法を考案した。原田覚大佐は、その計画案をもって再び聯合艦隊司令部を訪れ、特殊潜航艇の真珠湾潜入攻撃計画の採用を強く要請した。

ハワイ作戦には、当初より潜水艦の先遣部隊があったが、その任務は偵察と雷撃、そして飛行隊搭乗員の救出だった。原田覚大佐から提出された特殊潜航艇の真珠湾攻撃作戦にたいし、ハワイ作戦の詳細をつめていた第一航空艦隊の航空参謀源田実中佐、飛行隊長淵田美津雄中佐らは強く反対した。彼らは、航空機による奇襲作戦が、潜水艦ならびに特殊潜航艇の行動で露呈することを危惧した。とくに水深の浅い真珠湾内で特殊潜航艇は、飛行中のアメリカ軍機から容易に発見されるだろう。

しかし聯合艦隊司令部は、生還を期しがたい決死の作戦をやりたいという特殊潜航艇乗員の熱意に折れ、その作戦を認めた。特殊潜航艇は、正式にハワイ作戦に組み込まれることになった。ただし聯合艦隊司令部は、特殊潜航艇は航空部隊よりも先に攻撃を開始してはならないことを厳命し、なお反対をとなえる第一航空艦隊の参謀たちをなだめた。

ハワイ作戦参加が決定した五隻の特殊潜航艇「甲標的」は、五隻の大型潜水艦によって真珠湾近海まで運ばれる。特殊潜航艇を後部甲板上に搭載する潜水艦は、「伊一六潜」、「伊一八潜」、「伊二〇潜」、「伊二二潜」、「伊二四潜」である。特殊潜航艇五隻は、真珠湾攻撃の前日の日没後、真珠湾口から一〇海里（約一八キロメートル）付近で三〇分間隔に発進する。黎明時刻に真珠湾内に侵入、湾内で待機、航空隊の第一次攻撃終了後にアメリカ軍艦艇を雷撃する。攻撃後、真珠湾を脱出、ラナイ島付近まで南下、潜水艦が搭乗員を収容、特殊潜航艇は沈没処分するという計画だった。

(iii) 航空隊の訓練

ハワイ作戦が軍令部から承認される前の一九四一年九月、ハワイ作戦を想定して航空隊の訓練がすでに開始されていた。また各科の優秀な人材が、第一航空艦隊に異動させられた。第一航空艦隊の航空参謀源田実中佐は、各航空戦隊を機種別の飛行隊に分け、真珠湾攻撃に必要な訓練計画を作成、実施した。淵田美津雄中佐が、すべての航空部隊を統制し機種別に、次のように航空基地を拠点に訓練をおこなった。

鹿児島　第一航空戦隊艦攻隊および水平爆撃嚮導《きょうどう》機〔九七艦攻〕

出水（鹿児島）　第二航空戦隊艦攻隊〔九七艦攻〕

富高（宮崎）　第一航空戦隊艦爆隊〔九九艦爆〕

笠ノ原（鹿児島）　第二航空戦隊艦爆隊〔九九艦爆〕

佐伯（大分）　第一航空戦隊と第二航空戦隊艦戦隊〔零戦〕

宇佐　第五航空戦隊艦攻隊〔九七艦攻〕

大分　第五航空戦隊艦爆隊〔九九艦爆〕

大村　第五航空戦隊艦戦隊〔零戦〕着艦訓練から大分に移る

当時の雷撃訓練での命中率は、警戒厳重、航行中の戦艦に対し六〇％以上だった。したがって回避行動がとれない停泊艦が目標であれば、さらに高い命中率が期待できる。しかし湾内での雷撃は洋上と異なり、航空機にとって空間的制約が大きい。真珠湾の条件を想定し、魚雷投下前に低空で飛行する際の地形の制約、魚雷投下時に海底への魚雷接触を避けるための飛行速度ならびに高度、機体の安定性維持など、データをとりながら訓練がおこなわれた。雷撃訓練は、鹿児島湾（錦江湾）において停泊艦を目標に実施された。ここの水深は真珠湾と同じ一二メートル、雷撃機（雷装の九七艦攻）は、鹿児島市街上空を低高度で通過、距離五〇〇メートルで目標をねらい魚雷を投下する。

当初、雷撃は第二射法という方式がとられた。九一式魚雷改二は、着水時に飛散する木製尾部安定板を備えていたが、高速で海面に投じると魚雷の駛走安定性が損なわれ、浅い水深では海底に接触する確率も高まる。したがって魚雷の駛走安定性を維持するため、雷撃機は速度を減じ魚雷を投じるしかなかった。鹿児島湾での訓練は当初、魚雷投下時に時速一八五キロメートル、高度一〇メートルで実施された。

特殊潜航艇「甲標的」

全没排水量：43.75トン
全長 23.9m
全幅 1.85m
主機 モーター600馬力
最大速度 水中19ノット（時速35キロメートル）
水中航続時間 80分/6ノット（時速11キロメートル）
乗員 2名
兵装 45cm魚雷発射管×2、魚雷×2
安全潜航深度：100m

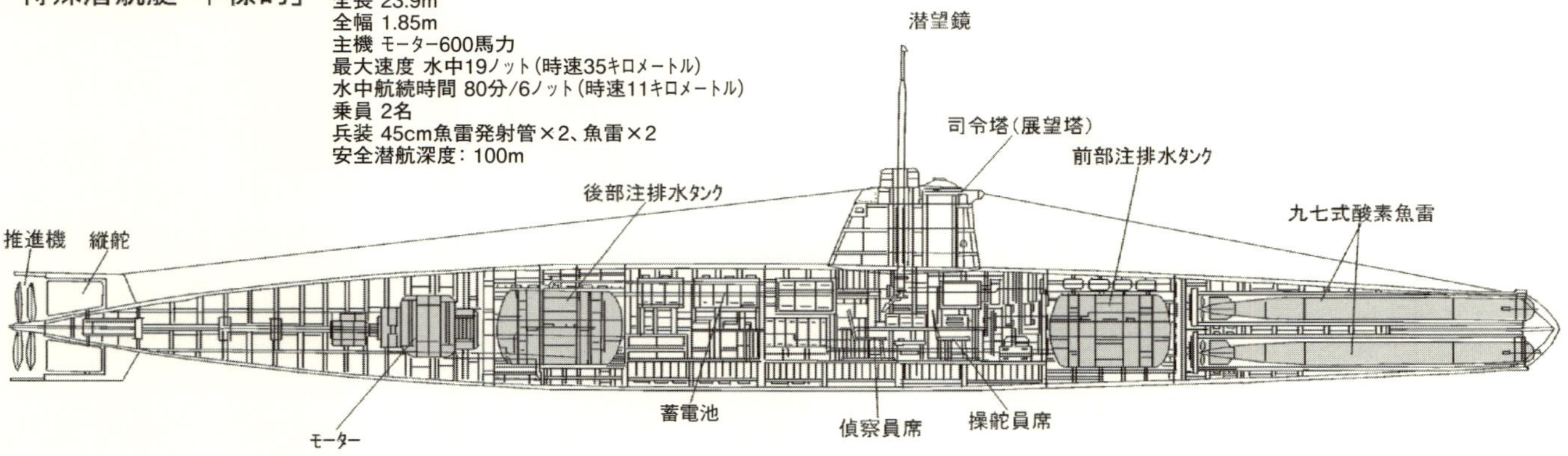

九七式艦上攻撃機（九七艦攻）一二型は当時、世界最高水準の雷撃機だったが、低速飛行するようには設計されていない。時速一八五キロメートルでは浮力を増すためにフラップを下ろし、引き込み脚を出して飛ばなくてはならなかった。雷撃は、低空で目標艦の舷側方向、約五〇〇メートルで魚雷を投じ、低空のまま目標艦を飛び越え離脱する。目標艦に接近する際、猛烈な対空砲火にさらされる。敵の対空兵器は、低空飛行する目標にたいし小さな仰角で射撃でき、射線上に目標を重ねやすく、さらに照準や給弾が高角射撃よりも容易なために命中率が高い。魚雷投下時の速力を時速一八五キロメートルと制限することは、魚雷投下時のみならず、その後の接敵と離脱での飛行速度も抑えられる。錦江湾で訓練を繰り返す九七艦攻の搭乗員たちは、この雷撃法に大きな不満をもっていた。

　しかし一九四一年八月、空母「赤城」に届けられた九一式魚雷改二がこの問題を解決した。最初に一〇本だけ運び込まれた九一式魚雷改二には、真珠湾のような浅深度でも使用可能とする安定機が装備されていた。それは魚雷を水平に保つためのジャイロ（回転儀）と木製の安定翼が連動した装置である。この魚雷を使用した訓練では、高速での魚雷投下でも沈度一二メートル以内での駛走率は八三％だった。この安定機付き九一式魚雷改二の使用により、低速飛行を強いられる第二射法ではなく、接敵、魚雷発射、そして離脱が高速で可能な第一射法にあらためられた。

　第一射法実施での一つの詳細は次のようだった。目標の六二〇メートル前で、時速三〇〇キロメートル、高度一〇メートルで投じられた魚雷は、一・四秒後に時速三〇四キロメートルで投擲位置から一二〇メートル先の海面に着水、魚雷の推進器が発動。魚雷は深度一二メートルに沈下、それから一定水深まで浮上、五〇〇メートル駛走し二一秒後に目標に到達する。ハワイ作戦の直前訓練では、固定目標にたいする雷撃の命中率は八〇％に達した。

　水平爆撃をおこなう機体も九七式艦上攻撃機（九七艦攻）である。高々度から爆弾を投じる水平爆撃では、大型徹甲爆弾の高い貫通力と大きな破壊力という長所がある一方、命中率が低いという短所がある。命中率の向上のために、同時に数機が一斉に爆弾を投擲し、数個の爆弾の着弾範囲内に目標を捉える編隊爆撃法をとる。つまり五機編隊の先頭の機（嚮導《きょうどう》機という）の投擲に合わせ、後続機もほぼ同時に投擲する。したがって爆撃照準をおこなう嚮導機の技量が重要である。各中隊の嚮導機は、鹿児島に集められ爆撃照準訓練を繰り返した。嚮導機以外についても、嚮導機が被弾などで攻撃前あるいは攻撃中に被害を受けた場合を想定し、爆撃照準の訓練がなされた。

編隊爆撃法での水平爆撃は、洋上での航行艦艇を目標としてきたが、ハワイ作戦では停泊中の固定目標であるため、高い命中率が期待された。九七艦攻の水平爆撃訓練は、十月二十六日以後、海上に停止した標的艦「摂津」および地上に描かれた実物大のアメリカ艦艇を標的に実施された。爆撃目標として地上に描かれたのは「カリフォルニア」級戦艦で、この訓練は有明湾の大崎海岸海軍爆撃場でおこなわれた。編隊爆撃法で目標を着弾範囲内に捉える確率を目標捕捉率というが、訓練での実績は八〇％、そしてその中に命中爆弾がある確率（命中率）は二〇％という結果だった。

急降下爆撃をするのは、九九式艦上爆撃機（九九艦爆）である。急降下で目標に接近、近距離で爆弾を投擲する急降下爆撃は命中率が高い。ハワイ作戦は奇襲、あるいは強襲を前提に立案されたが、ハワイまでの遠洋航海の途上や真珠湾攻撃中、また攻撃後の機動部隊撤退時にどのような戦局となるかはわからない。急降下爆撃は、固定目標にたいする高い命中率を確実にしつつ、自由回避目標への爆撃訓練も重視された。訓練には標的艦「摂津」が使用され、洋上で回避運動をする同艦にたいする命中率は、平均四〇％、最高五五％という結果だった。

雷撃機と爆撃機が攻撃をおこなう空域の制空権を確保する零戦は、空戦中心の訓練がなされた。ハワイ作戦は、戦闘機も数多く投入されるため、単機空戦ではなく編隊空戦の訓練に重点がおかれた。この編隊空戦は、三機対六機から三機対九機まで搭乗員の練度に合わせて訓練が組まれた。高度九〇〇〇メートルから一万メートルで、吹流し標的にたいする実弾射撃訓練、零戦隊と他機種（九七艦攻、九九艦爆）との編隊訓練もおこなわれた。

零戦では通信と航法訓練も重要だった。これは単機となった場合でも、目標空域や母艦に単独で到着できる技量を習得しなくてはならない。航法とは、搭乗員が自機の位置を確認しつつ飛行する技術で、航空機にレーダーが搭載されていなかった当時、天測や固定地点から発せられる電波方向、機速などの情報から計算しておこなう。地形や目標物が視認できない洋上での飛行は、情報量が少なく航法に熟練を要する。搭乗員が二人ないし三人の爆撃機や雷撃機では、航法計算は後座の搭乗員が専念できるが、操縦士一人の零戦ではそうはいかない。零式艦上戦闘機二一型には、アメリカのフェアチャイルド社製のク式（クルシー式）無線帰投方位測定器が搭載されていた。

第五航空戦隊は、就役したばかりの新鋭制式空母「翔鶴」、「瑞鶴」で編制されていた。これらの搭乗員の多くは陸上航空隊からの着任者で、母艦勤務の経験が少なく、航空母艦からの発着艦と洋上航法、通信の技術習得という訓練が最優先とされた。第五航空戦隊の搭乗員は九州方面に集められ、母艦搭乗員としての基礎訓練を日向灘で実施した。しかしハワイ作戦準備のため、母艦は整備と補給のため交互にドック入りし、訓練に使用できる空母の確保は充分ではなかった。

　ハワイ近海までは、片道約三四〇〇海里（六三〇〇キロメートル）という遠洋航海となる。航続距離の短い巡洋艦や駆逐艦は、洋上での燃料補給がなくては、帰路、燃料を使い果たし漂流することになる。また航続距離の長い大型艦でも、戦闘時に高速での艦隊行動で急激に燃料を消費した場合、同様の事態が懸念される。気象条件が厳しい北方航路で、洋上燃料補給を確実におこなうため洋上での燃料補給訓練が必要だった。しかし給油艦は隻数が少ない上、ハワイ作戦を前に各艦艇が整備、補充のためドック入りし、また空母は飛行隊の訓練計画との調整もあり一九四一年十月中旬まで洋上燃料補給訓練は実施できず、結局それは最小限の訓練にとどまった。

（ⅳ）南雲機動部隊の出撃

　一九四一年十一月二十一日、駐米日本大使野村吉三郎は、中国問題で対立を深めるアメリカにたいし日本政府の要求「乙案」をコーデル・ハル国務長官に提出した。それにたいするアメリカ政府の回答は、約一週間後に提示された「ハル・ノート」だった。同文書は、日本が日露戦争後にアジアに確保したすべての権益と植民地の放棄、日独伊三国同盟の解消を要求していた。日本がそれらの要求をのむことは、政府や軍部内の状況から無理だった。日本政府がアメリカとの開戦を正式に決定したのは、一九四一年十二月一日の御前会議だったが、ハワイ作戦を日米開戦劈頭と想定する聯合艦隊は、それより早い時期に作戦実施に向けて行動を開始していた。

　ハワイ作戦に参加する主要艦艇の多くは、一九四一年十一月十八日前後、所属軍港を出港し北上、十一月二十三日までに千島列島最大の島、択捉島の単冠《ひとかっぷ》湾に集結した。これが南雲忠一中将指揮の第一航空艦隊で、第一航空戦隊（空母「赤城」、「加賀」）、第二航空戦隊（「蒼龍」、「飛龍」）、第五航空戦隊（「翔鶴」、「瑞鶴」）の三戦隊、空母六隻が中核となる史上最大の空母機動部隊だった。過去にこれだけ大規模に海上航空兵力を集中運用した例はない。

　他に水上砲撃戦の際、艦隊防衛の要となる高速戦艦「比叡」と「霧島」の第三戦隊、水上機での偵察担当の重巡洋艦二隻の第八戦隊、そして軽巡洋艦一隻が率いる駆逐艦九隻編制の第一水雷戦隊が警戒の任にあたる。以上の水上艦艇の前方に進出し、哨戒任務を担当するのが第二潜水隊の潜水艦三隻である。また洋上燃料補給のため補給隊として給油艦七隻が参加する。

一九四一年十一月二十三日、単冠湾内に集結した艦艇から旗艦「赤城」に、各戦隊指揮官が集合した。第一航空艦隊司令官南雲忠一中将が、作戦内容と目的を正式に伝達し、第一航空艦隊参謀長の草鹿龍之介少将が作戦の詳細を説明した。山本五十六聯合艦隊司令長官の発案のハワイ作戦は、数カ月かけて第一航空艦隊司令部が練り上げてきたもので、戦隊指揮官と艦載機搭乗員たちは、憶測を交えこの作戦内容を予期していた。ハワイ作戦は、この空母機動部隊が荒れる北太平洋の航路を遠洋航海し、ハワイ諸島に到達、艦載機で真珠湾のアメリカ太平洋艦隊を奇襲する。

単冠湾に集結した南雲機動部隊は、出撃準備がすべて完了していたわけではなかった。浅沈度用の安定機付きの九一式魚雷改二の供給が、艦隊の出撃に間に合うか危ぶまれた。長崎の三菱兵器製作所で魚雷の改造作業が急がれていたが、浅沈度用魚雷一〇〇本を第一航空艦隊が受け取ったのは十一月十七日だった。空母「加賀」は浅沈度用魚雷を積み込み、他の艦艇に遅れ最後に単冠湾に到着した。そして湾内で魚雷は、雷撃機（雷装の九七艦攻）を搭載する空母に配分された。

ホノルル日本領事館からの「A情報」では、真珠湾の停泊艦艇に魚雷防御網は張られていない。しかし日米開戦に向かいつつある緊迫した国際情勢下、太平洋艦隊の警戒体制が強化されれば、展張と収用に手間のかかる魚雷防御網を設置するかもしれない。魚雷先端に取り付ける網切り器の研究を担当する呉海軍工廠魚雷実験部では、横須賀航空隊が実験発射を繰り返していた。しかし網切り器付きの魚雷では、駛走安定性を損なう影響が発生し、改良の方針も見出せなかった。結局、ハワイ作戦では網切り器なしの魚雷を用いた。

水平爆撃を担当する九七艦攻は、大型の徹甲爆弾を使用する。これは「長門」型戦艦用四一センチ砲弾である九一式徹甲弾を改造した九九式八〇番五号爆弾で、一九四一年九月中旬までに一五〇個が製造された。これらは「赤城」、「加賀」、「蒼龍」、「飛龍」の四空母に搭載された。水平爆撃で従来使用してきた八〇〇キロ通常爆弾は、直径が魚雷と同じ四五センチだが、九九式八〇番五号爆弾は直径が四一センチであり、九七艦攻の投下器は四五センチ用である。この投下器では、九九式八〇番五号爆弾を懸架できないことが判明したのは十一月上旬だった。空母が大分県の佐伯湾を出港するのは十一月十八日で作業時間がない。そこで投下器の付け替え作業は、ハワイへの航海中に艦内で実施することにした。この作業をおこなう工員たちは、択捉島単冠湾で空母に乗り込んで南雲機動部隊と行動を共にすることになった。

新鋭の零式艦上戦闘機（零戦）二一型も問題をかかえていた。主翼のマスバランス調整が完了し速度制限は解除されたが、二〇ミリ機銃の弾丸と予備銃の供給が不充分だった。翼内に二挺装備している九九式一号二〇粍《ミリ》機銃は、一挺六〇発弾倉で一機当たり一一〇〇発の弾薬包（弾丸と発射薬を充填した薬莢が一体化したもの）が用意される規定だった。しかし当時、海軍航空隊ではこの強力な二〇ミリ機銃を戦闘機だけでなく陸上攻撃機にも装備し始めた。また銃身内爆発事故が発生して製造検査を厳重にした。そのため九九式一号二〇粍機銃用弾薬包を製造する大日本兵器株式会社では生産が追いつかず、ハワイ作戦で使用される零戦は、一機当たりわずか一五〇発の弾薬包しか供給されなかった。故障時に交換される予備銃についても、九九式一号二〇粍機銃は各空母に二または三挺の準備しかなかった。七・七ミリ機銃については、弾薬包、予備銃とも規定どおりに供給された。

単冠湾に集結した南雲機動部隊（第一航空艦隊）の出撃より早く、潜水艦の先遣部隊（第一潜水部隊、第二潜水部隊、第三潜水戦隊）は、一九四一年十一月十一日から二十一日までに内地を出撃していた。それらは要地偵察と特殊潜航艇「甲標的」での攻撃の任を負う。

一九四一年十一月二十六日〇六時〇〇分、南雲機動部隊は、択捉島の単冠湾から出撃した。艦隊の針路前方空域には美幌航空基地を離陸した木更津航空隊所属の陸上攻撃機が、航空哨戒をおこなっていた。南雲機動部隊は、前方を警戒する軽巡洋艦一隻と駆逐艦九隻の第一水雷戦隊を先頭に、重巡洋艦二隻の第八戦隊、戦艦二隻の第三戦隊、そして最後に艦隊打撃力の中核となる空母群の第一航空戦隊（「赤城」、「加賀」）、第二航空戦隊（「蒼龍」、「飛龍」）、第五航空戦隊（「翔鶴」、「瑞鶴」）が続いた。南雲機動部隊は太平洋に出ると、空母は三隻の縦列、その後方にそれぞれ戦艦一隻が後続、左翼には駆逐艦二隻、右翼には潜水艦三隻が浮上航行、それらの外側両翼に重巡洋艦が一隻ずつ並進する第一警戒航行序列となった。補給艦も含め三十隻以上になる大艦隊は、一般船舶が航行しない太平洋の北限近い荒海を、無線封鎖で隠密裏に、一路ハワイ諸島近海へと進む。片道約三四〇〇海里（六三〇〇キロメートル）、一二日間の航程である。

（ｖ）北方航路

一九四一年十一月二十六日に単冠湾から出撃した南雲機動部隊は、アリューシャン列島沿いに南東の航路をとり、北緯四三度、東経一五九度で針路を真東に向け、その後は北緯四〇度線付近を東進した。艦隊行動秘匿のため無線封鎖は厳命されていたが、東京発の無線は、慎重に受信が続けられていた。アメリカとの外交交渉で日米開戦が回避された場合、ハワイ作戦は中止、南雲機動部隊はただちに帰投することになっていた。また攻撃予定日の十二月八日（ハワイ時間では十二月七日）の二日前の十二月六日以前に、アメリカ側に発見

1941年11月末、ハワイ作戦で太平洋北方海域を航行中の空母「瑞鶴」。飛行甲板下に40口径八九式12.7センチ連装高角砲が２基見える。前方を航行するのは空母「加賀」。（資料提供　大和ミュージアム）

1941年12月、太平洋北方海域を真珠湾攻撃に向かう空母「加賀」。「瑞鶴」がその左後方に見える。〔The Naval History & Heritage Command (formerly the Naval Historical Center)〕

された場合も作戦中止、攻撃予定日の前日に発見された場合は南雲中将に攻撃の可否が委ねられていた。十一月二十九日、軍令部第一部長の福留繁少将から「日米交渉、前途絶望」の電報を南雲機動部隊は受け取った。これは日米開戦の決定、ハワイ作戦の実施を意味していた。

十二月一日（日本時間）、南雲機動部隊は日付変更線に達し西半球に回り込んだ。荒天ではあったが曳航洋上燃料補給は定期的におこなわれていた。アメリカ海軍は、平時から日本軍艦の所在などの艦艇情報を探っていたが、十一月二十五日（ワシントン時間）付の報告には、空母「赤城」、「加賀」は九州南部に、空母「蒼龍」、「飛龍」、「翔鶴」、「瑞鶴」は呉付近、戦艦「比叡」は佐世保付近、「霧島」は呉付近に所在すると記載されていた。

東京では昭和天皇臨席の御前会議での開戦決定が十二月一日（日本時間）、翌日の十二月二日には開戦を十二月八日と決した。聯合艦隊司令部は、南雲機動部隊へ「ニイタカヤマノボレ一二〇八」を打電した。台湾の新高山は当時、大日本帝国が自国領土と主張する地域での最高峰だった。この電報の「一二〇八」は、開戦日が十二月八日（ハワイ時間では十二月七日）であることを伝えていた。

南雲機動部隊は十二月三日、最大風速三五メートル以上の激しい時化に見舞われ洋上燃料補給もできなかった。空母「赤城」に後続する「加賀」では、下士官一名が強風で海上に吹き飛ばされ行方不明となった。翌十二月四日（ハワイ時間では十二月三日）、待機地点（C点）とされた北緯四一度、西経一六五度を通過、艦隊は針路を南東方に向けた。十二月五日（ハワイ時間）、攻撃開始まであと二日、風力が衰え海上は穏やか、厚い雲が天空を覆い、視界は不良だった。この気象は、アメリカ軍の航空哨戒から南雲機動部隊を秘匿するだろう。この日、艦隊は一隻の商船と遭遇し、艦隊司令部には緊張がはしった。「赤城」の無線室では、この商船から発せられる無線を警戒傍受したが、日本艦隊との遭遇が通報されることもなく、同船は洋上彼方に姿を消した。

攻撃決行の前日の十二月六日、聯合艦隊司令長官山本五十六大将から、「皇国の興廃、繋《かか》りて此の征戦に在り、粉骨砕身して各員その任を完うせよ」の電信があり、旗艦「赤城」のマストに日本海海戦で戦艦「三笠」に掲げられたZ旗と同じ意味をもつDG旗が翻った。南雲機動部隊は、燃料補給隊の七隻の補給艦と別れ、艦隊速力を二二から二四ノットに増速、針路を真南に転じ、真珠湾の北方約二三〇海里（約四二六キロ）の攻撃機発進点に向かった。

南雲機動部隊が航行する海域は、すでにアメリカ軍の航空哨戒圏内だった。先遣部隊（第一潜水戦隊、第二潜水戦隊、第三潜水戦隊）は、すでにオアフ島周辺の所定位置付近に進

1941年12月7日、真珠湾にむけて発進する攻撃隊の様子を見守る空母「翔鶴」の航空指揮官。黒板には、聯合艦隊司令長官山本五十六大将の訓示、「皇國ノ興廢繫リテ此ノ征戦ニ在リ 粉骨砕身シテ各員其ノ任ヲ完ウセヨ」の一部が読める。〔The Naval History & Heritage Command (formerly the Naval Historical Center)〕

1941年10月14日、カリフォルニア州サンディエゴへ航行中の空母「レキシントン」。右舷艦橋後部の巨大な煙突が特徴的である。〔The Naval History & Heritage Command (formerly the Naval Historical Center)〕

出していた。それらは潜望鏡深度で洋上を偵察、敵情を第三戦隊の戦艦へ報告する任務を負っていた。大型潜水艦に搭載され、ハワイ近海に運ばれてきた特殊潜航艇「甲標的」五隻は、真珠湾内へ侵入する攻撃準備をすすめていた。

攻撃隊発進時刻まで残り数時間、第一航空艦隊司令官の南雲忠一中将と艦隊参謀長草鹿龍之介少将は、アメリカ空母にたいする対応に頭を悩ましていた。ハワイ作戦は、アメリカ太平洋艦隊の空母最大六隻、少なくとも四隻の撃破を想定していた。十一月中旬のホノルル日本領事館から軍令部にもたらされた情報では、「ヨークタウン」、「ホーネット」、「レキシントン」、「エンタープライズ」の空母四隻が真珠湾を基地とし、「サラトガ」もその可能性があった。また「サラトガ」、「ヨークタウン」、「ホーネット」は、アメリカ本土西海岸サンディエゴに向かったとの別の情報もある。真珠湾にはおそらく空母四隻が停泊、うち一隻は洋上で訓練実施中と思われた。しかし八月四日の「A情報」では、真珠湾に空母が一隻もいないという。そしてこれらの所在は不明のままだった。

南雲忠一中将は、ハワイ作戦でアメリカ空母を取りこぼすというより、その存在を恐れた。彼は、軍令部から第一航空艦隊の空母を一隻たりとも損傷しないことを厳命されていた。広大な太平洋で作戦を展開するのに、日本海軍の空母の数は充分とはいえない。ハワイ作戦計画の構想初期段階から、軍令部は空母の保全に大きな懸念を表明していた。

オアフ島に向かい高速で南下を開始したこの局面、南雲機動部隊にたいするアメリカ潜水艦の脅威は低下した。心配なのは、やはりアメリカ空母だ。所在不明のアメリカ空母艦載機の攻撃を受けたとしたら、爆弾一発の被弾でも致命傷につながる可能性が高い。防御力の脆弱な飛行甲板を貫通した爆弾は、格納庫で炸裂、魚雷や爆弾が誘爆、航空燃料に引火、その爆発的な火災発生で艦全体が劫火に覆われる事態になりかねない。そうなれば、もう有効な復旧作業は不可能だ。

ハワイ作戦は、空母数隻を分散せず集中運用していた。それは航空打撃力の最大化には寄与するが、わずかな状況判断の誤りが機動部隊にたいする敵襲を許せば、壊滅的損害へ直結する。南雲忠一中将は、真珠湾攻撃から半年後のミッドウェー海戦において、それを身をもって知り、彼の艦隊は悲劇的な最期を迎える。

ハワイ作戦参加部隊航路

（日付は日本時間）

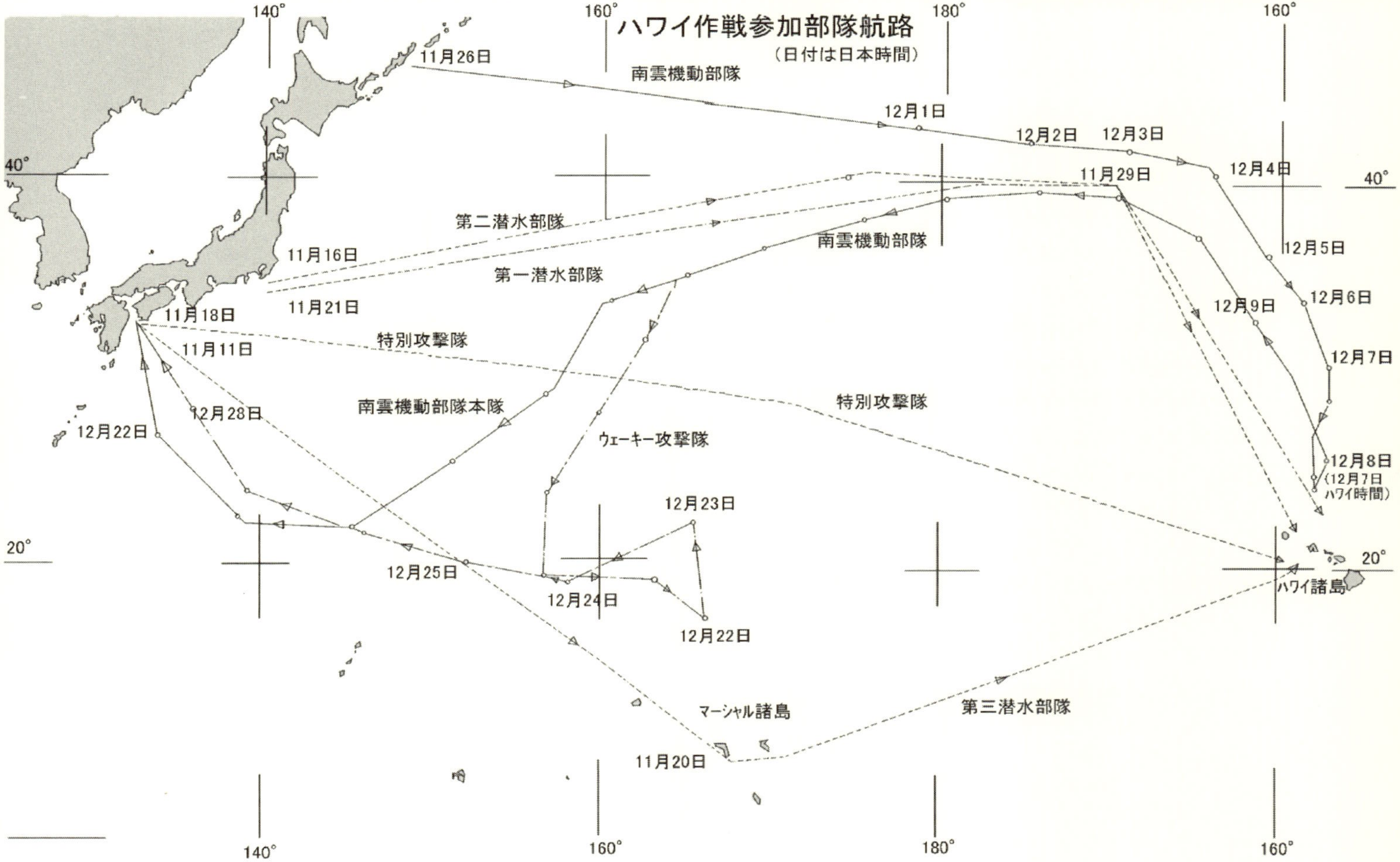
140°
160°
180°
160°
40°
20°
南雲機動部隊
11月26日
12月1日
12月2日
12月3日
12月4日
12月5日
12月6日
12月7日
12月8日
（12月7日
ハワイ時間）
11月29日
12月9日
第二潜水部隊
第一潜水部隊
11月16日
11月21日
南雲機動部隊
11月18日
11月11日
特別攻撃隊
特別攻撃隊
南雲機動部隊本隊
12月22日
12月28日
ウェーキー攻撃隊
12月23日
12月25日
12月24日
12月22日
マーシャル諸島
11月20日
第三潜水部隊
ハワイ諸島

V　アメリカ太平洋艦隊

(i)　アメリカのハワイ支配

　太平洋のほぼ中央に位置するハワイ諸島は、主要な八つの島をはじめ百以上の小島や環礁からなり、現在はアメリカ合衆国の五〇番目の州である。北西部から南東部に連なる島々は、順にニイハウ島、カウアイ島、オアフ島、モロカイ島、ラナイ島、マウイ島、カホオラウェ島、そしてハワイ島である。ハワイは、真珠湾攻撃時、正式なアメリカ領土ではなくハワイ準州だった。中核都市はオアフ島のホノルルで、アメリカ太平洋艦隊の拠点、真珠湾もこの島の南側にある。

　太平洋艦隊の所属艦艇に乗る数万人の水兵や予備役兵にとって、ハワイは南国の美しい休息地だった。艦が洋上にある間、水兵という軍艦組織の最下層の彼らは、鉄錆と潤滑油にまみれ、終わりのない補修作業に多くの時間を費やす。一日の任務の後には、熱気がこもる湿度の高い居住区で、汗をかきながら疲れ果てて眠りにおちた。そんな彼らが心待ちにするのは、定期的に届けられる家族や恋人からの手紙と、真珠湾停泊中の上陸許可だった。

　戦艦泊地《バトルシップ・ロウ》の波止場で、軍艦から解放された水兵たちが向かう先は、ホノルルのホテル街、アーミー・ネイビーＹＭＣＡ、そしてブラックキャット・カフェだった。仲間と一緒に木造建築が雑然と建ち並ぶ狭い路地を歩くと、鮮度の落ちた魚や残飯の臭い、強烈な香辛料が鼻をついた。酒場ではポーカーでのギャンブルに興じ、少ない給料をそっくり巻きあげられることもある。また路地裏では、地元の薄暗い肌の女性が妖《あや》しげな仕草で誘惑してくる。ある者はためらうことなく売春街へ直行し、少し分別のある者は、性病検査のあるクラブで、陸軍がアメリカ本土で非公式に募集した女性と三ドル分の愛情のない逢瀬を楽しんだ。早朝、泥酔し無一文となり、幻滅して艦へ戻る水兵たちも珍しくはなかった。しかし彼らの食事や寝所は保障されている。翌朝、南国の太陽に焼かれる鉄の船の下層甲板で、再び鉄錆にまみれながらのうんざりする作業が始まる。

　太平洋艦隊の将校たちは、ハワイよりも快適で設備の整ったアメリカ本土西海岸のサンディエゴ軍港を好んだ。しかし艦隊の真珠湾の駐留は長い期間続き、艦隊の拠点はすでに真珠湾に移されたとの噂も聞かれた。士官たちも休暇のときはもちろん上陸し、酒とポーカー、そして女性と楽しんだ。彼らのお気に入りの店は、ホテル街の少しばかり高級な洒落た店で、仲間とくつろぐ間も任務に関する話題が尽きなかった。真珠湾はアメリカの西海岸からはるか四〇〇〇キロ、長い航海と補給や人員のやりくりで、余計な仕事が増えたという士官の不満はよく聞かれた。

　また航海科の士官にとって真珠湾内の航行は、常に冷や汗ものだった。真珠湾への出入口は一つだけで、外洋へ通じる水路の幅は約三三〇メートル、湾岸付近の水深は浅く座礁する危険が高い。ここに戦艦や空母の大型艦、巡洋艦、駆逐艦、そして潜水艦から魚雷艇、艀《はしけ》（鉄製平底船）を曳航する作業船が多数往来する。タグボートの順番待ちと微速前進の繰り返しで、外洋に出るまで三時間かかることもあった。他の艦船との衝突や接触、あるいは浅瀬に乗り上げるという大失態をしでかすわけにはいかない。見張員の報告を受ける羅針盤艦橋は、時として殺気だち、怒声が飛び交う。

　日本海軍が真珠湾を奇襲した一九四一年の夏、オアフ島のワイキキビーチには史上最多の観光客が押し寄せた。アメリカ西海岸からの観光客と休暇中の水兵と予備役兵たち、そして士官の家族で白い砂浜は賑わった。ときおり、上空を訓練のため編隊飛行する戦闘機や爆撃機は、観光客を引き寄せるアトラクションになっていた。戦争さえなければ、この島は南国の楽園そのものだ。人口の急激な増加で、幹線道路は機能不全におちいり朝夕は渋滞が常態化し、交通事故の死者も増える一方だった。窃盗や強盗、女性を狙った犯罪が増加し、水不足などの問題が生じていた。

　ハワイ諸島の最初の住人は、南方のテ・ヘヌア・エナナ（マルケサス諸島）からの移住者で、双胴の航海カヌーを漕いで海を渡って来た。それは四世紀に始まるが、人びとは数世紀かけて移住をすすめ、ハワイ諸島の主要な島々での人口増加もあり、いくつかの王国が誕生する。

　ハワイ原住民と西欧人との最初の接触は、一七七八年のイギリス人キャプテン・クックの来航だった。この白人の出現と西洋文明の伝播が、ハワイ諸島に暮らす人びとの生活に大きな変化をもたらした。当時、ハワイ諸島には三つの王国があったが、一七九五年にカメハメハ一世（大王）がハワイ諸島の統一を果たし、ハワイ王国を建国した。その戦いに決定的な戦力となったのは、白人が持ち込んだ銃器だった。イギリスとフランスは、ハワイ王国への影響力を強めようと、王国にたいし脅迫を含むさまざまな働きかけをおこなった。また一八二〇年以降、多くのアメリカ人宣教師が訪れ、ハワイ諸島での布教活動を始めキリスト教が定着していく。その一方、プランテーション農場を経営するアメリカ人たちは、住民から土地の収奪をすすめた。

ハワイ王国は一八四〇年に憲法を公布、立憲君主国家への変革を遂げた。しかし世界における帝国主義時代の始まりとともに、欧米諸国の自国領土拡大の野心があらわになってくる。一八四三年にはイギリスが、一八四九年にはフランスが、ハワイ諸島の領有を一方的に宣言し、この島をめぐる列強の対立は激しさを増した。日本からのハワイへの移民は、すでに徳川幕府末期から始まっていたが、それは幕府と移民仲介業者との取引に基づき募集された移民だった。欧米諸国の介入に危機感をもったハワイ王国は、日本や日系人にたいし好意をもち、一八八一年にカラカウア王が来日し、明治天皇と謁見、明治政府と移民協定を締結した。ハワイ王国は、日本との関係強化で欧米諸国の圧力を弱めることを模索し、カイウラニ王女と山階宮（のちの東伏見宮依仁親王）との政略結婚をもちかけた。しかし日本政府は、日本とアメリカの外交関係に配慮しこの申し入れを断っている。

一八九三年、ハワイ社会に影響力を強めつつあったアメリカ人農場主らは、アメリカ軍の支援を受けクーデターを起こし、王政を打倒、臨時政府の設立を宣言した。このとき、日本政府は日系人保護を理由に軍艦二隻をハワイに派遣し、一時日米関係は緊張した。臨時政府はハワイのアメリカへの併合を求めるが、国際関係の悪化を懸念したアメリカ政府はそれをしなかった。翌年、臨時政府は新憲法を発布しハワイ共和国を宣言、大統領にはアメリカ人スタンフォード・ドールが就任した。一八九五年、白人支配に不満をもつハワイ王族とその支持者が共和国政府にたいし武装蜂起したが鎮圧され、リリウオカラニ女王が、幽閉後退位させられた。ここにハワイ王国は滅亡した。一八九八年、アメリカ合衆国はウィリアム・マッキンリー大統領のもと、ハワイ共和国を併合、アメリカの自治領であるハワイ準州とした。

その後、オアフ島南部の真珠湾には、アメリカ海軍基地を中核として、陸軍、海兵隊も航空基地などの建設を始め、やがて太平洋におけるアメリカ軍の最大の軍事拠点となった。真珠湾（パールハーバー）とは、かつてこの湾に数多く生息した真珠貝（ハワイ語でワイモミ）に因んでそう呼ばれる。アメリカ太平洋艦隊は、日米の対立が深刻化するなか、一九四〇年五月以降、西海岸のサンディエゴから真珠湾に拠点を移した。

ハワイ諸島におけるアメリカ海軍の最初の常駐は一八六〇年、ホノルルでの土地の賃貸契約にさかのぼる。それはアメリカ軍艦が、ホノルル湾を給炭港として使用することを目的としていた。しかし石炭を燃料とする蒸気機関を備えながらも、風力で効率的に航行できた当時の軍艦は、石炭補給の必要性は高くなく、給炭施設は短期間のうちに使用されなくなった。それから三十年以上後の一八九三年、ハワイで大きな政治経済力をもつに至ったアメリカ人農場主らは、王政の転覆を謀り、リリウオカラニ女王を幽閉したが、彼らの背後にはアメリカ軍の支援があった。ホノルル港のアメリカ軍艦「ボストン」が、ハワイ王国に大きな軍事的圧力をかけていた。

それからハワイはアメリカ人の政府が支配するようになるが、それに屈しないハワイ王族とその支持者は、一八九五年に武装蜂起する。しかしただちに鎮圧され、ハワイ王国も滅亡してしまう。このときもアメリカの軍艦「フィラデルフィア」が反革命の成功を挫いた。アメリカ人政府はハワイのアメリカへの併合を求めるが、あまりに掠奪的な領土獲得にアメリカ政府も躊躇した。その後、アメリカの太平洋戦略において、ハワイ諸島の重要性はしだいに高まっていく。アメリカ海軍はすでにホノルルに軍港を建設していたが、アメリカの極東アジア戦略の拠点フィリピンを維持するためにハワイは中継、補給基地として不可欠な存在となった。一八九八年以降、ハワイを経由してフィリピンへ軍隊、家畜、設備機器などが大量に輸送されている。

一八九八年七月、アメリカ合衆国はハワイ共和国のアメリカへの併合を宣言し、共和国はアメリカの自治領ハワイ準州となり星条旗が宮殿に掲揚された。ハワイ準州における海軍のT・L・タナー司令官は、大統領声明に基づきホノルルとその近郊に海軍施設、埠頭、倉庫、石炭貯蔵庫のための土地を確保、また軍港建設を前提に真珠湾の調査を開始した。ホノルル海軍基地（Naval Station, Honolulu）は、一九〇〇年にハワイ海軍基地（Naval Station, Hawaii）と名称が変わり、アメリカ海軍の拠点はホノルルの小さな港湾からハワイ諸島全体に及んだ。ハワイ海軍基地は、ミッドウェーとグアムに展開するアメリカ軍と連携して運用されることになった。

一九〇一年以降、ハワイ準州が制定した収用法（Appropriation Act）に基づき、海軍は真珠湾における拠点建設のため土地の収奪と水路の掘削をすすめた。真珠湾周辺の土地買収では、地権者が提示された価格を拒否したが、海軍は土地収用権に関する訴訟を提起、裁判の結果、土地所有権を手に入れた。これらは真珠湾の南部沿岸、フォード島の南東沿岸の広大な地域で、その後、飛行場や海軍工廠などが建設された。

また大型艦船の真珠湾への航行を妨げていたサンゴ礁は、一九〇五年に始まる浚渫工事で除去された。海軍がオアフ島を中心にハワイに拠点を築きあげるにつれ、この島の防衛を任務とする陸軍も軍事施設のための土地を要求した。オアフ島における住民からの土地の収奪は、さらに続き、美しいサンゴ礁と熱帯雨林に囲まれた真珠湾とその周辺は、まぎれもない軍事基地として変容していく。南雲機動部隊の真珠湾攻撃までの約四十年間、ハワイは広大な太平洋における戦略上の軍事拠点として、またアメリカが権益を固めつつあったフィリピンへの中継基地として、軍港や工廠施設、航空基地の拡張が続けられた。

(ⅱ) ルーズベルト政権

日本軍の真珠湾攻撃。その可能性は、アメリカ軍関係者の間で早くから指摘されていた。開戦直前の奇襲は、日本軍の常套手段だった。日露戦争は一九〇四年二月八日、旅順港に停泊中のロシア旅順艦隊(第一太平洋艦隊)を日本海軍が奇襲攻撃したことで始まった。この奇襲作戦と呼応して、日本陸軍第十二師団木越旅団が朝鮮半島の仁川に上陸、そして翌日、日本海軍は仁川沖海戦でロシアの巡洋艦と砲艦を攻撃した。日本政府がロシア政府に宣戦布告をしたのは、最初の奇襲から二日遅れの二月十日だった。日本がロシアとの開戦を決定したのは二月四日の御前会議で、二月六日にロシア政府に交渉断絶を通告したが、その間、日本軍は二月八日の奇襲攻撃の準備を隠密裏にすすめていた。

日米戦争となった場合、日本の奇襲攻撃があるとすれば、それはどこか。石油備蓄の枯渇に怯える日本がもっとも欲している東南アジア、あるいは戦略上の観点からはアメリカ陸軍の拠点フィリピンかもしれない。ハワイ真珠湾の太平洋艦隊が狙われる可能性も考えられる。しかし日本軍が真珠湾を奇襲するには、遠距離航海が必要で、ハワイ近海に日本艦隊が到達する前に作戦が露呈してしまう可能性が高い。アジアへの拡張を続ける野心的な日本陸軍と異なり、日本海軍の大局的な基本方針は防衛で、日本海海戦のような日本近海に来航するアメリカ艦隊を迎撃する艦隊決戦を選択すると予想された。

しかし一九三二年、引退間ぎわのアメリカ太平洋艦隊司令官ハリー・E・ヤーネル海軍大将は、アメリカにたいする宣戦布告前に日本海軍が航空母艦でハワイ、またはアメリカ西海岸を空襲する可能性を警告していた。ハワイのアメリカ艦艇は、真珠湾周辺の航空基地によって守られている。この防衛態勢は、日本の空母艦隊の航空攻撃にたいしても有効だと太平洋艦隊総司令部は考えていた。そのことを証明するため一九三二年、就役まもない空母「サラトガ」と「レキシントン」は、アメリカ西海岸から太平洋を遠洋航海し、黎明時刻、オアフ島北東九六キロの洋上から艦載機一五〇機を発進、真珠湾に停泊中の艦艇にたいし模擬攻撃をおこなった。意外なことに、この演習において空母艦隊の奇襲攻撃が完全に成功をおさめた。この空爆訓練を指揮したのは、のちにアメリカ海軍総司令官となるアーネスト・J・キング大将だった。

太平洋艦隊総司令部は、この演習の結果に驚いたが、日本軍のハワイ奇襲作戦の可能性は深刻に検討されることはなかった。日本空母の航続力、遠洋航海中の艦隊行動の暴露、ハワイ航空軍（陸軍航空隊）の戦力と哨戒能力から、少なくとも日本軍のハワイ奇襲は成立しえない作戦だと評価していた。

それから八年後の一九四〇年十一月、イギリス海軍の空母一隻が、艦載機二一機で地中海のタラント軍港のイタリア艦隊を奇襲した。艦載機はすべて旧式の複葉雷撃機だったが、戦艦三隻を含む七隻を破壊する大戦果をあげた。アメリカ海軍は、軍港に停泊中の艦艇にたいする航空攻撃の有効性を再認識したが、真珠湾の太平洋艦隊の防衛態勢が強化されることはなかった。

日本のハワイ奇襲作戦を想定した演習は、真珠湾攻撃のわずか二週間前、一九四一年十一月二十四日にもおこなわれていた。それは一九三二年に実施された演習と同様、空母「レキシントン」が参加する真珠湾奇襲作戦だった。

真珠湾攻撃に関しては、戦後六十余年を経た現在でも、陰謀説が繰り返し論議されているが、その評価は定まっていない。陰謀説は、当時、フランクリン・D・ルーズベルト大統領が、日本海軍の真珠湾攻撃作戦の情報をつかんでいたにもかかわらず、あえて放置し攻撃を許すことで、アメリカ世論を日本との戦争、そしてヨーロッパでの戦争に導いたと主張している。

ルーズベルト大統領は、ナチスドイツのヨーロパでの軍事的制圧、そして日本の中国大陸への侵攻を憂慮していた。しかし彼には、それら枢軸国との戦争に直接関与できない理由があった。他国の戦争に介入すべきでないというモンロー主義を支持する多くの国民、そうした人びとに大統領選挙で「あなたたちの子供を戦場に送らない」と公約し、ルーズベルトは大統領選に勝利した。その後、ヨーロッパでナチスドイツがポーランドに侵攻、その支配地域を拡大しても、アメリカが公式にできるのはレンドリース法に基づいて兵器と物資をヨーロッパに供与することだけだった。アメリカ政府の第一の関心はヨーロッパで、第二はアジアだったが、アジアで日本との戦争となれば、それは日独伊三国同盟からアメリカのヨーロッパ戦線への直接介入が可能となる。

ルーズベルト政権は、アメリカがヨーロッパの戦争に軍事介入できる状況をつくりあげようとした。日本の真珠湾攻撃を知りながら、太平洋艦隊総司令部にはその情報を遮断し、防衛措置を怠らせたとの主張は実証されていないが、ヨーロッパでの参戦を求めるなら、最初の一撃をおこなうのは日本軍でなくてはならない。ルーズベルト大統領にもっとも望ましい形は、平和外交を固持するアメリカが一方的に日本の攻撃を受け、その許しがたい日本の行動にたいして憤る国民世論がアメリカ参戦をうったえることである。ただし最初の一撃の機会を日本軍に許すにしても、その死傷者数や艦艇、軍事施設の損害は、国民の怒りに火をつける程度には大きくても、その後の戦争継続に支障が生じるような大きさであってはならない。

真珠湾攻撃陰謀説の真偽は、今日に至っても定かではないが、ルーズベルト政権が日本との戦争、それを機にヨーロッパでの戦争介入を指向していたのは、次の事実からも説明される。一九四一年十二月三日、アメリカ政府は「モリームーア」、「イザベル」と他一隻のいずれも一〇〇〇トン前後の船舶を武装し、フィリピンのマニラを出港させた。その目的は、公海上で日本の輸送船団の航行を妨害し、護衛の日本軍艦の攻撃を誘発することだった。十二月四日に海南島から出港する日本陸軍のマレー半島上陸部隊がその対象に想定されていた。

この時期、日本の外交通信暗号はすでにアメリカ情報局に解読されており、ワシントンの日本大使館が外務省とやりとりする通信の多くが解読されていた。それは英文に翻訳され「マジック」と呼ばれる極秘文書として、ルーズベルト政権の要人が閲覧した。「マジック」は、日本政府がしだいに日米開戦に向かいつつあることを示していたが、ハワイのアメリカ太平洋艦隊司令官ハズバンド・E・キンメル大将へはなんの情報も伝えられなかった。

(iii) ハワイのアメリカ軍兵力

当時、真珠湾のアメリカ軍基地は、海軍工廠やその他施設整備は充分ではなかったが、アメリカ本土以外の前哨基地としてはもっとも強固な要塞だった。真珠湾に停泊する艦艇とその周辺の航空基地、軍事関連施設を他国の軍事力行使と破壊工作から防衛するために、陸軍兵四万五〇〇〇人が駐留していた。太平洋艦隊は一九四〇年五月に、日本の南方政策を牽制する目的で、西海岸のサンディエゴから移動しハワイの真珠湾に駐留するようになった。

一九四一年四月まで太平洋艦隊司令官の職にあったジョゼフ・O・リチャードソン大将は、艦隊の真珠湾駐留に反対していた。西海岸のサンディエゴと比べ真珠湾は人員や設備、補給に関する体制が劣り、日米開戦を想定すれば、真珠湾の艦隊集中は日本海軍の攻撃を誘発しかねないと、リチャードソン大将は主張していた。彼は一九四〇年の七月と十月、ワシントンでルーズベルト大統領に、太平洋艦隊のサンディエ

真珠湾攻撃時、太平洋艦隊司令官の職にあったハズバンド・E・キンメル大将。〔The Naval History & Heritage Command (formerly the Naval Historical Center)〕

ゴへの帰投を要請した。しかし大統領はそれを拒否、コーデル・ハル国務長官、そしてフランク・ノックス海軍長官、海軍作戦部長ハロルド・R・スターク大将も大統領の意見に賛成してリチャードソン大将の要請を退けた。その後リチャードソン大将は、太平洋艦隊司令官の職をとかれた。もし彼の要請どおりに太平洋艦隊が西海岸に撤退していたら、真珠湾攻撃は生起せず、また彼が太平洋艦隊司令官の職にあったなら、日本軍の奇襲攻撃への警戒を怠らなかっただろう。

　リチャードソン大将の更迭後、太平洋艦隊司令官に就任したのはハズバンド・E・キンメル大将だった。ケンタッキー州生まれの彼は、メリーランド州のアナポリス海軍士官学校を卒業、その後は順調に将校としての経歴を重ねた。一九三三年に戦艦の艦長、そして翌年に戦艦部隊の参謀長、一九三九年に海軍少将に昇進、巡洋艦部隊の司令官となる。キンメル大将は、軍紀を遵守する厳格さと有能な部下を見極める能力に優れるが、保守的で新しい発想や革新的な試みには懐疑的だった。海軍上層部からの信任は厚く、一九四一年一月に二階級特進で大将に昇進、真珠湾の太平洋艦隊を託された。

　ハワイ諸島オアフ島南部にある真珠湾は、アメリカ海軍の伝統的戦略であるアジアへの攻勢と、アメリカ本土西海岸防衛の拠点である。真珠湾と外洋をつなぐ水路は約三三〇メートルと狭く、水深も約一二メートルと浅い。湾の中央にフォード島がある。アメリカ海軍は、真珠湾周辺に第十四海軍区司令部を置き、ここがハワイ諸島のほかミッドウェー、ウェーク、ジョンストン、パルミラ、カントン諸島などの防衛を管轄する。アメリカ陸軍は、ハワイ防衛司令部をオアフ島に置き、総兵力四万五〇〇〇名のうち、歩兵二個師団と海岸砲兵部隊を中核とする兵力を主にオアフ島に配備している。海軍、陸軍、海兵隊が所轄する航空基地が、オアフ島に八カ所設けられ、他にもミッドウェー、ジョンストン、パルミラ、カントンの島々にも軍の飛行場がある。平時にこれらの航空基地は、防衛と訓練に供され空母艦載機も使用する。

アメリカは地勢学上、大西洋をはさむヨーロッパ、そして太平洋のはるか西方のアジアという東西両方向への軍事的な備えを必要としていた。真珠湾攻撃前、その優先順位はナチスドイツが席巻するヨーロッパにあり、アジア方面については消極的な方針がとられていた。一九四一年四月に決定された太平洋方面における海軍基本計画レインボー作戦5（Rainbow-5 plan: Navy Basic War Plan-Rainbow No.5〔WPL-46〕）は、日米開戦の際、アメリカ太平洋艦隊の任務を次のように定めていた。すなわち、マーシャル諸島の偵察と拠点となる島の確保、南西諸島、南方諸島間の海域での巡洋艦での日本艦艇攻撃、そして潜水艦で日本の輸送船を沈める海上通商破壊である。アメリカ太平洋艦隊主力の戦艦部隊は日本軍の東南アジアへの侵攻阻止に出動するが、その場合は日本海軍と艦隊決戦が生起する可能性が高い。

一九四一年十二月七日の真珠湾攻撃時、湾内停泊中の艦艇は次のようだった。戦艦は、「ネバダ」、「アリゾナ」、「テネシー」、「ウェストバージニア」、「メリーランド」、「オクラホマ」、「カリフォルニア」、「ペンシルバニア」（ドックに入渠）の八隻、重巡洋艦は「ニューオーリンズ」、「サンフランシスコ」の二隻、軽巡洋艦は「ヘレナ」、「ホノルル」、「セントルイス」、「フェニックス」）、「デトロイト」、「ローリー」の六隻。それに駆逐艦二九隻、潜水艦五隻、その他補助艦艇を合わせ一八五隻が真珠湾にいた。

アメリカ太平洋艦隊所属の大型艦で不在だったのは、戦艦一隻と空母三隻だった。戦艦「コロラド」と空母「サラトガ」はアメリカ西海岸におり、空母「エンタープライズ」と「レキシントン」は、ウェークやミッドウェーへの艦載機輸送任務を遂行中だった。他に巡洋艦一二隻、駆逐艦三六隻と潜水艦一八隻は、空母や戦艦の護衛、その他通常任務と訓練で出港していた。

第一航空艦隊のハワイ作戦立案者が心配した魚雷防御網は、停泊中の艦艇に設置されていなかった。それは太平洋艦隊総司令部が防御態勢や地形、浅い水深から、真珠湾では航空魚雷の使用は不可能と判断したからだった。魚雷防御網の設置

ハワイ諸島とオアフ島

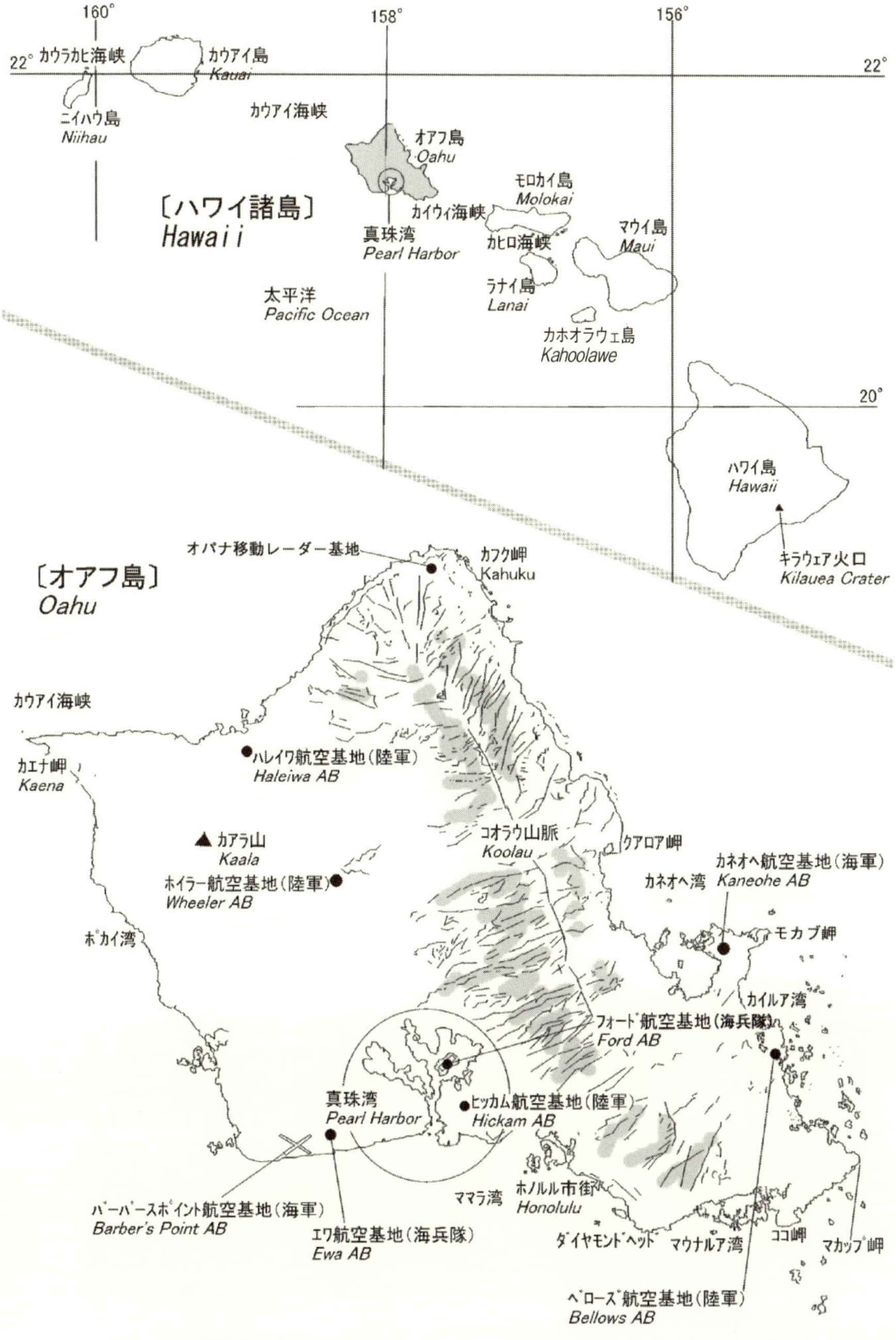
160°
158°
156°
22°
22°
20°
カウラカヒ海峡
カウアイ島
Kauai
ニイハウ島
Niihau
カウアイ海峡
オアフ島
Oahu
〔ハワイ諸島〕
Hawaii
モロカイ島
Molokai
カイウィ海峡
真珠湾
Pearl Harbor
マウイ島
Maui
カヒロ海峡
ラナイ島
Lanai
太平洋
Pacific Ocean
カホオラウェ島
Kahoolawe
ハワイ島
Hawaii
キラウェア火口
Kilauea Crater
オパナ移動レーダー基地
カフク岬
Kahuku
〔オアフ島〕
Oahu
カウアイ海峡
ハレイワ航空基地（陸軍）
Haleiwa AB
カエナ岬
Kaena
カアラ山
Kaala
コオラウ山脈
Koolau
クアロア岬
ホイラー航空基地（陸軍）
Wheeler AB
カネオへ航空基地（海軍）
Kaneohe AB
カネオへ湾
ポカイ湾
モカプ岬
カイルア湾
フォード航空基地（海兵隊）
Ford AB
真珠湾
Pearl Harbor
ヒッカム航空基地（陸軍）
Hickam AB
ママラ湾
ホノルル市街
Honolulu
バーバースポイント航空基地（海軍）
Barber's Point AB
エワ航空基地（海兵隊）
Ewa AB
ダイヤモンドヘッド
マウナルア湾
ココ岬
マカップ岬
ベローズ航空基地（陸軍）
Bellows AB

作業には労力と時間がかかり、またその展張は狭い港湾内の艦船航行の障害にもなる。

ハワイ諸島近海の航空哨戒は、海軍の航続距離の長い哨戒爆撃飛行艇ＰＢＹ「カタリナ」が担当するが、ハワイのアメリカ軍事基地の防衛は陸軍の責務だった。太平洋区陸軍司令官ウォルター・Ｃ・ショート中将は、その指揮下に第二十四歩兵師団、第二十五歩兵師団、沿岸砲兵隊、そしてハワイ航空軍（Hawaiian Air Force）をもっていた。一九四一年二月に着任したショート中将は、オアフ島の陸軍航空兵力の増強、対空レーダーの配備、対空砲火の増設など島の防衛力を高めた。レーダーは固定式と移動式各六基を要求し、移動式六基は一九四一年十月末に届けられたが、固定式は据え付け工事中で真珠湾攻撃時にはまだ稼働できなかった[8]。

日本の政府部署と在外公館との通信暗号は、日本海軍の使用する暗号を基につくられていた。日本は一九二三年八月まで日英同盟を結ぶイギリスと友好関係にあり、当初、日本の暗号技術もイギリスから提供されたものだった。すでにアメリカは一九四〇年八月末に、日本の外務省とワシントンの日本大使館との間でやり取りされる通信の解読に成功していた。暗号解読成功は極秘にされ、この暗号様式を「パープル」（紫）、暗号解読および翻訳済みの情報は「マジック」と呼んでいた。日本の暗号解読を担当していたのはアメリカ海軍省の通信局通信保安課で、ローレンス・Ｆ・サフォード中佐が三〇〇人の所員を指揮していた[9]。

東京の外務省からワシントンの日本大使館に送られる外交通信には、高い関心がよせられた。一九四一年十月以降、傍受された外交通信は、日本政府の開戦決定が迫っていることを予感させた。しかし日本の在外公使は、開戦と同時に日本軍がハワイと南方で同時に電撃作戦をおこなうことは知らされておらず、当然、それらに関する情報は在外公館には発信されていなかった。このことが、真珠湾攻撃開始の三〇分前に、日本が「最後通牒」と主張する外交文書をアメリカ国務省に提出することに遅延が生じる結果をもたらした。

ホノルルの日本領事館と外務省間の無線通信も、アメリカに傍受、解読されていた。これも暗号様式は「パープル」（紫）だった。真珠湾の太平洋艦隊に関する詳細な情報が、東京の外務省にたいし頻繁に伝えられていたが、これはそれほど重要視されなかった。暗号解読と英訳がおこなわれていない通信記録だけがたまり続け、それらが解読され報告書として整理されたのは、真珠湾攻撃の後だった。他国の在外公館が現地の軍事情報を収集し、それを本国に定期的に報告するのは特別なことではなかった。ただしアメリカ軍が日本の真珠湾攻撃の可能性をもっと強く認識していたのなら、それにたいする対応も違っていただろう。

真珠湾攻撃時、日本海軍が使用していたのはJ－25という暗号だった。アメリカ軍がこの解読に成功するのは、真珠湾攻撃後の一九四二年四月で、ミッドウェー海戦での南雲機動部隊の壊滅にはJ－25の解読が大きく寄与した。仮に真珠湾攻撃前にJ－25が解読されていたとしても、完全な無線封鎖をしての遠洋航海でハワイ諸島に接近した南雲機動部隊の動向を知ることは難しかったと思われる。

Ⅵ　真珠湾口の特殊潜航艇

（ⅰ）特殊潜航艇の発進

ハワイ作戦では、第一航空艦隊とその支援部隊、警戒隊や哨戒隊で編制される南雲機動部隊とは別に、第六艦隊（潜水艦部隊）が参加していた。その任務は、真珠湾の監視ならびに要地偵察、そして航空隊の攻撃後に真珠湾から外洋へ出るアメリカ艦艇に魚雷攻撃を加えることだった。

第六艦隊（潜水艦部隊）とは別に、真珠湾へ侵入しアメリカ軍艦艇を攻撃する特殊潜航艇「甲標的」五隻は、大型の伊号潜水艦によってオアフ島近海まで運ばれた。この艦隊は第三潜水隊で、一九四一年十一月十八日に呉の沖合にある倉橋島の亀ケ首を出撃しハワイへほぼ最短距離で向かった。そして真珠湾攻撃の前日（ハワイ時間十二月六日）にオアフ島南方海域に到達した。五隻の潜水艦にはそれぞれ次の特殊潜航艇が搭載されていた。「伊一六潜」に横山艇、「伊一八潜」に古野艇、「伊二〇潜」に広尾艇、「伊二二潜」に岩佐艇、そして「伊二四潜」に酒巻艇だった。南雲機動部隊の第一次攻撃隊が発進する約五時間前の十二月七日〇〇時四二分、最初に横山艇が発進、他の特殊潜航艇もそれに続いた。発進方法は、特殊潜航艇を搭載する潜水艦が、水中最大速力の約八ノットに加速、勢いをつけて後甲板から離脱させた。特殊潜航艇は二人一組の乗員で、バッテリーで駆動、発電装置はなく電力を使い果たしたら漂流するしかない。

「伊二四潜」の酒巻艇だけは、予定時刻から大幅に遅れ〇三時三三分に発進した。酒巻艇はジャイロコンパス（転輪羅針儀）が故障し、方位の判別や潜航深度の維持もままならない状態だった。海面上に潜望鏡を出し周囲を視認しながらの航行では、アメリカ軍に容易に発見され攻撃を受けるだろう。しかし艇長酒巻和男少尉は出撃を強硬に具申、「伊二四潜」艦長の花房博志中佐は困惑したが、彼の強い要望に押され発進を許した。発進が遅れた酒巻艇以外の特殊潜航艇四隻は、日没時刻の一八時一三分に浮上、そのまま真珠湾に向け航行、二〇時頃に再び潜航、真珠湾口の約一〇海里（一八キロメートル）の位置まで接近した。

特殊潜航艇の攻撃計画では、黎明時刻に真珠湾へ侵入、その後、湾内に着底したまま待機、そして南雲機動部隊の飛行隊による第一次攻撃が終了、次の第二次攻撃の開始前、アメリカ艦艇にたいし雷撃するとなっていた。特殊潜航艇「甲標的」は、前部に強力な破壊力を持つ九七式魚雷を二本搭載している。攻撃後は湾外へ脱出、潜水艦との合流地点まで航行、乗員は潜水艦に移乗、潜航艇は海没処分する。この攻撃計画には、いくつもの大きな困難があった。まず真珠湾口の防潜網が開いていなくては湾内に潜入できない。真珠湾口付近の海域は、アメリカ軍の最重要哨戒海域であり、発見される危険性が高い。運よく湾内に潜入できても、近距離での魚雷発射は、アメリカ軍艦艇から容易に視認され、集中砲火を浴びるだろう。そして攻撃後の脱出も難しい。脱出と乗員の生還は、作戦計画立案時から重視されなかった事項である。真珠湾で戦闘が起これば、当然のこととして真珠湾口の防潜網は閉鎖されるだろう。また特殊潜航艇の限られた蓄電容量では、真珠湾内への侵入と攻撃で電力は使い果たすと思われた。これは実質的に生還を期さない作戦だった。

（ii）駆逐艦「ウォード」の攻撃

南雲機動部隊を発進した第一次攻撃隊が、最初の爆弾をヒッカム航空基地へ投じたのは〇七時五三分（五五分とする資料もある）だった。しかしそれより四時間以上も前に、アメリカ軍は日本軍の不審な行動に接触していた。十二月七日〇三時四二分、掃海艇「コンドル」のマックロイ少尉は、真珠湾口に設置された浮標の外側三キロメートルの海面に潜望鏡を発見した。そして付近を哨戒中の駆逐艦「ウォード」に発光信号で知らせた。通報を受けた「ウォード」は急行したが、海面に何も発見できず、速力一〇ノットで二時間あまりソナーで捜索を続けた。しかしこのときは、特殊潜航艇を探知できず捜索を打ち切っている。

日の出時刻から約一〇分後の〇六時三七分、真珠湾口で哨戒を続けていた駆逐艦「ウォード」は、未確認の潜航艇を発見した。前方右舷一三〇〇メートルにそれを見つけた当直士官は、「ウォード」艦長のウィリアム・W・アウターブジリッジ大尉を呼んだ。ブリッジに上がった彼が、部下の指さす方向を見ると、潜望鏡をもつ楕円形の司令塔が波間に八ノットから一〇ノットの低速で進んでいた。小型の潜航艇のようで、深緑に塗装された船殻が苔に覆われており、長期間、海中にあったと想像された。潜航艇の前方には艀《はしけ》（鉄製平底船）を曳航する工作艦「アントレス」が航行していた。潜航

真珠湾口で特殊潜航艇「甲標的」を撃沈した駆逐艦「ウォード」。「ウォード」は1918年に就役した艦で、真珠湾攻撃時ではかなりの旧式艦だった。〔The Naval History & Heritage Command (formerly the Naval Historical Center)〕

真珠湾口で特殊潜航艇「甲標的」を攻撃した駆逐艦「ウォード」の4インチ50口径単装砲。〔The Naval History & Heritage Command (formerly the Naval Historical Center)〕

艇は、明らかに工作艦の跡をつけて真珠湾への侵入を企てていた。この海域でアメリカ潜水艦は、浮上航行を義務付けられている。その小型潜航艇はアメリカ海軍のものではない。

アウターブジリッジ艦長はただちに攻撃を決断、総員配置を命じると、駆逐艦「ウォード」は潜航艇に向けて二五ノットに増速し追尾に入った。〇六時四五分、「ウォード」の主砲四インチ五〇口径単装砲は射撃を開始した。第一弾は潜航艇の司令塔を飛び越え着弾したが、次弾は四五メートルの距離で潜航艇本体と司令塔の繋ぎ目付近に命中した。四インチ砲弾は、装甲のない小型潜航艇の船体を貫通したが炸裂しなかった。しかし着弾の破孔から海水が流入、潜航艇は右舷側へ傾きいったん復原したが、再び右舷に傾斜して速力を失って沈降した。潜航艇に近接した「ウォード」は、四発の爆雷を艦尾から連続して海面へ投じた。轟音とともに水中から巨大な水柱が噴き上がった。海中で爆雷が炸裂した海面に油が浮かび、このことから潜航艇を撃沈したと判断した。これは横山艇だったかもしれない。駆逐艦「ウォード」の攻撃開始は〇六時四五分、それは真珠湾が空襲される一時間以上も前だった。

「ウォード」で射撃の指揮をとった砲術長O・ゲブナー中尉は、海面に広がる油膜を見て、疑惑と不安にとらわれていた。われわれが三六〇メートルの海底に沈めた未確認潜航艇の正体はなんだったのか。それは広大な太平洋でアメリカに敵対する唯一の国、日本軍のものだろうか。しかし遠い日本からハワイまで小型潜航艇が、攻撃しに来られるだろうか。あれはアメリカ軍が秘密裏に開発し、実験訓練中の潜航艇だったのではないか。艦隊司令部からの連絡に不備があるのは、ことさら珍しいことではない。

〇六時五四分、アウターブジリッジ艦長は、第十四海軍区司令部へ攻撃を報告した。同司令部は、それから三〇分以上たった〇七時三〇分、緊急出動待機中の駆逐艦「モナガン」に出動を命じた。太平洋艦隊司令官ハズバンド・E・キンメル大将への報告は〇七時四〇分だった。また「ウォード」の小型潜航艇攻撃よりも前の〇六時三三分、フォード島を離陸し早朝の哨戒飛行をしていた海軍の哨戒爆撃飛行艇PBY「カタリナ」が、真珠湾口から二キロメートル沖で、不審な小型潜航艇を発見、爆雷を投下していた。この潜航艇が「ウォード」の攻撃を受けたものと同一かどうかは不明である。

第十四海軍区司令部では、国籍不明の潜航艇にたいする攻撃報告を受け、事実関係確認のため何度も電話でのやり取りをおこなった。第十四海軍区司令部の指揮官クロード・C・ブロック少将にこの報告がなされたのは、真珠湾へ航空攻撃が開始された後だった。また、司令部員たちは、潜航艇攻撃が誤報でないことに自信がもてず、ハワイの防衛を担当する陸軍へ情報を伝えなかった。もしこの時点で陸軍が海軍から警告を受けていたなら、オアフ島の警戒レベルを上げていたかもしれない。警戒発令とともに陸軍は、移動レーダー基地から情報を集め、沿岸や航空基地の砲台に人員配置を命じ、ハワイ航空軍（陸軍）は哨戒機を飛ばし、戦闘機は発進準備をしていただろう。

真珠湾口の防潜網は、夜間は閉鎖されるが、入港予定艦船を通過させるため、この朝は〇四時五八分に開かれていた。防潜網は、哨戒爆撃飛行艇ＰＢＹ「カタリナ」と駆逐艦「ウォード」の小型潜航艇への攻撃後にも閉鎖されず、閉鎖されたのは真珠湾攻撃が開始された後、〇八時四〇分だった。その間、二隻の潜航艇（おそらくは岩佐艇と横山艇）は、真珠湾への侵入に成功した。

駆逐艦「ウォード」は潜航艇を発見後、ただちに攻撃をしたことは称賛されたが、その後の行動は、のちに真珠湾攻撃調査委員会の場で批判された。「ウォード」は、未確認の潜航艇を撃沈後に現場海域を離れ、ホノルル港へ向かった。艦長アウターブジリッジ大尉は、ダイヤモンドヘッドから六キロメートル以内の漁の禁じられる海軍演習海域で操業していたサンバン船（中国様式の小型船）を連行することを優先した。敵とおぼしき潜航艇への攻撃をしたのであれば、サンバン船などすておいて同海域に留まり、未確認潜航艇を特定する手がかりを捜すか、同じ目的で潜伏している可能性のある他の潜航艇の捜索にあたるべきだった。

特殊潜航艇攻撃の後、アウターブジリッジ艦長は、第十四海軍区司令部へ未確認潜航艇攻撃と、同艦の予定行動としてサンバン船連行を同時に報告した。そのため司令部参謀長ジョン・Ｂ・アール大佐は、未確認潜航艇攻撃の真偽に疑問を抱いた。第十四海軍区司令部はこれと同種の誤報を過去に何度か経験していた。彼は上官にこの件を伝える前に、さらに情報を集め確認するのが適当と判断し、いたずらに時間を費やすことになった。

Ⅶ パールハーバーのライジングサン

（ⅰ）攻撃隊の発進

一九四一年十二月七日、真珠湾攻撃当日の〇五時〇〇分、ここまで順調に航海を続けてきた南雲機動部隊は、ハワイの北方約二五〇海里（四六〇キロメートル）の地点を第六警戒航行序列の陣形で、速力を二二ノットとしオアフ島へ向け南下していた。途中、空中の灯火を航空機と誤認し緊張する場面もあったが、それは測風気球のものとわかり安堵した。〇五時三〇分、直前偵察のため重巡洋艦「利根」と「筑摩」のカタパルトから零式水上偵察機二機が射出された。それらはオアフ島真珠湾とマウイ島ラハイナ泊地などを偵察、アメリカ艦艇の所在と気象状況などを攻撃隊に無線連絡する。

南雲機動部隊の旗艦「赤城」の飛行甲板上では、艦載機の搭乗員全員が整列、南雲忠一中将や艦隊参謀たちと向かい合っていた。まもなく世界の歴史に刻まれる攻撃に飛び立つ彼らは、飛行帽の上に日の丸の描かれた白い鉢巻を締め、緊張と歓喜の面持ちで小さな杯で祝杯をあげた。山本五十六聯合艦隊司令長官の「皇国の興廃この一戦にあり。各員一層奮励努力せよ」という訓示が読み上げられ、万歳の叫び声が響いた。攻撃隊の発進地点オアフ島の北四二〇キロメートルは、もうすぐそこだった。

水平線下から陽光が東方の断雲を照らし始める黎明時刻、六隻の空母は風上に向首した。発進する艦載機に浮力を与えるため空母は最大速力近くまで増速する。空母の飛行甲板上には、艦首側に向かって零式艦上戦闘機（零戦）、九九式艦上爆撃機（九九艦爆）、そして九七式艦上攻撃機（九七艦攻）と、発艦可能滑走距離が短い順で並べられていた。全機エンジンを始動、轟音が飛行甲板に響き渡り、甲板員は、高速回転するプロペラに接触しないよう注意を怠らず発艦作業をおこなう。

天候は悪化しつつあるようにみえた。風速は十三メートル、波のうねりは大きく、飛行甲板の動揺は最大一五度、平均一〇度、発艦条件は厳しかった。〇六時〇〇分、「赤城」の飛行甲板で攻撃隊の総指揮官を務める淵田美津雄中佐は、第一次攻撃隊の発進を下令した。そして発進を操縦士に指示する指揮所の青い信号灯が大きく円弧を描いた。艦橋付近に集まった手空きの兵は「万歳」を叫び、戦闘帽を打ち振った。最前列でもっとも短い滑走距離となる制空隊指揮官板谷茂少佐の零戦は、甲板員が車輪留めを外すと同時にエンジン出力全開で滑走し始めた。同機は数秒後に尾翼が上がり、飛行甲板の前端へ突入、艦を離れた機体は下降し飛行甲板の下に消えた。そして次の瞬間、浮力を得て上昇旋回する零戦の雄姿に、見送る将兵たちの間に歓声があがった。

飛行甲板の大きな動揺と黎明時の視界の悪さにもかかわらず、各機順調に発進を続けたが、「加賀」の九七艦攻一機がエンジンの不調で離陸を断念、零戦一機が「飛龍」の甲板から海中に落下する事故が発生した。それらを除き、六隻の空母から雷装の九七艦攻四〇機、爆装の九七艦攻四九機、九九艦爆五一機、零戦四三機の計一八三機の第一次攻撃隊が上空に舞い上がった。発艦は〇六時一五分に完了し、発艦所要時間は一五分、九州沖の発艦訓練でも最短で二〇分だったことから記録的に速かった。各機は総指揮官淵田中佐機のオルジス灯をたよりに、約一五分で空中集合、編隊構成を終えた。この第一次攻撃隊は、艦隊上空を大きく旋回し、オアフ島へ向け南に飛行針路をとった。

この第一次攻撃隊と一時間後の〇七時一五分に発進する第二次攻撃隊は、合計三五三機にのぼる。このような空母航空兵力の集中投入は、史上最大の規模だった。最初の攻撃隊を送り出してから、機動部隊は艦隊直掩の零戦九機を発進させた。機動部隊の警戒配備に割り当てられたのは零戦三九機で、その任務を交代でおこなう。他に雷装の九七艦攻、九九艦爆が、空母の格納庫に待機している。これは洋上行動中のアメリカ艦隊、とくに空母にたいする警戒態勢だった。

この日の前日、十二月六日、ホノルル日本領事館からの情報が東京経由で南雲機動部隊に伝えられていた。この最新の「A情報」では、真珠湾在泊艦艇は、戦艦九隻（実際は八隻）、軽巡三隻、水上機母艦三隻、駆逐艦一七隻、入渠中の軽巡四隻など、また航空機の飛行の障害となる阻塞気球は揚げられておらず、心配されていた魚雷防御網は張られていないという。しかし空母はすべて洋上にあり所在が特定されていない。

アメリカ太平洋艦隊の空母「エンタープライズ」は十一月二十八日、ウィリアム・ハルゼー中将の指揮する第八任務部隊とともに海兵隊の戦闘機を輸送する任務でウェーク島に向かった。第八任務部隊は、重巡「ノーサンプトン」、「チェスター」、「ソルトレイクシティ」、それと九隻の駆逐艦から編制されていた。「エンタープライズ」は十二月四日、ウェーク島の第二一一海兵隊戦闘機部隊にグラマンF4F－3「ワイルドキャット」一二機を届けた。任務を終了した「エンタープライズ」は真珠湾へ向かっていた。第八任務部隊は、第一次攻撃隊が発進した十二月七日の日の出時刻にオアフ島の西四〇〇キロメートルの距離を航行中だった[10]。

また十二月五日、空母「レキシントン」も偵察爆撃機SB2U－3「ヴィンディケイター」二五機の輸送任務でジョン・H・ニュートン少将の指揮する第一二任務部隊とともにミッドウェー島へ向け出航していた。十二月七日の日の出時刻、「レキシントン」は重巡「シカゴ」、「ポートランド」、「アストリア」と五隻の駆逐艦とともにミッドウェーの南東九二〇キロメートルの洋上にあった。この輸送任務は、真珠湾攻撃とともに中止された。

そして空母「サラトガ」は、ワシントンのブレマートンのプジェット・サウンド海軍工廠でオーバーホールを完了、十二月七日にアメリカ西海岸サンディエゴに到着していた。同艦は真珠湾へ輸送する数種の飛行機を積み込む計画だった。他のアメリカ空母三隻「ヨークタウン」、「レンジャー」そして「ワスプ」は、大西洋艦隊に属していた。「ヨークタウン」は一九四一年十月下旬に完成したばかりで、まだ試運転を終えていなかった。同艦は真珠湾攻撃後の一九四一年十二月十六日に太平洋艦隊所属となり真珠湾へ向け出航することになる[11]。

(ii) トラ、トラ、トラ

攻撃隊総指揮官の淵田美津雄中佐に率いられる第一次攻撃隊は、三つの集団から編制されていた。

第一集団は九七式艦上攻撃機（九七艦攻）で、これはさらに水平爆撃隊と雷撃隊の二つに分かれていた。水平爆撃隊（淵田中佐が直率）は、九七艦攻四九機からなり、八〇〇キロの徹甲爆弾である九九式八〇番五号爆弾一個を懸架、主として戦艦群に攻撃を加える。雷撃隊（指揮官・村田重治少佐）は、浅沈度用の安定機を付けた九一式魚雷改二を一本懸架、戦艦や巡洋艦を目標とする。第二集団（指揮官・高橋赫一少佐）は、九九式艦上爆撃機（九九艦爆）五一機からなり、陸用爆弾の六番（六〇キロ爆弾）四個または二五番（二五〇キロ爆弾）一個を搭載していた。この第二集団は、搭乗員の練度が高くない新編制の第五航空艦隊（「翔鶴」と「瑞鶴」）の九九艦爆だった。そして第三集団（指揮官・板谷茂少佐）は、各空母からの零式艦上戦闘機（零戦）四三機で編制されていた。その任務は、爆撃または雷撃をおこなう第一集団と第二集団の戦闘空域を制圧し、アメリカ軍機を空中、あるいは地上で破壊することである。

淵田中佐の指揮官機は、大編隊を誘導し、時速二三〇キロ

1941年12月7日（ハワイ時間）、発艦準備中の艦載機。最前部が零式艦上戦闘機（零戦）、その後ろに九九式艦上爆撃機（九九艦爆）。おそらく空母「翔鶴」の第二次攻撃隊と思われる。〔The Naval History & Heritage Command (formerly the Naval Historical Center)〕

1941年12月7日、空母「赤城」から発進する零式艦上戦闘機（零戦）。機体下部に投下増槽を付けている。〔The Naval History & Heritage Command (formerly the Naval Historical Center)〕

1941年12月7日、発進準備をする九九式艦上爆撃機（九九艦爆）。後方の空母は「蒼龍」。〔The Naval History & Heritage Command (formerly the Naval Historical Center)〕

1941年12月7日、第二次攻撃隊の九七式艦上攻撃機（九七艦攻）が発艦する。艦橋付近の乗務員が帽子を振って見送っている。この空母は「瑞鶴」または「翔鶴」と思われる。〔The Naval History & Heritage Command (formerly the Naval Historical Center)〕

メートルで真珠湾へ向けて飛行していた。編隊先頭は第一集団の水平爆撃隊の九七艦攻四九機、その右翼五〇〇メートル、高度を二〇〇メートル下げて、同じく第一集団の雷撃隊の九七艦攻四〇機が位置した。水平爆撃隊の左翼五〇〇メートル、高度を二〇〇メートル上げて、第二集団の九九艦爆五一機が飛行している。それら九七艦攻と九九艦爆の上空五〇〇メートルを、零戦四三機が周囲を警戒しつつ飛行する。

戦闘機は空中戦開始時に敵機よりも高い高度に位置すると、下降しながら加速可能なので有利であり、また遠くまで視界を確保するため、もっとも上空を飛行していた。第一次攻撃隊は、高度三〇〇〇メートルに上昇、下界は厚い密雲に覆われている。これで一八三機の大編隊は、陸上や洋上から発見される心配はない。

南雲機動部隊は、針路一八〇度（真南）とし速力二〇ノットでさらに南下を続けていた。それはできるだけオアフ島に接近し、攻撃隊の収容を可能とする行動だったが、当然、アメリカ軍に発見、攻撃を受ける危険性は高まる。第二次攻撃隊の発進地点であるラナイ島西端の零度（真北）四二〇キロメートルに向かう空母六隻の飛行甲板上では、第二次攻撃隊の発艦準備が急がれていた。格納庫から艦載機が昇降機で飛行甲板に揚げられ、各機は発艦順に並べられ準備が完了した。〇七時〇五分、再び六隻の空母は、風上に向首して発艦速力の二〇ノット以上に増速する。第二次攻撃隊一七〇機が〇七時一五分に発進を開始し、〇七時四五分に完了した。しかし「蒼龍」の九九艦爆一機、「飛龍」の九九艦爆一機と零戦一機が、途中でエンジン不調のため母艦に引き返し、この三機が攻撃に参加できず、一六七機が真珠湾に向かった。

第二次攻撃隊も三つの集団から編制されていた。第一集団（指揮官・嶋崎重和少佐）の九七艦攻五四機は、二五〇キロ陸用爆弾一個、六〇キロ陸用爆弾二個、あるいは二五〇キロ陸用爆弾一個、六〇キロ通常爆弾六個を懸架、航空基地にたいする水平爆撃をおこなう。第二集団（指揮官・江草隆繁少佐）は、通常爆弾の六番（六〇キロ爆弾）四個または二五番（二五〇キロ爆弾）一個を懸架した九九艦爆七八機で艦艇にたいする急降下爆撃。そして第三集団（指揮官・進藤三郎大尉）は、零戦三五機からなる制空隊で、九七艦攻と九九艦爆をアメリカ軍戦闘機から護衛し、可能であれば航空基地を機銃掃射する。

第一次攻撃隊の先頭を飛ぶ九七艦攻の中座で、攻撃隊総指揮官の淵田美津雄中佐は、航法計算をおこなっていた。雲量五ないし七で雲高は五〇〇メートルと低い。淵田中佐の重大かつ失敗の許されない責務は、真珠湾上空に確実にこの大編隊を誘導し、また可能な限り攻撃に有利な飛行経路を選択することだった。またアメリカ軍の防御態勢の状況を判断し、水平爆撃や雷撃、急降下爆撃の攻撃順を判断しなくてはならない。当時の航法は、電波方向、機速などから三角コースの計算でおこなう。飛行中、機体は風に流されるため偏流測定で修正するが、雲で海上の波の様子がわからないため推測するしかなかった。

オアフ島に接近すると、ホノルルのラジオ局ＫＣＭＢからの放送が、淵田中佐のレシーバーに入ってきた。彼は、アメリカのフェアチャイルド社製ク式（クルシー式）無線帰投方位測定器の枠型空中線を回し、ＫＣＭＢの電波に合わせ方向指示電波として利用した。ＫＣＭＢのラジオ電波の方位が、確実にホノルルの方向を示してくれる。またラジオ放送のなかに、真珠湾の気象やアメリカ軍の情報をさがした。ラジオ放送はジャズを流していた。ハワイは平和ないつもの朝の訪れに微塵の疑いもない。ジャズの音量が下がり、アナウンサーがハワイの気象情報を伝え始めた。

「ホノルルは、おおむね半晴、山間部には三五〇〇フィート（約一〇〇〇メートル）まで雲がかかり、視界は良好、北風一〇ノット（秒速一八メートル）」

この情報に淵田中佐は、真珠湾上空への進入飛行経路を思案した。オアフ島の東側の山間部には雲がかかっている。半晴とすれば、真珠湾上空は雲の切れ間があり、視野はある程度確保されるだろう。北風一八メートルとすれば、島の西側から回って南方向から真珠湾へ突入するのが最善だ。〇七時三〇分、淵田中佐は飛行経路を操縦士の松崎三男大尉に指示した。

この時刻の四五分前、〇六時四五分にオアフ島の北端カフク岬にあるオパナ移動レーダー基地では、オアフ島に接近する一機の国籍不明機を捕捉していた。それは、〇五時三〇分に南雲機動部隊の重巡洋艦から射出された零式水上偵察機の一機だった。この国籍不明機の出現は記録に書き込まれただけで、とくに対応はとられなかった。

この陸軍第五一五対空警戒信号隊のＳＣＲ２７０移動レーダー基地は、オアフ島の沿岸戦略地点に設置された五つの移動式レーダー基地の一つである。その日の朝、ジョーゼフ・ロッカード二等兵とジョージ・エリオット二等兵が勤務についていた。彼らのシフトは四時から七時までの三時間だった。このレーダーステーションは、二週間前にオアフ島北端、海抜七〇メートルに設営されたばかりで、最大約三〇〇キロメートルの探知能力があった。日曜日の朝、通常のレーダー哨戒以外、特別な仕事はなかった。彼らの勤務時間が終わりかけた〇七時〇〇分頃、レーダースクリーンに航空機の編隊が現れた。それは五〇機以上の大編隊で二五〇キロメートルの位置にあり、北方向からやや東寄りの経路を南下していた。エリオット二等兵は、このことを五カ所の移動レーダー基地と専用電話線で結ばれているフォートシャフター防空指揮所

航空攻撃　各隊の侵入経路

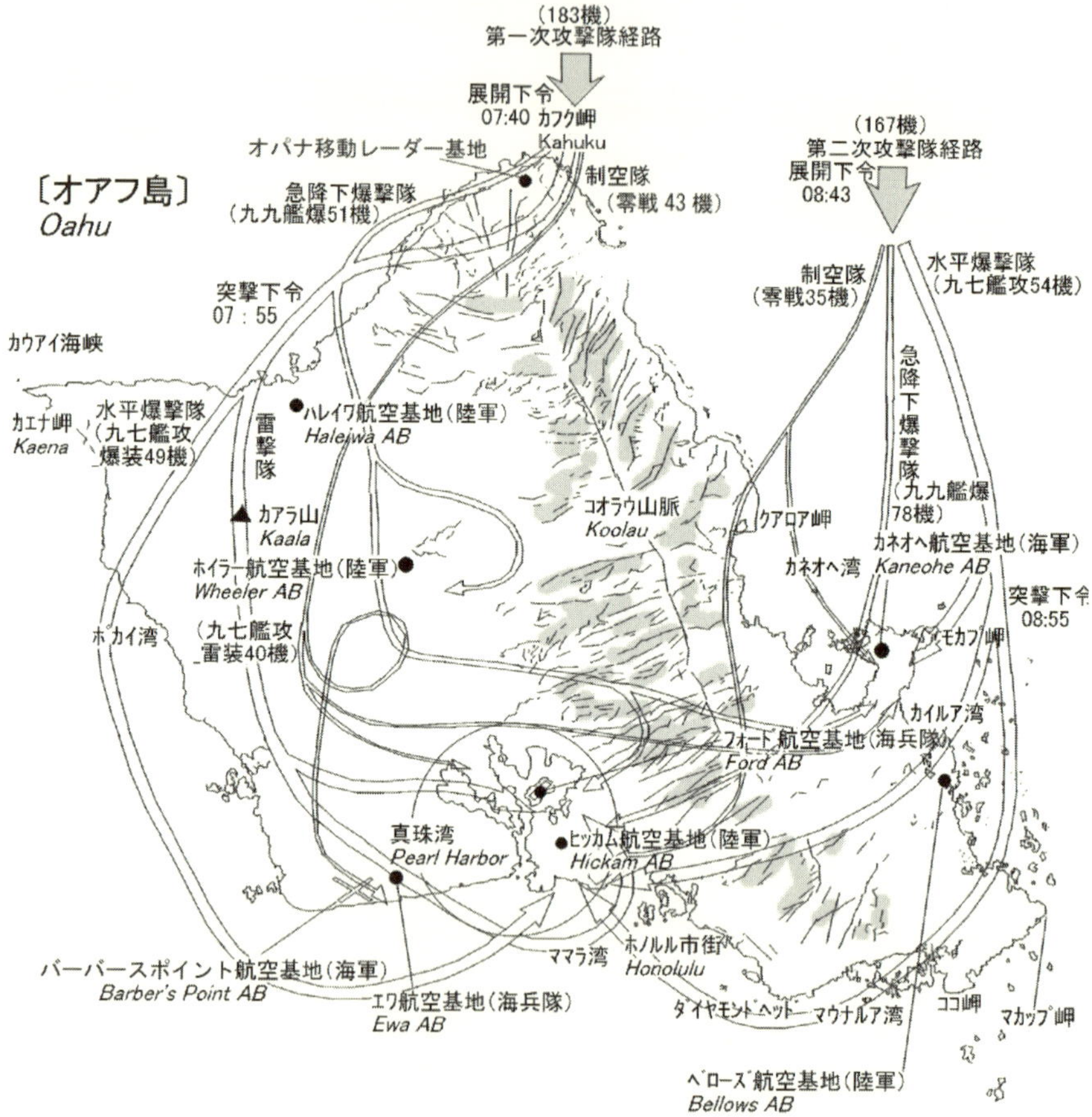

(183機)
第一次攻撃隊経路
展開下令
07:40
カフク岬
Kahuku
オパナ移動レーダー基地
制空隊
(零戦 43 機)
〔オアフ島〕
Oahu
急降下爆撃隊
(九九艦爆51機)
突撃下令
07：55
カウアイ海峡
カエナ岬
Kaena
水平爆撃隊
(九七艦攻
爆装49機)
雷撃隊
ハレイワ航空基地(陸軍)
Haleiwa AB
カアラ山
Kaala
ホイラー航空基地(陸軍)
Wheeler AB
ホカイ湾
(九七艦攻
雷装40機)
(167機)
第二次攻撃隊経路
展開下令
08:43
制空隊
(零戦35機)
水平爆撃隊
(九七艦攻54機)
急降下爆撃隊
(九九艦爆
78機)
コオラウ山脈
Koolau
クアロア岬
カネオヘ航空基地(海軍)
カネオヘ湾
Kaneohe AB
突撃下令
08:55
モカプ岬
カイルア湾
フォード航空基地(海兵隊)
Ford AB
真珠湾
Pearl Harbor
ヒッカム航空基地(陸軍)
Hickam AB
バーバースポイント航空基地(海軍)
Barber's Point AB
エワ航空基地(海兵隊)
Ewa AB
ママラ湾
ホノルル市街
Honolulu
ダイヤモンドヘッド
マウナルア湾
ココ岬
マカップ岬
ベローズ航空基地(陸軍)
Bellows AB

に通報した。

　フォートシャフター防空指揮所は、日曜日で責任者は不在、当直士官だけがいた。この日の当直士官は、カーミット・タイラー中尉で、レーダー員でも管制官でもなく操縦士だった。防空指揮所の当直勤務は、陸軍航空隊の搭乗員《パイロット》がレーダーシステムと航空機管制や迎撃態勢を理解するため交代で担当していた。タイラー中尉は、四時から八名の所員とともにフォートシャフター防空指揮所に詰めていた。オパナ基地のエリオット二等兵からの電話連絡を受けた瞬間、彼はある考えにとらわれた。アメリカ西海岸を離陸した一二機のB－17爆撃機「フライングフォートレス」が、フィリピンへ向かう途上、オアフ島に給油と搭乗員の休憩のため飛来する予定があった。また真珠湾に向かうアメリカ空母二隻が洋上にあり、その艦載機もオアフ島に着陸することを知っていた。オパナ基地のレーダーは、そのどちらかを捕捉したに違いない。タイラー中尉は、エリオット二等兵に心配することはないと返答した。エリオット二等兵は、レーダーが探知した編隊が五〇機以上であることを報告しなかった。もしそのことを告げていたなら、タイラー中尉の対応も違っていたかもしれない。

　当時、アメリカ海軍の戦艦は、すでにレーダーを装備していた。真珠湾にあった戦艦「ペンシルバニア」、「カリフォルニア」、「ウェストバージニア」、そして水上機母艦「カーチス」の四艦の前檣楼に対空索敵レーダーがあったが、港湾在泊中はその能力を最大限発揮できないという理由で配員されていなかった。

　第一次攻撃隊一八三機は〇七時三五分、オアフ島北端のカフク岬に到達した。攻撃隊総指揮官の淵田中佐が乗る九七艦攻は、カフク岬上空で右に変針し、海岸に沿って島の西側に回り込んだ。機体が変針中に大きくバンクすると、淵田中佐は風防を開放、身を乗り出して後続する三つの飛行集団を確認した。真珠湾はもうすぐだ。編隊を航行隊形から突撃準備隊形に展開させなくてはならない。

　敵の対空砲火や戦闘機による迎撃など防御態勢が皆無である際の奇襲、一定の防御態勢がとられつつある状況での強襲、この二つでは攻撃順が異なる。奇襲では、もっとも対空砲火に被弾しやすい雷撃機（雷装の九七式艦攻）が最初に大型艦を目標とし先陣を切る。次に大型徹甲爆弾を搭載した九七艦攻が、高空からの水平爆撃を実施、最後に九九艦爆が航空基地に急降下爆撃をおこなう。陸上への急降下爆撃が最後となるのは、急降下爆撃での爆煙が雷撃や爆撃照準を妨げることを避けるためである。

　防御態勢が立ち上がった状況を想定した強襲では、真っ先にアメリカ軍の航空兵力をたたかなくてはならない。すでに空中にある迎撃戦闘機は、零戦の上空制圧隊に任せるとして、航空基地（ヒッカム航空基地、フォード航空基地）を急降下爆撃で破壊する。そして急降下爆撃で対空砲火を牽制吸収している間、高々度から水平爆撃をおこなう。立ち上がる煙で爆撃照準が困難ならば、高度を下げての水平爆撃となる。急降下ならびに水平爆撃の実施中、その混乱の虚をつき海面近くまで降りた雷撃隊が魚雷を海面に投じる。

第一次攻撃隊は、オアフ島西側に針路をとった。雲海が薄らぎ切れ間が多く、白波だつ海岸線が視認された。このとき、淵田美津雄中佐は直前偵察中の零式水上偵察機二機からの電信を受けた。それは真珠湾の所在艦艇と雲量や風速などの気象、そしてマウイ島のラハイナ泊地の艦艇不在を報告してい た。この水偵察からの電信にもアメリカ軍の動きに変化はなく、淵田中佐はアメリカ軍の防御体制なしと判断、奇襲の際の攻撃順とすることを決断した。

〇七時四〇分、淵田中佐は後続の編隊を確認、上空へ向け信号弾一発を発砲した。接敵行動秘匿のため電信は、突撃下令まで使用しないことになっていた。奇襲の攻撃手順では信号を一発、強襲のそれは二発と作戦要綱に決められていた。この奇襲の展開下令を見て、第一集団、第二集団がただちに行動を起こした。攻撃の口火を切る第一集団の雷撃隊は、湾内海面へ向かって高度を下げていく。第一集団の水平爆撃隊は、高度四〇〇〇メートルまで上昇、爆撃照準に有利な風下側に向かう。第二集団の急降下爆撃隊も高度四〇〇〇メートルに上昇後、第一集団の雷撃、水平爆撃の終了まで上空で待機する。攻撃開始は、淵田中佐機からの無電「ト連装」発信を待たなくてはならない。

このとき、零戦四三機からなる制空隊の第三集団だけが展開しなかった。もっとも高度を上げて飛行していた第三集団の指揮官は、断雲の陰に信号拳銃の合図を視認できなかったかもしれない。そう判断した淵田中佐は、一〇秒以上待って、第三集団へ向けもう一発の信号弾を発射した。今度は制空隊指揮官板谷茂少佐もこれを視認、制空隊は増速し、真珠湾上空へ向かった。制空隊は真っ先に真珠湾上空に達し、攻撃空域の制空権を確保しなくてはならない。

このときの「二度目の」信号弾は、他集団の指揮官の判断に混乱をもたらした。信号弾は二発、これは強襲の攻撃順を命じている。しかし最初の信号弾から間隔があり、そうではないかもしれない。やはり奇襲だろうか。だが迷ってはいられない。急降下爆撃隊は、強襲の際、真っ先に敵航空兵力をたたくのが至上命令だ。攻撃開始の遅延は、攻撃隊全機を危険にさらす事態となる。急降下爆撃隊を指揮する高橋赫一少佐は、九九艦爆五一機を率い、突撃位置に向かって加速した。

下界には真珠湾が広がり、その中央に滑走路をもつフォード島、その島の南東沿岸には戦艦群が停泊している。攻撃の成功を確信した淵田美津雄中佐は〇七時五三分、電信員の水木徳信一飛曹に「われ奇襲に成功せり」を意味する「トラ、トラ、トラ……」を甲種電波で南雲機動部隊にむけ発信させた。この電信は、南雲機動部隊の旗艦「赤城」に届いたのみならず、六三〇〇キロメートルも離れた東京や瀬戸内海の聯合艦隊旗艦「長門」のアンテナでも受信された。受送信距離の長い短波でも、航空機搭載の小型無線機の電波が、これほどの長距離に達することは稀である。

それから二分後の〇七時五五分、淵田中佐は、「トトト……」という「ト連装」を発信した。「ト連装」は全機にたいする突撃下令だった。各集団の攻撃運動を確認後、淵田中佐機は、水平爆撃隊を率い、オアフ島西南のバーバース岬上空に向かった。その位置から左に旋回し機首を北に向け、真っ直ぐ真珠湾上空への侵入を開始した。岬の東側には航空基地が視認されたが、対空射撃や迎撃戦闘機の離陸などは皆無だった。

最初の一弾を投じたのは九九艦爆の急降下爆撃隊で、〇七時五三分、真珠湾の南部に広がるヒッカム陸軍航空基地に爆煙が上がった。続いてフォード島の海兵隊航空基地にも爆弾が投下された。急降下爆撃にわずかに遅れ、九七艦攻の雷撃隊が〇七時五五分、真珠湾の戦艦泊地《バトルシップ・ロウ》に停泊する戦艦群にたいし魚雷を投じた。海中を駛走する雷跡の先に巨大な水柱が数本、戦艦の艦橋を凌駕する高さに噴き上がった。戦艦泊地《バトルシップ・ロウ》に林立する水柱は、遠雷のような響きとともに遠くからも視認された。淵田中佐は、奇襲での攻撃順に狂いが生じたことを知ったが、それは大勢には影響がなかった。急降下爆撃隊も雷撃隊もすでに攻撃を開始している。この状況では、被弾で火災を起こした艦艇や陸上施設からの猛烈な煙が、爆撃照準を阻害する前に速やかに水平爆撃をおこなわねばならない。淵田中佐は、直率する水平爆撃隊を誘導し、高度四〇〇〇メートルを維持、真珠湾の戦艦泊地《バトルシップ・ロウ》を目標に爆撃運動に入った。

(iii) 遅れた「最後通牒」

南雲機動部隊が択捉島単冠《ひとかっぷ》湾を出撃、ハワイへの航海途上の十二月一日、東京では昭和天皇の臨席のもと御前会議が開かれ対米英蘭開戦を決定した。翌日の十二月二日には、開戦を十二月八日(ハワイでは十二月七日)とすることに天皇の允裁《いんさい》が下っていた。

アメリカと戦争を始めるにあたって、その国際上の手続きに関し政府内に議論があった。日本側から攻撃を仕掛け、戦争状態になったという既成事実だけでよしとするか、あるいは最後通牒なり宣戦布告文書を交戦国に手交する外交形式に従うか。陸軍(参謀本部)は攻撃に先行するいかなる国際上の手続きも必要なしと主張したが、海軍(軍令部)には、山本五十六聯合艦隊司令長官の意見もあり、最後通牒をアメリカ側に提出すべきと考える少数派もいた。陸軍も海軍も、ハワイ作戦と南方作戦という奇襲攻撃の成功のため、攻撃予告となる最後通牒ならびに宣戦布告に否定的だった。

しかし東郷茂徳外務大臣は、無通告での開戦は戦後処理交渉の大きな障害になると懸念し、十二月四日に最後通牒を出すと公言した。陸軍も海軍もこれに反対したが、最終的にワシントン時間の十二月七日一三時〇〇分に覚書をアメリカ政府に渡すことに決定した。それはハワイ時間では同日〇七時三〇分で、真珠湾攻撃開始のわずか三〇分前だった。

また手交される文書は宣戦布告ではなく最後通牒とし、日米外交断絶を述べるだけで、日本側の攻撃通告は含まない内容とした。十四項目からなるこの覚書「帝国政府見解」は、次の文章で終わっていた。

The Japanese Government regrets to have to notify hereby the American Government that in view of the attitude of the American Government it cannot but consider that it is impossible to reach an agreement through further negotiations.（日本政府はここに、交渉を維持するも、妥結に達するをえずと認めるのほかなき旨を、米国政府に通告するを遺憾とするものなり）

アメリカの対日要求「ハル・ノート」への日本政府の回答で、日本側が最後通牒だと主張するこの文書、「帝国政府見解」が、ワシントンの日本大使館に暗号で送信され始めたのは十二月六日だった。そして最後のもっとも重要な十四項目が届いたのは、翌日の十二月七日一〇時三〇分（ワシントン時間）だった。十二月六日は土曜日で、多くの職員は週末の呑み会に出かけ、暗号解読と英訳の仕事のほとんどが残されたままだった。二人の大使、野村吉三郎（海軍大将）と来栖三郎、また大使館職員も、「帝国政府見解」が最後通牒という重要文書であることを認識していなかった。日本軍の奇襲攻撃が露見するのを恐れ、外務省はそのことを大使に伝えていなかった。また外務省の指示も遅く、「帝国政府見解」を、十二月七日一三時〇〇分までに、アメリカ国務省に提出すべきことを二人の大使が知ったのは、その当日の一〇時頃だった。慌てた大使館職員は、暗号解読と英訳の作業を急いだが、結局それは間に合わなかった。

外務省が覚書手交の時刻として指示してきたワシントン時間一三時〇〇分は、ハワイ時間の〇七時三〇分、真珠湾攻撃開始三〇分前だった。野村吉三郎大使が英文タイプされた「帝国政府見解」を持って国務省に駆けつけ、コーデル・ハル国務長官に提出したのは一四時〇五分（ハワイ時間〇九時三五分）だった。しかし淵田美津雄中佐の第一次攻撃隊は、〇七時五三分（ワシントン時間一三時二三分）に最初の一弾をヒッカム航空基地へ投じていた。「帝国政府見解」の提出

日独伊三国同盟に日本代表として調印した来栖三郎。近衛文麿内閣では日米交渉を担当する。ワシントンの日本大使館で野村吉三郎駐米大使を補佐するが、アメリカ側は彼を親ドイツ派と考え不信感を強めた。〔The Naval History & Heritage Command (formerly the Naval Historical Center)〕

ルーズベルト大統領とは旧知の間柄とされた野村吉三郎（海軍大将）は、悪化する日米関係の改善を期待され駐米大使に起用された。彼は日本政府が最後通牒と主張する「帝国政府見解」を、真珠湾攻撃の前にアメリカ政府に提出することに遅れた。〔The Naval History & Heritage Command (formerly the Naval Historical Center)〕

はこれに四二分も遅れた。もっとも第一次攻撃隊の航空攻撃に先行して、アメリカ駆逐艦「ウォード」と特殊潜航艇との戦闘が二時間以上前の〇六時四五分（ハワイ時間）に始まっている。この戦闘ではアメリカ側が一方的に特殊潜航艇を攻撃したが、その状況をつくりだしたのは日本側だった。

日本大使は「帝国政府見解」の提出に遅れたが、コーデル・ハル国務長官のみならずホワイトハウスのフランクリン・D・ルーズベルト大統領は、この文書の内容をすでに知っていた。アメリカの情報部暗号解読班は、一九四〇年に日本の「パープル」（紫）と呼ばれた外交暗号の解読に成功しており、日常的に東京とワシントンの日本大使館の暗号通信を傍受していた。「帝国政府見解」も十二月七日、すべてが真珠湾攻撃開始の前に解読、翻訳され、アメリカ政府内の限られた者が閲覧していた。「帝国政府見解」が戦争宣言や攻撃通告を明確に記述していなかったのは、日本軍の奇襲成功という観点からは適切だったといえるかもしれない。「帝国政府見解」は、ルーズベルト大統領やハル国務長官に、日米開戦不可避を確信させたが、日本軍の具体的な行動を想像させることはなかった。

日本政府は、アメリカには真珠湾攻撃三〇分前に曖昧な内容の最後通牒「帝国政府見解」を提出し、開戦の正式な外交手続きに従ったと主張しようとした。しかしイギリスや他の連合国にたいしては、開戦に際しての外交手続きはいっさい無視した。ハワイ作戦と同時刻に開始される予定だった南方作戦は、実際には真珠湾攻撃の一時間以上も前に山下奉文中将が指揮する陸軍第二五軍がマレー半島の北部コタバルに上陸、イギリス植民地を守るイギリス軍と戦闘が始まっている。

Ⅷ　炎上する戦艦泊地《バトルシップ・ロウ》

一九四一年十二月七日（日本時間では八日）の早朝、オアフ島真珠湾。湾内に錨を下ろすアメリカ太平洋艦隊所属艦艇および他補助艦船一八五隻が真珠湾にいた。湾内中央のフォード島と周辺の海軍や陸軍、海兵隊の航空基地、海軍工廠、軍関係者の暮らす住宅地区、兵舎、病院、学校、それらのすべては、いつもの穏やかな安息日の訪れを迎えつつあるようにみえた。

　アメリカ西海岸から真珠湾に拠点を移した太平洋艦隊は、戦隊ごとに出港、洋上での訓練を実施、その後に帰港するスケジュールが定式化していた。ハワイ諸島の海軍の拠点は、真珠湾の他にマウイ島ラハイナ泊地があるが、ここの軍港設備は不充分で、駆逐艦や潜水艦以外の艦艇が長期間停泊し周辺海域で訓練するのは稀だった。

　戦艦の訓練は、軽巡洋艦や駆逐艦を随伴し、三隻から五隻でマウイ島の南海域で約一週間続く。航空母艦は、洋上で発着艦訓練を繰り返すが、艦載機の射撃と爆撃訓練は、カホオラウェ島の南端付近で実施されていた。重巡洋艦は、六隻集団でサモア諸島近海を訓練海域としていた。太平洋艦隊の訓練計画は、各戦隊の練度に応じ、また緊急出動にも対応できるように綿密に組まれていた。戦艦は火曜日に真珠湾を出港、翌週の金曜日に帰港、あるいは金曜日に出港して翌週の土曜日に帰港し、次の訓練まで一週間在泊するのが通常だった。

　真珠湾の中央に浮かぶフォード島の南東海岸沿いにある戦《バト》艦泊地《ルシップ・ロウ》（Battleship Row）には、その北端の「ネバダ」から南端の「カリフォルニア」まで七隻の戦艦が、バース（投錨地）に繋留されていた。バースとは、大型艦を浅い水深のため沖合に、あるいは岸から離して繋留させる施設である。太平洋艦隊の戦艦七隻は、バースに陸側と海側に二列（一部は一列）となって繋留されていた。バースにはＦＯＸ番号が付いている。北端のバースであるＦＯＸ－８の陸側に戦艦「ネバダ」、南へ向かってＦＯＸ－７の陸側に戦艦「アリゾナ」、海側に工作艦「ベスタル」、そしてＦＯＸ－６の陸側に戦艦

「テネシー」、海側に戦艦「ウェストバージニア」、FOX－5の陸側に戦艦「メリーランド」、海側に戦艦「オクラホマ」、そして桟橋に繋留されている給油艦「ネオショー」を挟んで、FOX－3の陸側に戦艦「カリフォルニア」が停泊していた(12)。戦艦泊地《バトルシップ・ロウ》の戦艦群には、ホノルルの日本領事館からの報告どおり、魚雷防御網は張られていなかった。魚雷防御網設置が水路を狭くし艦船の航行を制約すること、真珠湾での魚雷攻撃の可能性は極めて低いことから、アメリカ太平洋艦隊総司令部は魚雷防御網が必要ないと判断していた。また日本軍が心配していた阻塞気球は、航空基地の集中する真珠湾では、アメリカ軍航空機の飛行の障害となり事故原因ともなるため、揚げられていなかった。

　戦艦泊地《バトルシップ・ロウ》の南、フォード島の対岸に位置する海軍工廠第一ドライドックに戦艦「ペンシルバニア」と二隻の駆逐艦、テンテン（10－10）ドックには軽巡洋艦「ヘレナ」が入渠中だった。フォード島の西から北、東側の泊地には駆逐艦群が所定の位置に投錨していた。

　この日の朝も海軍工廠の中央にある信号塔に、ブルーピーターが掲揚された。その信号旗には、白地に青の縁取りのあるP文字が描かれていた。アメリカ海軍のならわしとして、〇八時〇〇分に艦尾に星条旗を掲揚することを意味していた。戦艦「アリゾナ」の後部露天甲板にも、厳かな朝の儀式のために、士官と水兵が整列していた。この日曜日、非番の兵士たちは、朝の礼拝を終えたら上陸し、ホノルルの繁華街で夕方まで楽しむのを心待ちにしていた。

　西の空の彼方から、航空機のエンジン音がかすかに響いてきたが、それを気にかける者はいなかった。すでに攻撃態勢での展開を終えた淵田中佐の第一次攻撃隊が、彼らの頭上に飛来するまでもう一分足らずだった。

　戦艦泊地《バトルシップ・ロウ》の戦艦群にたいし最初に攻撃を開始したのは、村田重治少佐指揮の雷撃隊の九七艦攻だった。魚雷攻撃の照準は、戦艦泊地《バトルシップ・ロウ》に二列に並ぶ海側の大型艦だ。それは北から戦艦「ネバダ」、工作艦「ベスタル」（日本側では戦艦と誤認）、戦艦「ウェストバージアニア」、「オクラホマ」、それらと少し離れてもっとも南に位置した戦艦「カリフォルニア」だった。

　九七艦攻が携行する九一式魚雷改二は、浅沈度で使用できる改良型、星型八気筒エンジンで速力は四二ノット（時速七八キロメートル）、頭部には炸薬二〇四キロが充填されている。西側から真珠湾に接近した村田少佐の雷撃隊は、高度を落としつつ二隊に分かれ魚雷攻撃を開始した。最初の魚雷は、FOX－6の海側に繋留されていた戦艦「ウェストバージニア」に撃ち込まれた。さらに数本の魚雷命中で、同艦は急激に浸水し着底した。次に魚雷数本が命中したのは戦艦「オクラホマ」で同艦は数分後に転覆した。

1947年12月7日、真珠湾攻撃。07時55分、雷撃機（九七艦攻）が戦艦泊地を攻撃する。日本軍機からの撮影。左下から右へむかって、艦尾に旗を掲げている「ネバダ」、工作艦「ベスタル」の内側に「アリゾナ」、「ウェストバージニア」を外側に「テネシー」、「オクラホマ」を外側に「メリーランド」、そして給油艦「ネオショー」と「カリフォルニア」。魚雷が着水した水飛沫と雷跡が左から中央へ伸びている。遠くのヒッカム飛行場には煙が上がっている。〔The Naval History & Heritage Command (formerly the Naval Historical Center)〕

真珠湾(南)
油槽地帯
南水路
メリー岬
海軍工廠
第1ドライドック
真珠湾海軍病院
油槽地帯
ヒッカム航空基地
アメリカ海軍司令部

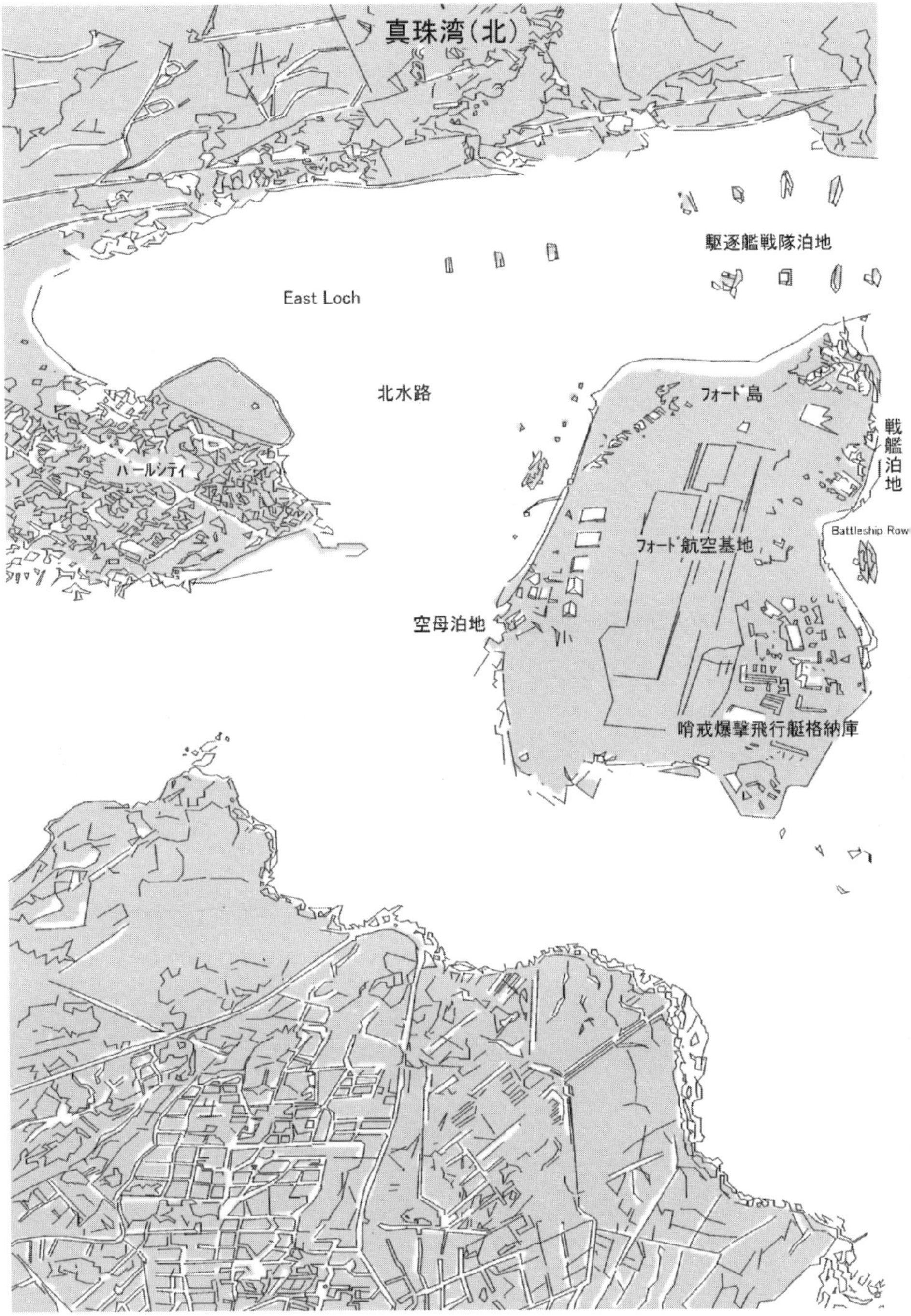
真珠湾(北)
駆逐艦戦隊泊地
East Loch
北水路
フォード島
戦艦泊地
パールシティ
Battleship Row
フォード航空基地
空母泊地
哨戒爆撃飛行艇格納庫

日本軍機から撮影。フォード島の南東沿岸に停泊している戦艦群が雷撃を受けている。最初の魚雷が戦艦「ウェストバージニア」に命中すると巨大な水柱が噴き上がった。〔The Naval History & Heritage Command (formerly the Naval Historical Center)〕

真珠湾　太平洋艦隊所属艦艇の配置　1941年12月7日

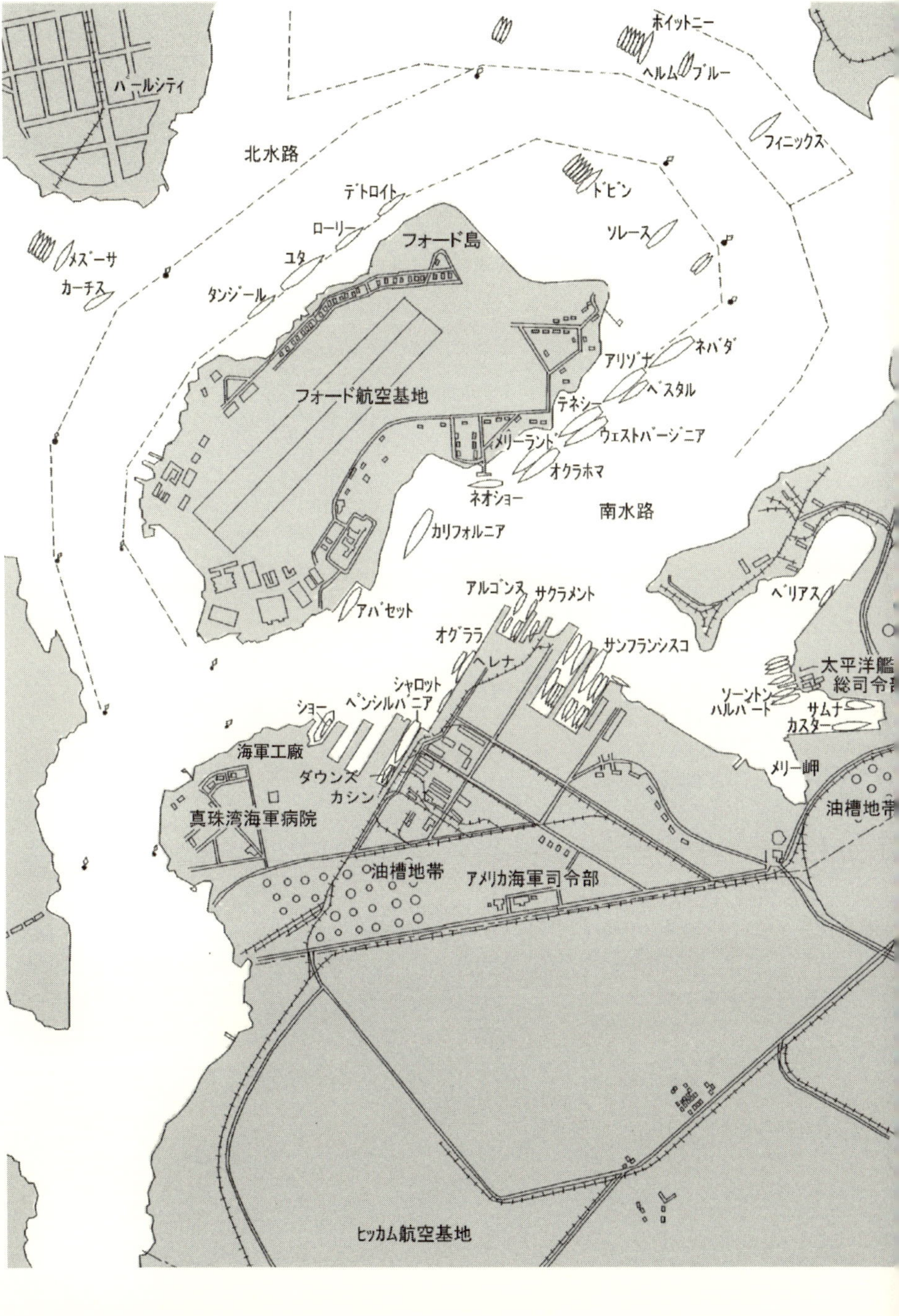

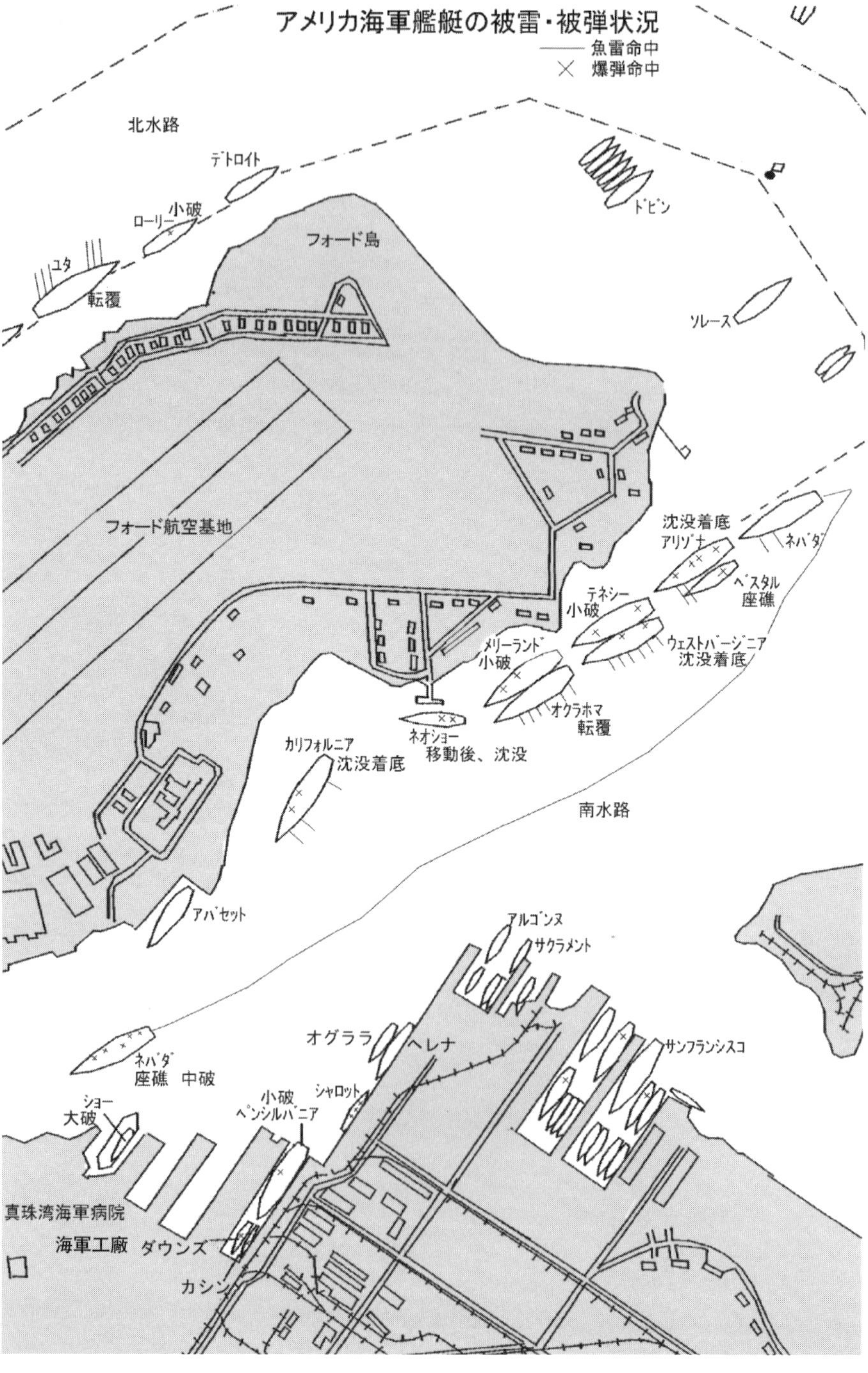
アメリカ海軍艦艇の被雷・被弾状況
魚雷命中
爆弾命中
北水路
デトロイト
ローリー
小破
ユタ
転覆
ドビン
フォード島
ツレース
フォード航空基地
沈没着底
アリゾナ
ネバダ
ベスタル
座礁
テネシー
小破
ウェストバージニア
沈没着底
メリーランド
小破
オクラホマ
転覆
ネオショー
移動後、沈没
カリフォルニア
沈没着底
南水路
アバセット
アルゴンヌ
サクラメント
オグララ
ヘレナ
サンフランシスコ
ネバダ
座礁 中破
シャロット
小破
ペンシルバニア
ショー
大破
真珠湾海軍病院
海軍工廠
ダウンズ
カシン

大型の徹甲爆弾を懸架する水平爆撃隊の攻撃目標は、雷撃ができない二列の戦艦群の陸側に繋留される戦艦だった。五機編隊の一〇個中隊（一個中隊だけ四機編隊）が、高度三〇〇〇メートル、二〇〇メートル間隔で爆撃コースに入った。中隊がその間隔で後続するのは、前の中隊の起こす気流の爆撃照準と弾道への影響を避けるためだった。すでに雷撃隊の攻撃によって敵機来襲を知ったアメリカ艦艇ならびに陸上砲台は対空射撃を開始していた。時限式信管付きの対空砲弾が撃ち上げられ、水平爆撃隊が炸裂煙で囲まれた。約八〇〇キロの九九式八〇番五号爆弾を懸架する九七艦攻は、至近弾が炸裂する衝撃に揺さぶられ、弾片はジュラルミンの機体を切り裂いた。それでも水平爆撃隊は、戦艦群の上空へ向かい、爆撃照準を始める。対空弾の弾着が近くなっても飛行針路の変更はできず、対空射撃に耐えるしかない。しかし高々度を飛行する水平爆撃隊九七艦攻は、被弾損傷機は多かったが撃墜はなかった。

　最初の爆弾がヒッカム航空基地に落ちた直後、太平洋艦隊総司令部はハズバンド・Ｅ・キンメル大将に電話を入れた。キンメル大将は、真珠湾が見下ろせる住宅地に建てられた司令官専用の高級邸宅で制服に着替えていた。彼は早朝、太平洋区陸軍司令官ウォルター・ショート中将とゴルフコースにいたが、真珠湾口で哨戒中の駆逐艦「ウォード」が国籍不明の小型潜航艇を撃沈したとの報告を受け、艦隊司令部へ向かう準備をしていた。その件で部下と通話した後、再び電話で知らされたことは衝撃的な事実だった。たった今、真珠湾が日本軍機に空襲されているというのだ。慌てて屋外に飛び出した彼が見た光景は、黒い煙に覆われ日本軍機が乱舞する真珠湾だった。

（ｉ）戦艦「アリゾナ」

戦艦泊地《バトルシップ・ロウ》のバースＦＯＸ－７の陸側に投錨していた戦艦「アリゾナ」。同艦は、真珠湾攻撃時に乗艦していたのが一四一一人で約一〇〇人は上陸し艦を離れていた。「アリゾナ」の左舷側、ＦＯＸ－７の海側に工作艦「ベスタル」が停泊していた。「ベスタル」の陰になる戦艦「アリゾナ」は、水路南東方向からの雷撃を受ける位置にない。しかし最初の雷撃がされた〇七時五五分、「ベスタル」の艦底を通過した魚雷一本が「アリゾナ」の一番砲塔横の左舷に命中した。さらに「ベスタル」の艦首をかすめるように駛走してきたもう一本の魚雷は、「アリゾナ」の艦首を貫いた。

　雷撃の数分後におこなわれた水平爆撃で、「アリゾナ」に四発の八〇〇キロの徹甲爆弾が命中、その最後の一発が〇八時一〇分、第二主砲塔の右舷側に命中、露天甲板以下の階層と水平防御甲鈑（第三甲板）を貫通した。遅延信管付きの九

日本軍機から撮影。フォード島に沿った戦艦泊地、攻撃開始からまもなく、水平爆撃の攻撃を受けた戦艦群。左から右へ、「ネバダ」、工作艦「ベスタル」（海側）と「アリゾナ」（陸側）、「ウェストバージニア」（海側）と「テネシー」（陸側）、「オクラホマ」（海側）と「メリーランド」（陸側）。戦艦「アリゾナ」は、ちょうど艦尾付近に爆弾を受けた。「アリゾナ」の前部主砲弾火薬庫の誘爆を引き起こした爆弾は、この時点ではまだ命中していない。「ウェストバージニア」と「オクラホマ」は、魚雷命中により、大量の重油を流出させ、左舷に傾斜している。「オクラホマ」の後部露天甲板の一部がすでに潜水している。〔The Naval History & Heritage Command (formerly the Naval Historical Center)〕

大改装後の「ペンシルバニア」級戦艦の２番艦の「アリゾナ」。〔The Naval History & Heritage Command (formerly the Naval Historical Center)〕

九式八〇番五号爆弾は、前部主砲弾火薬庫内で炸裂し、大量の装薬を誘爆させ大爆発となった。そのため前部主砲弾火薬庫の位置で艦が破断、火焔が三〇〇メートル立ち上り、爆発の衝撃はホノルル市街にも達した。致命的な打撃を被った「アリゾナ」は完全に破壊された。

この真珠湾攻撃を境に、戦艦は艦隊決戦の主力としての役割を終えるが、このときまでアメリカ海軍においても日本海軍と同様、戦艦はもっとも重要な海軍兵器だった。戦艦は長い年月、洋上の要塞としての威容から海軍のみならず国家の威信の象徴ともされていた。

戦艦「アリゾナ」は、真珠湾攻撃の二十五年前の一九一六年に「ペンシルバニア」級の二番艦として竣工した。「ペンシルバニア」級は当時、世界最大の戦艦だった日本の「扶桑」型戦艦に対抗できる艦として建造された。基準排水量三万三一〇〇トン、全長一八五メートル、全幅三二メートル、主砲は「扶桑」型と同じ一四インチ（三五・六センチ）砲一二門を搭載したが、それを連装砲六基とした「扶桑」型と異なり、三連装四基にまとめることでバイタルパート（集中防御区画）を短縮し甲鈑を厚くした。副砲は五インチ（一二・七センチ）五一口径砲を一四門装備している。最大速力は二一ノット（時速三九キロメートル）で、「扶桑」型よりわずかに劣速だった。

旧式化しつつある戦艦「アリゾナ」は、一九二九年から二年余りをかけて大改装を実施、魚雷と水中弾にたいする防御となるバルジ、対空兵装として高角砲が装備された。しかし第一次大戦時の古い設計では、長距離砲撃戦における大角度での弾着を想定した水平防御（バイタルパートの上面）の甲鈑厚は充分ではなかった。そのことが真珠湾攻撃時、高空からの水平爆撃で投じられた大型徹甲爆弾の主砲弾火薬庫への侵入を許す結果となった。

九七艦攻の雷撃が開始された直後、「アリゾナ」の艦長フランクリン・ヴァン・ヴァルケンバーグ大佐は、ただちに総員配置を下命した。彼は、艦の指揮をとるため艦橋へ走った。そこには第一戦艦戦部隊司令官アイザック・C・キッド少将がすでにいた。「アリゾナ」は左舷に一本または二本の魚雷が命中し、水平爆撃で大型徹甲爆弾四発を受けた。その爆弾一発は第四主砲塔の前楯に命中、甲鈑にはじかれたが、露天甲板から第三甲板まで貫通して炸裂した。他の爆弾一発は煙突のすぐ前方を貫通、さらに爆弾一発が煙突を貫通した。最後の爆弾一発は、二番砲塔横の左舷側露天甲板に命中、水平防御甲鈑を含む下層甲板を貫通、前部主砲弾火薬庫を誘爆させ、これが艦の致命傷となった。(13)

ちなみにアメリカ海軍と日本海軍では、艦内の各階層の甲板名称が異なる。アメリカ海軍では、上から下へ向かって次のように名付けている。（　）内は、日本海軍での甲板名称。

船体最上階の露天となる甲板は、最上甲板《Upper Deck》（最上甲板、露天甲板）、その下が主甲板《Main Deck》（上甲板）、さらに下が第二甲板《Second Deck》（中甲板）、さらにその下に第三甲板《Third Deck》（下甲板）と呼ばれる。

艦内構造は、基本的には日米海軍で大きな相違はない。最上甲板には、主砲塔と艦橋やマストなど上部構造物が載り、主砲塔の給弾室や弾火薬庫、煙路などが各層を縦に貫いている。主甲板の中央部には上級士官の居住区、艦の前部と後部には兵員居住区、第二甲板あるいは第三甲板を天井として集中防御区画《バイタルパート》の甲鈑が囲み、その中には弾火薬庫、缶室や機関室がおさめられている。第三甲板のさらに下の階層は、倉庫や燃料タンクである。

魚雷や爆弾の命中箇所として本書は、アメリカ海軍の報告書にあるビーム番号を記載している。ビーム（Beam）とは、フレーム（frame）とも呼ばれ、艦（船）首から艦（船）尾方向と垂直に交わる船梁《ふなばり》のことである。ビームには、艦首側の水切り線から始まる番号が付き、ビームの間隔は約一メートルである。

日本軍機から撮影。フォード島に沿った戦艦泊地、戦艦「アリゾナ」が大型徹甲爆弾を受け、前部主砲弾火薬庫が爆発した直後。左端は戦艦「ネバダ」、激しく炎上する「アリゾナ」からの煙が、他の戦艦を覆っている。爆弾命中の煙が、画面中央のやや上にある戦艦「ウェストバージニア」に認められる。〔The Naval History & Heritage Command (formerly the Naval Historical Center)〕

フランクリン・ヴァン・ヴァルケンバーグ大佐。1888年ミネソタ州ミネアポリス出身。1941年2月に「アリゾナ」の艦長となる。1941年12月7日の真珠湾攻撃時、「アリゾナ」の艦上で死亡。死後、海軍栄誉章を授与された。〔The Naval History & Heritage Command (formerly the Naval Historical Center)〕

アイザック・C・キッド少将は、1884年オハイオ州クリーブランド出身。戦艦、巡洋艦の艦長や艦隊司令官を歴任。1940年2月に太平洋艦隊第一戦艦部隊(Battleship Division One)司令官に任じられた。1941年12月7日の真珠湾攻撃時、「アリゾナ」艦上で死亡。死後、海軍栄誉章を授与された。〔The Naval History & Heritage Command (formerly the Naval Historical Center)〕

〇八時一〇分、大型徹甲爆弾による前部主砲弾火薬庫の大爆発は、「アリゾナ」艦長フランクリン・ヴァン・ヴァルケンバーグ大佐、第一戦艦部隊司令官アイザック・C・キッド少将のいた前檣楼を灼熱の火焔で焼きつくした。彼らは死亡したとされたが、遺体は見つからなかった。戦艦「アリゾナ」では、一一七五人の乗員が戦死したが、これはアメリカ海軍では一隻の軍艦における最大の死亡者数であり、真珠湾攻撃でのすべての犠牲者数の約半分をしめる。艦首が切断され大量に浸水、沈没着底した「アリゾナ」から流出した重油は、数時間にわたって周囲を炎の海とし、隣接して繋留されている他艦に被害をもたらした。

戦艦「アリゾナ」は、水平爆撃隊の九七艦攻の投じた九九式八〇番五号爆弾で撃沈させられた。淵田中佐の直卒する水平爆撃隊は、嚮導《きょうどう》機が慎重な爆撃照準をおこない、断雲に視界を遮られ照準を三回もやり直した中隊もあった。アメリカ海軍の報告書では、第一次攻撃隊の急降下爆撃隊も、戦艦泊地《バトルシップ・ロウ》の戦艦群を空襲したと記載しているが、[14] 第一次攻撃隊の九九艦爆五一機はすべて陸用爆弾の六番(六〇キロ爆弾)四個または二五番(二五〇キロ爆弾)一個を懸架し、艦艇を攻撃した機はない。

戦艦泊地《バトルシップ・ロウ》の海側の戦艦数隻に魚雷が命中し始めると、戦艦「アリゾナ」では、けたたましく警報が鳴らされた。それは

1941年12月7日の真珠湾攻撃時、炎上し沈没着底する戦艦「アリゾナ」の前檣楼。水平爆撃での大型徹甲爆弾を受け、「アリゾナ」の前部主砲弾火薬庫は大爆発を起こした。画面左側、海面上には14インチ45口径砲の砲身と砲塔が見える。海面に流出した重油に引火し火災が発生、前檣楼は煙に包まれている。〔The Naval History & Heritage Command (formerly the Naval Historical Center)〕

〇七時五五分だった。朝食をとっていたサミュエル・G・フーカ少佐は、舷側窓から空中を乱舞する見慣れない航空機を認めると、防御士官である彼は総員配置の発令を電話で指示した。彼は士官室から右舷露天甲板に上がったとき、約三〇メートルの低空を飛行する日本軍機が後座の旋回機銃を掃射しているのを見た。それは雷撃後に全速離脱中の九七艦攻だった。フーカ少佐は、後部甲板右舷側を艦首側へ向かう途中、爆発の衝撃で床に転がった。大型徹甲爆弾が、第四主砲塔前楯に命中、艦長ハッチ前の露天甲板に突き刺さり、上層各甲板を貫通して第三甲板で炸裂した。

戦艦「アリゾナ」で最初に日本軍の攻撃に気がついたのは、おそらくH・D・デビソン少尉だったろう。彼は艦橋にいて、遠方に甲高いエンジン音を聞くと、その航空機を確認しようと見張り台の双眼鏡を覗いた。その飛行機の胴体側面に赤い日の丸を見て驚いたが、自分たちが攻撃目標だということは、実際に魚雷が海面に投じられるまで理解できなかった。

「アリゾナ」に魚雷命中の衝撃が伝わり、デビソン少尉は空襲警報を鳴らし、ヴァルケンバーグ艦長に報告した。艦長と防御士官のサミュエル・G・フーカ少佐がやって来て、ヴァルケンバーグ艦長は前檣楼の羅針盤艦橋に上がった。フーカ少佐は総員配置を発するよう命じた。このとき、上部構造物煙突付近に爆弾が命中した。爆弾は上級士官公室で炸裂した。フーカ少佐は、消火管に水圧をかけるように主機械室に連絡させた。さらに大型爆弾が右舷側の八八番ビームに命中した[15]。

空襲警報が響きわたるなかD・ヘイン少尉は、配置の艦橋へ向かった。途中、艦中央部の短艇甲板を通ったとき、右舷の対空機銃はもう射撃を開始していた。空にはアメリカ軍のものとは明らかに異なる航空機が、数機の編隊で飛び交っていた。

ヘイン少尉は、前檣楼の基部から信号甲板、そして羅針盤艦橋へ急いで駆け上がった。そこにはすでに艦長のフランクリン・ヴァン・ヴァルケンバーグ大佐、操舵係下士官らがいた。羅針盤艦橋の窓ガラスは、機銃掃射を受けて粉々になって床に散乱していた。操舵係下士官が、ヴァルケンバーグ艦長に司令塔に行きますかと尋ねると、艦長はここにいると応えた[16]。戦闘時、艦長は前檣楼下部の司令塔で指揮をとることになっていた。司令塔は厚い甲鈑で防御され、そこから各部署への電話や伝声管が整備されていた。しかしヴァルケンバーグ艦長は、司令塔の上部に位置し、視界のきく羅針盤艦橋に留まることを望んだ。もしこのとき、彼が司令塔に降りていたら、数分後の前部主砲弾火薬庫の大爆発で死なずにすんだかもしれない。

ヴァルケンバーグ艦長が電話に向かって叫んでいるとき、

サミュエル・G・フーカは、第一次世界大戦に陸軍兵として従軍。海軍士官学校卒業後、複数の艦艇での勤務を経て少佐に昇格、「アリゾナ」に防御士官として配属された。真珠湾攻撃時、「アリゾナ」での消火作業と救出活動を指揮した。「アリゾナ」の沈没着底の後、艦内に残された乗員の救出に尽力し海軍栄誉章を授与された。〔The Naval History & Heritage Command (formerly the Naval Historical Center)〕

前檣楼が激しく震動した。それは「アリゾナ」の主砲弾火薬庫に大型徹甲爆弾が侵入、炸裂による大爆発だった。羅針盤艦橋では、破壊された窓から灼熱の焰が入ってきた。ヘイン少尉は、ふらつきながら右舷側、舵輪《だりん》操舵輪の前に倒れた。大きな揺れが続くなか、彼はなんとか左舷側のドアに向かって這い進んだ。羅針盤艦橋は高熱の焰と煙の浸入のため、そこに留まるのは不可能だった。やっとのことで羅針盤艦橋の外に出たヘイン少尉は、前檣楼全体が倒壊するのを恐れながら、必死に階段を駆け下りた。羅針盤艦橋から脱出できたのは彼一人だった。

　最初の雷撃を受けた後、「アリゾナ」では、総員配置と隔壁扉完全閉鎖（Condition Zed）が拡声器から繰り返し命じられていた。隔壁扉完全閉鎖とは、艦内各区画の隔壁の水密扉を閉鎖し浸水の拡大を防ぐ処置だが、乗員の脱出など艦内移動の妨げにもなる。

　乗員たちはハッチをくぐり、ラッタルを上り、通路を慌ただしく駆け抜けるが、彼らの多くは事態を把握していない。後数分したら、過去に何度も経験したように、これは訓練だという宣言が拡声器から流され、落胆と安堵の入り混じった気持ちで各配置に整列する。そして時間計測担当の士官の報告があり、上官の叱咤と艦長の激励が聞かされるだろう。今日は日曜日、上陸前の軽い運動にはちょうどいいかもしれない。

しかし対空機銃の配置についた兵士は、爆音を響かせ低空を飛翔する軍用機を見た。それらは四、五機の編隊で数多く空中を乱舞している。見慣れたカーチスやグラマンとは明らかに異なる機影で、艦の直上を飛ぶ機の主翼下面には、縁取りのない真っ赤な円が描かれていた。ライジングサン（日の丸）を見た彼らは、それに照準し射撃を始めた。射撃開始の命令は聞こえなかったが、兵士たちに迷いはなかった。しかし戦時態勢となっていない機銃座には、備え付けの弾薬は少なく、演習弾だけが置かれているのもあった。

艦内に空襲警報が鳴らされた直後、サミュエル・G・フーカ少佐は、爆弾が艦橋付近に命中したと報告を受けた。数分後、恐ろしい爆発音と同時に大きな衝撃が艦全体を揺るがした。彼は、それが主砲弾火薬庫の誘爆だと直感した。すでに「アリゾナ」の左舷には魚雷が命中していたが、フーカ少佐はのちに工作艦「ベスタル」の乗員から一本あるいは二本の魚雷が「ベスタル」の艦底を通過し、「アリゾナ」に命中したことを聞いた[17]。

その朝、「アリゾナ」艦内で空襲警報が鳴り響いていた。第二甲板居住区にいたジム・D・ミラー少尉は、それを訓練か、あるいはよくあることだったが機器の故障と思った。しかし彼は二つの爆発音を聞いた。それはカタパルトでの艦載機射出試験時の音と似ていた。まもなく拡声器は隔壁扉完全閉鎖（Condition Zed）を命じた。ミラー少尉は急いで第三甲板の水密扉に向かい、それを閉鎖した。下級士官室から第二甲板へ戻ったとき、砲員数人と会った。彼らは日本軍の空襲だと言い、弾火薬庫の鍵をさがしていた。士官室前の狭い通路を乗員たちが、「空襲」、「総員配置」、そして「隔壁扉閉鎖」を叫びながら、慌ただしく動き回っていた。ミラー少尉と砲員たちは、弾火薬庫の鍵を求めて砲術長室に入ったが、砲術長は不在で鍵も見つからなかった。混乱のなか砲員たちとはぐれ、ミラー少尉は彼の配置である第三主砲塔へ向かい、第三甲板に下りた。

バイタルパート（集中防御区画）の厚い甲鈑の隔壁扉を開け、ミラー少尉は第三主砲塔の砲室に入った。砲員の半分がすでに配置についていた。ミラー少尉は、砲室から電話交換室と射撃指揮所へ電話をかけたが、電話は第三主砲塔内部にしか通じなかった。一分か二分後、この第四主砲塔のそばに八〇〇キロの徹甲爆弾が落下、太く短い打撃音が連続して聞こえた。ミラー少尉は、これは爆弾が露天甲板、第一、第二甲板を貫通した音と考えた。その直後、大きな炸裂音とともに第三主砲塔内に衝撃が伝わった。爆発は集中防御区画《バイタルパート》の外側だったため、砲塔に被害はなかったようだ。ミラー少尉は、砲塔の外側の様子を知るため部下に隔壁扉を開けさせた。すると火薬の爆発時に大量に発生する一酸化炭素ガスが、煙とともに砲室内に入り込み、彼らは吐き気をもよおした。扉はすぐに閉められたが、砲室の外側の区画では、照明が消え、煙が充満し火災が発生していた。続いて煙突付近に落下した爆弾が、第三甲板まで貫通し炸裂した。

　第三主砲塔内に、どこからか一酸化炭素ガスを含んだ煙が入ってきていた。さらに下部揚弾室では海水が流入し始めたと電話連絡があった。ミラー少尉は、砲塔の水圧と電力が断絶していることを知った。彼は、これ以上配置に留まる必要はないと判断し、安全のため部下とともに露天甲板へ撤収することにした。

　G・S・フラニガン少尉は、総員配置の発令後、彼の配置である第三主砲塔の下部揚弾室に急いだ。第三、第四主砲塔の下部揚弾室への通路の梯子を下り始めたとき、大きな爆発音と同時に衝撃が伝わってきた。彼の周囲を熱風が吹き抜け、閃光が水密扉の向こうに閃いた。瞬時に天井の照明が消え真っ暗になった。爆発のあった区画は、第四主砲塔の右舷、第三甲板だとフラニガン少尉は考えた。嫌な臭いの一酸化炭素ガスと煙が充満し、彼の周囲にいた乗員の中には、ガスを吸い込んだため足元をふらつかせ倒れる者もいた。フラニガン少尉は、第三主砲塔の下部揚弾室にたどり着くと、隔壁扉を開けて内部に入った。近くにいたフィールド少尉と他の者も呼吸困難な状況から逃れるため、すべてが下部揚弾室に入った。

　砲塔内部の空気はしばらくの間は問題なかった。しかし、ここにも吐き気をもよおさせるガスと煙が入り込んできた。暗闇の中、だんだん呼吸が苦しくなった。恐怖に取り乱す者がいたが、フィールド少尉が静かにするよう命じるとそれに従った。非常用懐中電灯を見つけ砲塔内を照らすと、煙が広がり霞のようだった。どこからかヒューヒューという音が聞こえた。その場所を探り当てると、隔壁に亀裂があり、そこから一酸化炭素ガスと煙が浸入していた。砲塔の外側、集中防御区画《バイタルパート》の周囲では火災が発生したらしく温度が上昇している。彼らの場所は、第三甲板の下、第三主砲塔下部揚弾室だった。ここに留まっていてはガスと煙にまかれて危険だ。フィールド少尉は、火災と煙を避けながら、露天甲板まで脱出することを考えた。

　フィールド少尉は、艦内の情報を得るため中央（防御）指揮所（Central Station）に電話をかけたがつながらない。また伝声管に向かい大声で呼びかけたが、これにも返答はなかった。そうしているうちに下部揚弾室内の一酸化炭素ガスの濃度は高まり、彼らはひどく咳き込んだ。下部揚弾室に隣接する電気室への隔壁扉のハンドルを回したが、扉が爆発の衝撃で変形したのか開かない。彼らを驚かせたことに、足元には海水が流れ込んできた。水量は多く、あっというまに水位が二〇センチくらいになった。溺死の恐怖にかられた男たちは、渾身の力を込め隔壁扉を押し数分後にようやく扉を開放、下部揚弾室から脱出した。電気室にも煙が立ち込めていたが、呼吸はだいぶ楽になった。フラニガン少尉ら数人の兵士たちは、懐中電灯の明かりを頼りに上層の甲板に向かった。最後尾のフィールド少尉は、彼らが通過後、水密扉を閉鎖することを忘れなかった。

やがて騒々しい乗員たちの声や足音が聞こえてきたとき、フラニガン少尉たちは安堵した。しかし第二甲板には焼け焦げたぼろぼろの服の兵士が床に何人も横たわっていた。フィールド少尉らは、一人ひとり揺さぶり声をかけ、生きている者だけを運んだ。上の甲板から五、六人の兵士たちがラッタルを駆け下りてきた。先頭の一人がフラニガン少尉に尋ねた。

「どこから来たのですか?」

「第三甲板だ」とフラニガン少尉は答えた。

「まだ下に誰かいますか?」

「わからない」

その言葉に、男は何も言わず、フラニガン少尉たちの横を足早にすり抜けた。他の兵士たちも彼に続いた。

「下はもうだめだ。煙が充満して浸水がひどいぞ!」

フィールド少尉は、彼らの背中に怒鳴った。しかし男たちはそれに耳をかさず、懐中電灯で足元を照らしながら、暗闇の艦内に消えていった。

フラニガン少尉たちは、負傷者数人を抱きかかえ、ようやく露天甲板のハッチから外に出た。見上げる空は陽光があふれる南国の青い空ではなく、濛々たる黒煙に覆われていた。後部甲板上では、救助活動と消火作業に乗員たちが騒然としていた。第三主砲塔の向こうの短艇甲板や煙突など上部構造物に火災が発生していた。驚いたことに、すでに海面に降ろされ舷側に横付けしている救命筏が、露天甲板と同じ高さにあった。ふだんは九メートルもある乾舷がほとんど海中にあった。それほどまでに「アリゾナ」は沈下していたのだ。

同じ頃、ジム・D・ミラー少尉も、後部甲板上に上がってきた。彼も艦上の光景に驚いた。そして大型爆弾が命中した破孔を覗き込んだ。露天甲板に張られた天幕が燃えていて、昇降口付近には、身体をひどく焼かれた男たちが何人も倒れていた。彼らは艦内での爆弾炸裂に巻き込まれ、深手を負いながらここまで這い上がってきた。引き裂かれた服の間に露出する肌が黒く焼けただれ、生々しい血肉が艶々と光って見えた。ミラー少尉は、頭部から大量出血をした一人に目をとめた。それは顔見知りのアンサーソン少尉だったが、生きているようには見えなかった。「アリゾナ」の右舷方向、日本軍機がフォード島上空から急降下で突入してきた。戦艦泊地《バトルシップ・ロウ》

日本軍機の攻撃を受けた後の戦艦泊地。画面中央に沈没着底、炎上する戦艦「アリゾナ」。その後方には放水を続ける戦艦「テネシー」と「ウェストバージニア」。〔The Naval History & Heritage Command (formerly the Naval Historical Center)〕

の南方向対岸にあるヒッカム航空基地も被害を受けているらしく、濛々たる黒煙に覆われている。

当初、煙と炎、負傷者があふれる後部甲板で指揮をとる者はいなかった。やがてサミュエル・G・フーカ少佐が中心となって救助と消火作業をすすめた。後部甲板の消火ホースは、すでに引き出されていたが、艦内のポンプが機能せず水は来なかった。ポンプを運用管理する機械室へ電話したが不通だった。しかし、電話が通じたとしても、所員はすでに脱出していたから、それは意味がなかった。艦内の多くの区画では火災が広がり、煙が充満し機械室へ行くことはできない。彼らにできることは、艦前方から延焼してくる炎をたたき、負傷者を救命筏に乗せることだけだった。人海戦術で舷側からバケツで海水を汲み上げ、燃え上がる天幕の炎に浴びせかけたが、そんなことで火の勢いは弱まらなかった。

八〇〇キロの徹甲爆弾が前部主砲弾火薬庫内で大爆発を起こし、八八番ビーム（船梁）付近で「アリゾナ」の艦首は破断、艦首部分の露天甲板は海面下になっていた。その爆発で炎に包まれた前檣楼は捻じれ、司令塔や上部構造物も大破、火災が発生し黒煙に覆われている。艦首側に傾いた「アリゾナ」は大量の浸水で沈没着底した。また大量に海面に流出した重油に火がつき、艦全体と付近の海面にも火災が拡大していた。

舷側の張り出し棒に繋がれていたボートには、主砲弾火薬庫の大爆発で海へ吹き飛ばされた乗員たちが泳ぎ着いてきた。大爆発の瞬間に意識を失った者は、そのまま海中に沈んだ。艦上も海面も劫火に焼かれている。海面に漂う男たちには、もう逃げ場がなかった。最初に「アリゾナ」の救援に駆けつけた内火艇は、医療救出チームの乗った病院船「ソレイス」からのものだった。その内火艇も海面火災の中、助けを求める男たちに近づくことはできなかった。

「アリゾナ」の後部甲板から「ソレイス」に、約一〇〇人の負傷者がフーカ少佐の指揮で乗り移った。沈没着底した「アリゾナ」の露天甲板は波に洗われている。主砲塔の側面から取り外された救命筏は海面に降ろされ、負傷者があふれていた。艦首を失い劫火に包まれる戦艦「アリゾナ」は、〇九時〇〇分頃、人力稼働でなんとか動かしていた対空機銃と副砲（高角砲）の射撃が不可能となった。前檣楼が倒壊したときから連絡がとれないフランクリン・ヴァン・ヴァルケンバーグ艦長とアイザック・C・キッド第一戦艦部隊司令官に代わって、部下の士官たちが一〇時三二分に総員退艦を決断、それは大声で乗員たちに伝えられた。全員が艦尾から脱出するように命じられ、海に飛び込んだ男たちは海面の炎を避け、フォード島へ向かって泳ぎ、ある者はその途中、内火艇に救い上げられた。

当初、戦艦「アリゾナ」で死亡が確認されたのは五四人だ

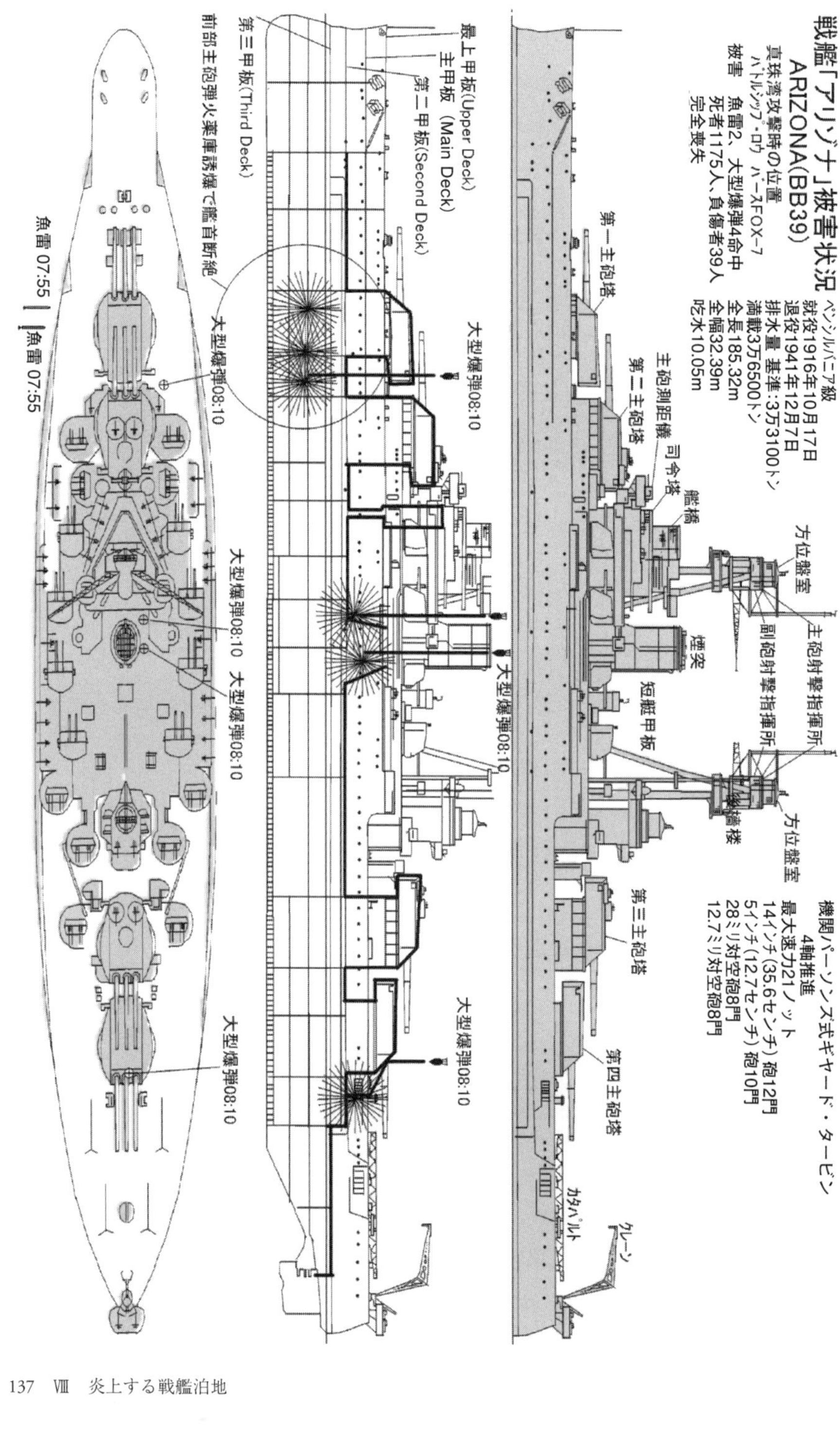

戦艦「アリゾナ」被害状況
ARIZONA(BB39)
真珠湾攻撃時の位置
バトルシップ・ロウ バースFOX-7
被害 魚雷2、大型爆弾4命中
死者1175人、負傷者39人
完全喪失
ペンシルバニア級
就役1916年10月17日
退役1941年12月7日
排水量 基準:3万3100トン
満載3万6500トン
全長185.32m
全幅32.39m
吃水10.05m
機関パーソンズ式ギヤード・タービン
4軸推進
最大速力21ノット
14インチ(35.6センチ)砲12門
5インチ(12.7センチ)砲10門
28ミリ対空砲8門
12.7ミリ対空砲8門
第一主砲塔
第二主砲塔
主砲測距儀
司令塔
艦橋
方位盤室
主砲射撃指揮所
副砲射撃指揮所
煙突
短艇甲板
檣楼
方位盤室
第三主砲塔
第四主砲塔
カタパルト
クレーン
最上甲板(Upper Deck)
主甲板 (Main Deck)
第二甲板(Second Deck)
第三甲板(Third Deck)
前部主砲弾火薬庫誘爆で艦首断絶
大型爆弾08:10
大型爆弾08:10
大型爆弾08:10
大型爆弾08:10
大型爆弾08:10
大型爆弾08:10
大型爆弾08:10
大型爆弾08:10
魚雷 07:55
魚雷 07:55

けだった。しかし行方不明者は一〇五九人に上り、彼らは沈没着底した艦内に閉じ込められていた。行方不明者はのちに死亡したものと推定され、死亡者数は一一一三人、他に乗艦していなかった者四九人を加え、最終的な死亡者数は一一七五人と数えられた(18)。

(ii) 戦艦「ウェストバージニア」

戦艦泊地《バトルシップ・ロウ》で、戦艦「アリゾナ」が繋留されていたFOX-7から南西方向、FOX-6には陸側に戦艦「テネシー」、海側に戦艦「ウェストバージニア」が投錨していた。その日、「ウェストバージニア」では八七人が休暇で上陸、乗艦者は一四五四人で多くが艦に留まっていた。

戦艦「ウェストバージニア」は、「コロラド」級（「メリーランド」級とする資料もある）の四番艦で、同級の戦艦は、第一次世界大戦後に設計された。アメリカ海軍も日本を仮想敵国として考え、「コロラド」級は日本海軍に対抗する「三年計画」の戦艦増備の一環だった。アメリカ海軍は、日本が一九二〇年までに一五インチ砲（実際には一六インチ砲）を搭載した戦艦を完成させると予想し、それに匹敵する戦艦の整備を急いだ。「コロラド」級の船体設計および艦内配置は、前級の「テネシー」級とほぼ同様、主砲は一六インチ（四〇・六センチ）四五口径砲を連装砲塔四基に収めて計八門、副砲として五インチ（一二・七センチ）砲を一六門搭載、「テネシー」級と同じく集中防御方式を採用していた。

日本の「長門」型戦艦に対抗する「コロラド」級戦艦は、「長門」型より若干劣速の二一ノット（時速三九キロメートル）、主砲火力ならびに防御力は同等以上だった。二隻の「コロラド」級戦艦である「ウェストバージニア」と「メリーランド」は、「テネシー」級戦艦二隻とともに、アメリカ国内では「ビッグ・ファイブ」として知られ、アメリカ海軍力の象徴とされた。軍艦建造が国際的な軍縮条約で制限されていた「ネイバル・ホリデー（海軍休日）」時代、世界の一六インチ（四〇・六センチ）砲搭載艦は、これらアメリカ戦艦五隻と日本の「長門」型二隻の七隻、「ビッグ・セブン」だけだった。一九二三年三月に就役した「ウェストバージニア」は、乗組員からは「ウィー・ヴィー」と愛称で呼ばれた

フォード島の南東の沿岸、戦艦泊地《バトルシップ・ロウ》の戦艦群に最初に攻撃を開始したのは、村田重治少佐が指揮する雷撃隊だった。編隊先頭の村田少佐の九七艦攻が投じた魚雷は、戦艦群の外側に位置する「ウェストバージニア」に向け駛走した。〇七時五五分、「ウェストバージニア」の左舷に魚雷数本が連続して命中、左舷防水区画の破壊で大量に浸水し、電力が断絶、急激に傾斜し始めた。左舷への急速大量浸水にもかかわらず、最悪の状況である転覆は回避された。それは反対舷への

「コロラド」級戦艦の４番艦「ウェストバージニア」。〔The Naval History & Heritage Command (formerly the Naval Historical Center)〕

注水区画への注水が、きわめて迅速におこなわれたからだった。「ウェストバージニア」には、水平爆撃による大型徹甲爆弾も命中した。また同艦に並行して停泊していた「テネシー」が被弾した際に、弾片または爆発破砕された鉄材が、「ウェストバージニア」の上部構造物に降り注いだ。

　戦艦「ウェストバージニア」の損害は、六本または七本（五本または六本とする資料もある[19]）の魚雷と大型徹甲爆弾二発だった。そして停泊していたバースＦＯＸ－６で、主甲板の下一メートルまでのすべての区画に浸水、沈没着底した。被雷箇所は左舷中央部に集中し、そこは水線下だけでなく艦上部まで、魚雷の爆圧で損傷していた。大型徹甲爆弾（九九式八〇番五号爆弾）が、前檣楼と短艇甲板を貫通し、右舷側の主甲板または第二甲板で炸裂した。この爆発で大きな損害が生じ、ひどい火薬火災、重油火災を引き起こした。第二の爆弾は、第三主砲塔の天蓋に命中し、その一五・二センチ厚の甲鈑を貫通したが、炸裂せず左砲を損傷させた。左舷艦尾に命中した魚雷は、操舵室を破壊し、吹き飛ばされた舵は海底に横たわった[20]。

　航海士のＴ・Ｔ・ビアティー少佐は〇七時五五分、主甲板の上級士官室で朝食を終えたとき、空襲警報を聞いた。戦艦泊地《バトルシップ・ロウ》の戦艦群から連続して鈍い爆発音が響いてきた。ただちに彼は、右舷側通路を走り羅針盤艦橋へ向かった。ビア

「ウェストバージニア」艦長のマーヴィン・シャープ・ベニオン大佐。艦橋で防御指揮をとっている最中に瀕死の重傷を負い、その後に死亡した。〔The Naval History & Heritage Command (formerly the Naval Historical Center)〕

ティー少佐のすぐ前を、艦長のマーヴィン・シャープ・ベニオン大佐が、同じ方向へ急いでいた。このとき、左舷側へ五度ないし六度の傾斜を感じた。ベニオン艦長とビアティー少佐が司令塔へ駆け込むと、ほぼ同時に水平爆撃が開始された。司令塔と通信室は、なんらかの理由で電話が通じなかった。これでは艦の状況把握ができない。ビアティー少佐は、部下を通信室に調べに行かせた。

ベニオン艦長とビアティー少佐は、他の士官とともに司令塔の外側、右舷側の露天甲板で状況把握につとめた。この間、日本軍機の激しい機銃掃射と爆撃が続いていた。大きな爆発音と激しい衝撃があった瞬間、彼らは爆風に吹き飛ばされ甲板を転げ回った。ベニオン艦長は二つ折りになり呻いた。ビアティー少佐が様子を見ると、艦長の制服の腹部は深く切り裂かれ、おびただしく流血している。明らかに重傷だった。ビアティー少佐は、艦長の襟を緩め、すぐに衛生兵を連れてくるよう部下に怒鳴った。

ちょうどそのとき、「ウェストバージニア」の右舷艦尾方向に位置する戦艦「アリゾナ」が、大爆発を起こした。轟音とともに巨大なオレンジ色の火焔が、「アリゾナ」の前部から噴き出し、黒煙が巻き上がった。「アリゾナ」から立ち上る煙は、戦艦泊地《バトルシップ・ロウ》全体を暗くするほどに空を覆った。その凄まじい爆発を見たビアティー少佐は、「アリゾナ」で主砲弾火薬庫が誘爆したのを確信した。この「ウェストバージニア」でも火災が発生している。主砲弾火薬庫に近接する区画で火災を鎮火できない状況では、注水バルブを開け弾火薬庫に海水を入れる規則になっている。

ビアティー少佐は、羅針盤艦橋に上がった。そこには士官数人が集まっていた。「アリゾナ」の大爆発で上空高く舞い上がった炎をおびた残骸、残渣が「ウェストバージニア」の後部甲板に降り注いでいた。ビアティー少佐は、砲台長に主砲弾火薬庫が注水されたかどうか尋ねた。このやり取りを聞いて、砲術士官のE・E・バースホールド少佐がそばにやってきた。彼はビアティー少佐に、後部主砲弾火薬庫はすでに注水されたが、前部の主砲弾火薬庫には浸水が原因で注水できないと伝えた[21]。左舷への数本の魚雷命中と、転覆を防ぐため実施された右舷注排水区画への注水で大量浸水した「ウェストバージニア」は、すでに主甲板まで沈下していた。バースホールド少佐は、集中防御区画《バイタルパート》の内側にある前部主砲弾火薬庫に浸水したかは不明だが、その周辺区画は浸水しているだろうから、弾火薬庫の誘爆の危険性は低いと言った。

〇七時五五分、R・H・ヒレンコター大尉は、総員配置の発報を聞いた。三〇秒後には「日本軍がわれわれを攻撃している」と拡声器が伝えた。その直後、「ウェストバージニア」の左舷前方に二つの激震があり、艦は急激に左舷側に傾斜し始めた。さらに三度目の大きな衝撃があった。魚雷がすでに三本も命中し、船殻が破壊された水線下の区画には怒濤のように海水が流入していた。

ヒレンコター大尉が露天甲板上に出てみると、第三主砲塔天蓋に設置されているカタパルト上でOS2U水上機が炎に包まれていた。ベニオン艦長を捜していると、艦長はすでに艦橋に上がったことを知った。まもなく再び大きな爆発が近くで起こって、乗員はその衝撃で甲板に倒れた。左舷への傾斜はますますひどくなり、二〇度から二五度にまでなった。ヒレンコター大尉は、中央(防御)指揮所(Central Station)に伝声管で注排水を命じた。しかし彼は、それが伝わったかどうか確認できなかった[22]。

ほぼその直後、右舷艦尾方向に繋留されていた戦艦「アリゾナ」の前部に閃光がはしり、前檣楼よりも高い火焔が立ち上った。それを目撃したヒレンコター大尉は、巨大な火柱と爆煙に驚いた。爆発の衝撃で「ウェストバージニア」は大きく揺れた。十数秒後に三センチから十センチ直径の火のついた瓦礫が、空から「ウェストバージニア」の艦上に降り注ぎ、乗員たちは物陰に身を隠した。

戦艦「ウェストバージニア」のいくつかの副砲(高角砲)と対空機銃は、日本軍機にたいし射撃を開始していた。艦の傾斜の増加は止まり、徐々に復原し始めた。転覆をまぬがれ

真珠湾攻撃の翌日に撮影された戦艦「ウェストバージニア」。沈没着底した同艦は、すでに火災は鎮火され上部構造物は焼けただれている。画面右端に、フロートを付けたＯＳ２Ｕ水上機が、第四主砲塔横の露天甲板上でひっくり返っている。その左の第三主砲塔天蓋のカタパルトでは炎上した水上機の残骸が見える。〔The Naval History & Heritage Command (formerly the Naval Historical Center)〕

たのは、右舷注排水区画への注水措置を迅速におこなったからだ。その間、まだ燃えている「アリゾナ」からの残骸を海に捨て、第三主砲塔上で炎上する水上機の消火作業がおこなわれていた。その頃、高々度を飛来してきた水平爆撃隊が、八〇〇キロの徹甲爆弾を投じた。二発が艦中央部に命中し、遅延信管のそれは下層部まで貫通した後に炸裂、「ウェストバージニア」は激震した。爆弾が炸裂した区画へ応急員が、乗員救助と消火に向かった。そこは隔壁が大きく切り裂かれ、変形した構造物の中に乗員の身体が散乱、爆圧の直撃をまぬがれた乗員も一酸化炭素ガスを吸い込みもがいていた。火災は炎の勢いが強すぎ、消火作業には人員も機材も不足していた。

魚雷命中による浸水と転覆を防ぐための反対舷への注水で、浮力を喪失した「ウェストバージニア」は、ほぼ水平を保ったままで沈没着底した。多くの区画が海水で満たされ、艦内に残された乗員の救出は困難と思われた。大損害を受けた戦艦「アリゾナ」から海面に流出した大量の重油に引火、それは炎を帯び、ひどい海上火災となっていた。艦の機関は停止、電力供給が途絶、消火ポンプも稼働しない。艦長のマーヴィン・ベニオン大佐は重傷を負っていたので、代わりに指揮をとっていたジョン・Ｓ・ハーパー大尉は最終的には総員退艦を命じた。しかし艦内で救助活動を続けていたすべての乗員

戦艦「ウェストバージニア」は、沈没着底した後も炎上を続ける。籠マストの前檣楼頂部には対空索敵レーダーが装備されていた。〔The Naval History & Heritage Command (formerly the Naval Historical Center)〕

には、総員退艦が伝わらなかった。それを知った者も、浸水が急激に拡大する状況下、隔壁の向こう側に閉じ込められた仲間を助け出すことに懸命で、総員退艦命令を無視した。

総員退艦命令で、ヒレンコター大尉も海に飛び込んだ。彼は他の者と一緒に「ウェストバージニア」の右舷側に停泊する戦艦「テネシー」へ向かって泳いだ。彼らは海面の炎を避け、「テネシー」の舷側に垂らされた縄梯子から露天甲板に這い上がった。「テネシー」の後部甲板上では、乗員たちが消火作業に懸命だった。ヒレンコター大尉ら「ウェストバージニア」の乗員は、艦とフォード島の間の海面に発生した重油火災の消火作業を手伝った。また対空火器の弾薬の補給などの支援をした者もいた。「テネシー」の指揮官は、「ウェストバージニア」の主砲弾火薬庫で注水処置がとられたかどうか心配していた。沈没着底した「ウェストバージニア」は大火災が発生し、濛々と黒煙を上げている。もし「ウェストバージニア」の主砲弾火薬庫が誘爆を起こしたら、戦艦「アリゾナ」で起こった大惨事が再現され「テネシー」も爆発に巻き込まれるだろう。

その朝、ジョン・S・ハーパー大尉が総員配置を聞いたのは、〇七時五五分だった。彼は応急処置を担当する防御指揮官だった。ほどなくして機銃の射撃音があったが、それは雷撃後に艦の上を低空で全速離脱中の九七艦攻のものだった。

それとほぼ同時に、ハーパー大尉は艦前方の下層から大きな震動が伝わるのを感じた。彼は、自身の配置である中央（防御）指揮所（Central Station）へ急いだ。右舷の第二甲板から、集中防御区画《バイタルパート》の扉をくぐり、A－420区画へ入った。この間、さらに大きな衝撃が連続したため、彼は焦った。艦の下部での衝撃は、おそらく魚雷の命中だろう。被雷は艦の停泊位置から、左舷側しかありえない。片舷への急速、かつ大量浸水が生じた際、隔壁扉を閉鎖し反対舷へ注水しなくては、艦は数分で転覆してしまう。通路とラッタルでは、乗員たちが命令や指示を叫びながら各自の配置へ走っていた。

　ハーパー大尉が、A－420区画の第三甲板に着いたとき、隔壁扉完全閉鎖（Condition Zed）はすでに発令されていたが、そこにはもう海水が流入していた。明らかに艦は左舷側へ傾斜している。中央（防御）指揮所（Central Station）に入ると、彼はすぐに傾斜計を見た。針は左舷約一五度を指していた。第二応急班（Repair II）と第四応急班（Repair IV）から伝声管で報告を受けた。第三甲板では浸水がひどく、防水処置は不可能だという。ハーパー大尉は、即座に右舷注排水区画への注水を命じた。[23] それによって艦は浮力を失い、ますます沈下、最後には沈没してしまうかもしれない。しかし彼は迷わなかった。艦の転覆がもっとも恐ろしい。そうなれば艦内の各甲板で、懸命の救助と消火作業を続けている乗員すべてが暗闇の艦に閉じ込められる。それから海水がすべての区画を満たし、幸運なわずかの者を例外として大勢が溺死するだろう。

　この戦艦泊地《バトルシップ・ロウ》は、水深が一二メートルくらいしかない。この場所で転覆せず、沈没着底したほうが状況はずっとましだ。艦がすべての浮力を失い着底しても、主甲板や露天甲板は浸水をまぬがれるだろうし、多大な労力と時間を要するサルベージと修理で艦を復活させることも可能だ。ハーパー大尉は、注排水区画への急速注水を伝声管に怒鳴った。この頃、浸水のため艦内の電源が一部機能を停止、電話と拡声器が使えない区画があった。

　第二応急班と第四応急班は、左舷への傾斜がすすむ暗い艦内で右舷注水バルブを必死で回し続けた。中央（防御）指揮所で傾斜計を見つめるハーパー大尉は、大きな不安にかられた。針は左舷二八度を超えていた。それは緊急時対応マニュアルによれば、すでに転覆している傾斜角だった。しかし傾斜計の針は徐々に動きを止め、それから数値を戻し始めた。左舷二一度となったとき、ハーパー大尉は最悪の事態だけは避けられたと安堵した。

　次の困難は火災だった。水平爆撃隊の九七艦攻が投じた八〇〇キロ徹甲爆弾が、「ウェストバージニア」に少なくとも二発命中し、後部甲板上と艦内に火災を発生させていた。それのみならず、「ウェストバージニア」の右舷艦尾方向に位置する「アリゾナ」から流出した大量の重油が海面で燃え上がり舷側に迫っていた。艦尾舷側の表面は、火災の高熱に塗料が溶け蒸発している。「ウェストバージニア」でも消火ホースに水がこなかった。艦の消火管システムは、海水を水線下から取り込み、電力で稼働するポンプで垂直パイプに導くが、電力途絶で水圧が上がらなかった。このとき、消火管システムを担当する第二応急班と第四応急班とは、通信が途絶えていた。ハーパー大尉は、連絡がついた第一応急班に、下層の甲板で他の応急班と協力し、消火管の水圧を上げるよう命じた。

この頃、中央（防御）指揮所前の通路にも浸水が始まったと報告があった。まもなく中央（防御）指揮所の床にも海水が広がってきた。

前部配電室の所員が、中央（防御）指揮所の右舷扉から入って来た。彼らは皆、重油と海水にまみれていた。

「下には海水がどこまできている？」

ハーパー大尉は尋ねた。

「第三甲板はもうだめです。海水の流入がひどくて、水位がどんどん上がっています」

彼らは退避せざるを得なくなった状況を話した。

ハーパー大尉は、彼らに右舷側通路から露天甲板へ脱出するよう命じた。それから彼は、伝声管で第二応急班に、集中《バイタ》防御区画《ルパート》から右舷側の外に出る水密扉を開けるよう指示した。その区画には乗員たちがとり残されていた。しかし水密扉の外側通路はすでに水位が一メートルで、水圧で扉は開かなかった。海水の流入が続く中央（防御）指揮所（Central Station）も、危険な状況になってきた。ハーパー大尉は、艦内電話担当者を残し他の全員に、司令塔へ通じる防御通路（Armored Tube）を上って脱出するよう命じた。彼と艦内電話担当者は、ここに留まり、下層の甲板で懸命に救助作業を続ける応急班から報告を受け、彼らに必要な情報を与えなくてはならない。

連絡が途絶していた第二応急班と第四応急班が伝声管に出た。彼らから下層の状況を聞いているとき、主機関指揮室から電話があった。第三甲板より下にある機関室の区画（Engineering Compartment）に多くの乗員が閉じ込められているという。驚いたハーパー大尉は、各甲板の平面図を調べた。図面には浸水区画、開閉不能の隔壁扉など、艦内の状況が書き込まれている。彼は第四応急班に、機関室の区画番号とそこへの経路を指示し、隔壁を酸素アセチレントーチで焼き切って脱出口をあけることを命じた。第四応急班からは「了解した」との応答があった。しかし、それを最後に彼らとの連絡は途絶えた。[24] やがて中央（防御）指揮所（Central

Station）では、他の応急班の状況も把握できなくなり、ハーパー大尉は、部下に救出作業中止を命じる時機を逸したかもしれないという不安にかられた。中央（防御）指揮所の左舷側は、水位がもう一メートルに及んでいる。ハーパー大尉は、艦内電話担当者とともに、中央（防御）指揮所を放棄せざるを得なかった。

彼ら二人は、照明の消えた艦内通路からラッタルで上層の甲板に上り、露天甲板に出た。「ウェストバージニア」の上部構造物は炎と黒煙に覆われ、戦艦泊地《バトルシップ・ロウ》に並ぶ戦艦のすべてが被害を受けているようだった。対岸の海軍工廠の上空にも黒煙が立ち込め、その間隙を数機の見慣れない軍用機が急速旋回していた。それを地上からの対空機銃の曳光弾の光跡が追いかけている。ハーパー大尉は、前檣楼の旗甲板まで階段を駆け上がると、そこでマーヴィン・ベニオン艦長が重傷だということを知った。彼は横たわっている艦長に、右舷に注水し艦の傾斜が止まったこと、艦が沈没着底したことを報告した。ベニオン艦長は、腹部の裂傷に苦しみながら頷いた。

この状況下で艦の指揮は、艦防御指揮官であるジョン・S・ハーパー大尉に任された。ハーパー大尉は、ビーティ少佐に負傷者の救助とその艦外脱出の指揮を依頼した。この頃、淵田中佐の第一次攻撃隊は魚雷、爆弾すべて投擲し終え、撤収のためバーバース岬上空で空中集合をしており、真珠湾への攻撃は中断されていた。フォード島からの内火艇が、「ウェストバージニア」に横付けされ、重傷を負った者が移されていた。艦の火災は懸命の消火作業にもかかわらず、鎮火に向かう気配はない。戦艦「アリゾナ」の方向から海面を這って迫る重油火災もひどい。しかし浅瀬に着底した「ウェストバージニア」は、これ以上の沈下はない。主甲板まで浸水しているが、下の階層の区画にまだ多くの乗員が閉じ込められている。ハーパー大尉は、総員退艦はせず、乗員の救出と消火作業に全力を尽くすことにした。

戦艦「ウェストバージニア」は艦首から艦中央部まで黒煙に覆われていた。ハーパー大尉は、ベニオン艦長を下に降ろし、後部露天甲板から内火艇に乗せるよう命じた。それから彼は、右舷側の上部構造物の通路を通って、後部甲板に向かった。そこには火災がなく、大勢の乗員が負傷者の救出と消火作業に忙しく動き回っていた。彼は第三主砲塔の背後にある昇降口から主甲板へ降りた。ひどい煙が充満していたが、さらに下層の甲板での火災は鎮火されつつあった。それは消火作業の結果というより、主甲板の下まで浸水していたからだった。心配なのは海面の重油火災だった。「ウェストバージニア」の内側（フォード島側）に繋留されている戦艦「テネシー」との間の海面の重油火災がひどい。「テネシー」の左舷の乾舷は燃えていた。ハーパー大尉は、艦の右舷側の扉と窓をすべて閉鎖するように命じた。左舷傾斜一五度で沈没着底した「ウェストバージニア」の一部は潜水状態で、露天甲板が水面の一・五メートル下となっていた。

「ウェストバージニア」の左舷には、ボートや内火艇が横付けされ、重傷者を優先的に運んでいた。多くの死者もでていた。水平爆撃隊の投じた八〇〇キロ徹甲爆弾が、下層の甲板で炸裂した際、爆圧に飛散した弾片や破砕片で身体を切り裂かれ重度の火傷を負い、露天甲板まで運ばれそのまま息絶えた乗員もいた。それら遺体は、海面下となった後部露天甲板を洗う海水のうねりに揺れていた。しかし今は、死者よりも死にかけている者の救助が重要だ。浸水していない右舷側第二甲板から、負傷者の救出が続けられていた。ずたずたの制服、真っ黒に焦げた肌、あり得ない部分で折れ曲がった四肢の負傷者たちが、仲間の手助けで昇降口から姿を現わしていた。

第一次攻撃の終了後、三〇分ほど空白があり、〇九時〇二分に第二次攻撃が始まった。この空襲では雷撃はなく、攻撃は濛々たる黒煙の中、上空から大きな角度で突入する急降下爆撃だった。傷ついた「ウェストバージニア」もその目標となった。九九艦爆は、二五〇キロ爆弾を投擲する爆撃照準をしながら、前部の七・七ミリ機銃二挺を猛射し突入した。そして爆弾投擲後には、機体を引き起こし上部構造物をぎりぎりでかわし、今度は対空射撃を抑制するため後座の旋回機銃を掃射、全速離脱した。

爆撃開始前、艦の指揮をとるハーパー大尉は、露天甲板で消火作業中の乗員に退避するよう命じた。「ウェストバージニア」の左舷に横付けされていたボートと内火艇は、艦から離れ舷側との距離をおいた。「ウェストバージニア」にたいする第二次攻撃は約一三分間続いた。対空射撃で銃座や砲台に用意していた弾薬を使い果たすと、艦内の弾薬庫はすでに水面下になっていたため、弾薬の補充はできなかった。多くの区画で主甲板まで浸水していた。激しい火災の続く艦中央部では、副砲の装薬が断続的に誘爆を起こし、そのたびに艦に衝撃が走った。

ハーパー大尉は艦の指揮を任されたとき、沈没着底した「ウェストバージニア」ではこの時点では総員退艦は必要ないと考えていた。しかし艦上火災は衰えることなく、主砲弾火薬庫の誘爆の可能性もある。対空射撃はもうできない。また艦の周囲の海面を覆う重油火災が凄まじく、一部の露天甲板上は熱風でそこに長く留まることはできない。右舷側に位置する戦艦「テネシー」はその炎に焼かれ、「ウェストバージニア」も危険な状況となっていた。短艇甲板から左舷艦尾方向を見降ろすと、海面の炎が「ウェストバージニア」左舷に迫っていた。海上からの煙と異臭、そして高熱が、後部甲板で懸命に消火作業を続ける乗員たちを苦しめていた。ハーパー大尉は総員退艦を決断し、周囲の士官たちに伝えた。そして彼は、右舷の主甲板に降り、すべての者は早急に左舷側から艦を離れるように叫んだ。艦橋はすでに火災に包まれ、炎は上部構造物全体に広がりつつあった。一〇時〇五分、総員退艦が命じられた。

「ウェストバージニア」の砲術士官のE・E・バースホールド少佐は、真珠湾攻撃の二日前の夜から、戦艦泊地《バトルシップ・ロウ》の対岸、海軍工廠の南にあるプレザントンホテルに滞在していた。彼が真珠湾の空襲を知ったのは、翌七日、八時過ぎのラジオ放送だった。それはすべての将兵は至急、自分の所属部隊に戻るよう呼びかけていた。バースホールド少佐は、自家用車に飛び乗ると、真珠湾へ向かった。途中三人の士官を車に乗せ、幹線道路をとばした。真珠湾の方向の上空に濛々とした黒煙と対空射撃の炸裂煙が見えた。ヒッカム航空基地に近づくと、見慣れない軍用機が低空を飛び交っていた。格納庫が急降下爆撃で直撃弾を受け、爆発と同時に焔が噴き上がった。

バースホールド少佐らは、海軍工廠の士官波止場（Officer's Landing）に到着した。そこには昨日、この日曜日を楽しむつもりで上陸していた士官たちが、一刻も早く自分の艦へ戻るため詰めかけていた。バースホールド少佐は、水路を挟んで北側に見える戦艦泊地《バトルシップ・ロウ》の惨状に愕然とした。アメリカ太平洋艦隊の戦艦部隊は、瀕死の有り様だった。彼が乗る「ウェストバージニア」は、乾舷がほとんど見えず、沈没着底しているようだった。「アリゾナ」は大火災を起こし、その艦首は海面上になく、大量の黒煙を噴き上げていた。「オクラホマ」は転覆し、その赤錆びた艦底を波間にさらしていた。「カリフォルニア」は左舷へ大きく傾斜し沈没着底と思われた。

内火艇に乗ったバースホールド少佐らは、水路を横断し戦艦泊地《バトルシップ・ロウ》に向かう。彼らの内火艇の上空を、主翼下面にライジングサンが描かれた日本軍機（九九艦爆）が通過したが、操縦士は内火艇に目もくれなかった。この数カ月、九州で猛訓練を重ねてきた搭乗員たちは、アメリカ軍の戦艦や空母などの大型艦を撃沈することを切望していた。

戦艦「ウェストバージニア」の三等兵曹、ドリス・ミラーは真珠湾攻撃の後に勇敢な水兵の象徴とされた。このドリスという女性のような名前の黒人水兵は、テキサス州出身で高校時代、アメリカンフットボールのフルバックとして活躍した。高校卒業後、父の農場で働いていたミラーは、家計を助けるため海軍に入隊した。バージニア州ノーフォークの海軍基地で訓練を終えたミラーは一九三九年九月に三等兵曹となった。黒人の彼は、当時の軍隊ではよくあったことだが、人種のことで職務上の差別を受け、雑用的な仕事が優先的にまわってきた。最初の配属は、弾薬輸送艦「ピロ」で、仕事は

真珠湾攻撃時、戦艦「ウェストバージニア」での勇敢な行動にたいし、海軍十字章（ネイビークロス）が与えられたドリス・ミラー三等兵曹。〔The Naval History & Heritage Command (formerly the Naval Historical Center)〕

食堂の給仕だった。頑強な体格のミラー三等兵曹は、乗艦する艦でボクシングのヘビー級チャンピオンになったこともある。一九四一年七月、副砲研修所が置かれていた戦艦「ネバダ」に乗艦し射撃訓練を受け、同年八月に戦艦「ウェストバージニア」に配属された。ドリス・ミラー三等兵曹は、真珠湾攻撃時に「ウェストバージニア」に乗艦していた。

その日の早朝、艦内での雑用係もかねていたミラー三等兵曹は、六時に起床すると乗員の洗濯物を集めて回っていた。〇七時五五分、「ウェストバージニア」艦内に空襲警報と総員配置が発令された。彼の通常の勤務は、厨房と上級士官用食堂での給仕だったが、戦闘時の配置は艦中央部の左舷側対空機銃だった。ただし弾薬供給だけで、兵器に直接触れることはなかった。ミラー三等兵曹は、配置に駆けつけたが、対空機銃は魚雷命中時の水線下からの爆圧で破壊されていた。日本軍機の攻撃にさらされる「ウェストバージニア」の艦内で、数回爆弾の炸裂があり、露天甲板上では弾片や破砕片が乗員たちに降り注いでいた。鋭利な刃物のように鋭い鉄片は、彼らの身体を切り刻んだ。

前檣楼から降りてきた士官の一人が、ミラー三等兵曹を呼び止めて信号甲板に連れて行った。そこにはマーヴィン・ベニオン艦長が簡易ベッドに寝かされていた。信号甲板から見下ろすと「ウェストバージニア」と艦の周囲の海面には火災

戦艦「ウェストバージニア」被害状況
WEST VIRGINIA(BB48)

真珠湾攻撃時の位置
バトルシップ・ロウ　バースFOX-6

被害　魚雷6または7命中
大型爆弾2命中
死者157人、負傷者52人
沈没着底
1944年7月艦隊復帰

コロラド級
就役1923年12月1日
退役1947年1月9日
排水量 基準:3万3500トン
満載3万3590トン
全長190.2m
全幅32.9m
吃水9.7m

機関蒸気タービン4軸推進
最大速力21ノット
兵装
16インチ(40.6センチ)砲8門
5インチ(12.7センチ)砲16門
28ミリ対空砲8門
12.7ミリ対空砲8門

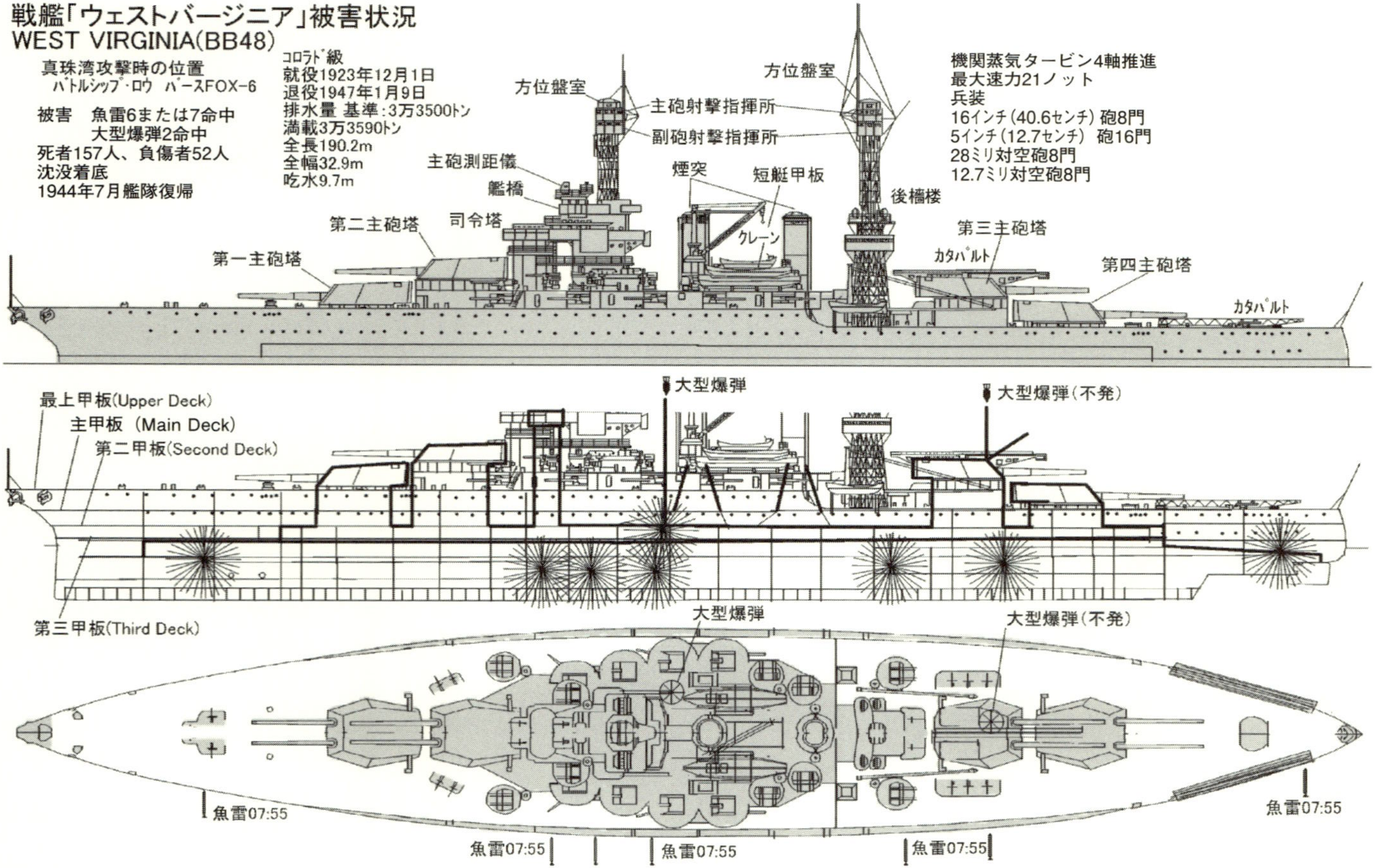

が発生していた。右舷側の海面での重油火災は、「ウェストバージニア」の舷側に迫っていた。この信号甲板もまもなく炎に焼かれるだろう。衛生兵は、重傷の艦長を動かすのは危険だと言ったが、士官たちはミラー三等兵曹に艦長を下に運ぶことを命じた。数人の士官たちとともにミラー三等兵曹は、狭い階段を通って艦長が横たわる簡易ベッドを露天甲板まで降ろした。重傷の艦長は舷側に横付けされていた内火艇に乗せられた。

その後、ミラー三等兵曹は人員が配置されていない五〇口径のブローウィング対空機関銃を見つけた。空中には爆弾の投擲を終えた日本軍機が、戦艦に機銃掃射をしている。彼は対空機銃に飛び付くと、目視照準で引き金を引いた。ミラー三等兵曹は、戦艦「ネバダ」で副砲射撃訓練の経験があったが、機銃射撃はしたことがなかった。彼はのちに次のように語っている。

「それは難しくはなかった。引き金を引いただけで、射撃できた。私は機銃を射撃している他の者を見て、操作を模倣した。断続的に、私は一五分くらい射撃した。日本軍機一機を撃墜したと思う。それは急降下で非常に近くまで飛来した」(25)

ミラー三等兵曹は、銃座の弾薬が尽きるまで撃ち続けた。それから総員退艦が発令され、彼も「ウェストバージニア」を離れた。

真珠湾攻撃の翌年、一九四二年五月、ミラー三等兵曹は他の者とともにネイビークロス（海軍十字章）を受けた。それは海軍兵士として最高の栄誉だった。その勲章は、空母「エンタープライズ」の艦上で、太平洋艦隊司令官のチェスター・ニミッツ大将から直々に授けられた。真珠湾攻撃時、ミラー三等兵曹の「ウェストバージニア」での卓越した勇気ある行動を、ニミッツ大将は次のように賞賛した。

「この戦争における最初の高い栄誉は、彼の人種にたいし初めて贈られるものだ。私は近い将来、他の者も彼と同等の栄誉に浴することを確信している」(26)

黒人にたいする海軍最高のネイビークロスの授与は、戦時における国民の団結心と愛国心を喚起し、士気の高揚を意図したものと想像できる。黒人アメリカ市民の英雄となったミラー三等兵曹は本国へ戻り、しばらくの間、軍関係のセレモニーなどに招かれスピーチを頼まれた。彼は、ネイビークロスを胸に付けて、人びとの求めに応じて一緒に写真におさまった。

一九四二年十一月、ミラーは西海岸のサンディエゴ海軍基地で、就役したばかりの護衛空母「リスコムベイ」に配属となった。彼は、ギルバート諸島のマキンとタラワ環礁を確保するガルバニック作戦中、この艦に乗っていた。「リスコムベイ」は一九四三年十一月二十四日の黎明時〇五時一〇分、

1942年5月27日、空母「エンタープライズ」艦上で、太平洋艦隊司令官のチェスター・ニミッツ大将から海軍十字章（ネイビークロス）を受けるドリス・ミラー三等兵曹。〔The Naval History & Heritage Command (formerly the Naval Historical Center)〕

ブタリタリ島の付近を航行中、日本海軍の「伊一七五」潜水艦に捕捉された。「伊一七五」潜水艦は、魚雷を発射、それは「リスコムベイ」の艦尾近くに命中した。開戦後に大量生産されたヘンリーカイザー社製のこの安価な護衛空母は、制式空母と異なり防御力は非常に弱かった。艦載機の爆弾庫が誘爆を起こし、数分で艦は沈没した。護衛空母「リスコムベイ」沈没の死亡者は六四六人、生存者は二七二人だった。

　行方不明になったドリス・ミラーは、「リスコムベイ」沈没から一年後、公式に死亡したと推定された。戦死によってミラーはさらに勲章を授けられた。それからおよそ三十年を経た一九七三年六月。新鋭の「ノックス」級フリゲート駆逐艦の一隻は、「ミラー」と命名されることになった。一九九一年十月には、真珠湾の海軍基地にある「ミラー・ファミリー・パーク」にブロンズで造られた彼の記念銘板が置かれた。

　真珠湾攻撃の直後、戦艦「ウェストバージニア」で死亡が確認されたのは二五人だけだった。しかし行方不明者は一三〇人で、彼らは沈没着底した艦内に取り残された。死亡者数は一五五人、他に乗艦していなかった者二人を加え、最終的な死亡者数は一五七人と記録された。

（ⅲ）戦艦「テネシー」

戦艦「テネシー」は、戦艦泊地《バトルシップ・ロウ》の中央、ＦＯＸ－６の陸側に繋留されていた。ＦＯＸ－６の海側には「ウェストバージニア」が停泊し、「テネシー」はその陰になって魚雷攻撃を受けることはなかった。「テネシー」は、「テネシー」級の一番艦でその二番艦「カリフォルニア」も真珠湾攻撃で被害を受けている。

「テネシー」級の設計は、前級の「ニューメキシコ」級の多くを引き継ぎ、クリッパー型艦首、全長、全幅、水線長などほぼ同様の船体で、基準排水量三万二一九〇トン、最大速力二一ノット（時速三九キロメートル）。主砲は一四インチ（三五・六センチ）五〇口径砲一二門で、四基の三連装砲塔にまとめられ、最大仰角を大きくして射程距離を延ばした。副砲は五インチ（一二・七センチ）五一口径砲を一六門、高角砲は三インチ五〇口径砲を四門。さらにこの時代の戦艦らしく二一インチ（五三センチ）水中魚雷発射管を二基装備していた。機関はターボ電気推進方式であるが、被雷時の抗堪性向上に配慮した機関配置を採用した。縦横の隔壁で細分化した缶室とし、被雷時の大量浸水を防ごうとしていた。

「テネシー」級も、集中防御区画《バイタルパート》内に弾火薬庫、機関室、缶室などをおさめる集中防御方式だった。水平防御は、舷側装甲上部に結合する形で第二甲板部に八九ミリ厚甲鈑を設置、その一層下の弾片防御甲板部に五一ミリ厚の装甲が張られた。水中防御は、四層の衝撃吸収層をもつ多層式防御となっており、外側の三層には重油が入れられ、重油が被雷時の衝撃を吸収することが想定されていた。日本海軍では採用しなかったこの魚雷防御構造は、非常に有効と評価され、以後に建造されたアメリカ戦艦はすべてこの方式だった。

本級の一番艦「テネシー」は一九二〇年六月に、二番艦「カリフォルニア」は一九二一年八月に完成した。二艦とも予算措置の遅れ、設計の変更、また建造期間が第一次大戦中にかかったこともあり、計画から就役まで約五年もの年月を要した。

真珠湾攻撃時、戦艦「テネシー」の第一缶（ボイラー）室は予備動力供給のために稼働していた。「テネシー」の乗員は上陸していた九四人以外の一三七二人が乗艦していた。艦長は上陸して艦に不在だった。〇七時五五分、日本軍機がフォード島に爆弾を投下するのが目撃されると、「テネシー」ではただちに総員配置を、次いで隔壁扉完全閉鎖（Condition Zed）が発令された。フォード島空襲の直後、雷撃隊が真珠湾の艦艇への攻撃を始めた。「テネシー」の五インチ（一二・七センチ）砲、三インチ砲、五〇口径の機銃が射撃を開始したのは、雷撃攻撃開始から五分以内だった。

「テネシー」の艦尾二〇メートルに戦艦「アリゾナ」が投錨していた。同艦のその前部主砲弾火薬庫が誘爆したとき、燃える構造物破片、残渣が「テネシー」の後部甲板に降り注

２本の高い籠マストをもつ戦艦「テネシー」。前檣楼の籠マストには、時計のように見えるレンジクロックが設置されている。〔The Naval History & Heritage Command (formerly the Naval Historical Center)〕

ぎ、火災を発生させた。これにより主甲板の上級士官室などを損傷した。火災は一〇時三〇分頃、鎮火に向かった。

攻撃隊総指揮官の淵田美津雄中佐が直率する水平爆撃隊は、戦艦泊地《バトルシップ・ロウ》の戦艦群を高々度から爆撃した。戦艦「テネシー」にも八〇〇キロ徹甲爆弾二発を命中させた。その一発は第二主砲塔の天蓋中央を直撃したが炸裂せず弾殻が粉砕、飛び散った火薬は砲塔上で燃えた。この爆弾の破片が、付近の機銃座の機銃員を襲い殺傷した。後日、この徹甲爆弾の破片を検証したアメリカ軍は、それが一五インチ（四〇センチ）徹甲弾を改造したもので、重量は六七五キロから九〇〇キロと推測した（九九式八〇番五号爆弾の実際の重量は七九六・八キロ）。他の一発は、第三主砲塔に命中、その天蓋を貫通後に炸裂、砲員が死亡、火災が発生した。[27]

戦艦泊地《バトルシップ・ロウ》にたいする攻撃は、一〇時頃まで続いた。消火作業の努力が続けられたが、放水量は少なく、「アリゾナ」、「ウエストバージニア」の艦上火災とその周辺海面の重油火災はさらにひどい状況となった。「テネシー」でも第三主砲塔の横に張られていた天幕が燃え、主砲弾火薬庫の誘爆が心配され、火薬庫へ注水するため第一応急班が待機したが、火災はおさまり注水はされなかった。短艇甲板では搭載艇に火災が生じ、前檣楼一部が火災で損傷を受けた。

艦を救おうと懸命な士官たちは、戦艦「アリゾナ」の方向

戦艦「テネシー」の第３主砲塔の天蓋。ここに九九式80番５号爆弾が命中、砲塔の天蓋を貫通し炸裂、砲員が死亡、火災を発生させた。〔The Naval History & Heritage Command (formerly the Naval Historical Center)〕

から海面を這って迫る劫火から「テネシー」を遠ざけるため、「テネシー」を前進させることにした。一〇時三〇分頃、「テネシー」は両舷微速五ノットで推進機を回した。しかし艦はまったく動かなかった。それは、「テネシー」と同じＦＯＸ－6海側に繋留される「ウェストバージニア」が、被雷時の衝撃で「テネシー」を埠頭側に押し込み、艦底の一部が浅瀬に乗り上げていたからだった。機関出力を一〇ノットに上げても艦は動かなかったが、推進機を回すことは、艦尾から迫る海上火災を遠ざける効果はあった。しかし「テネシー」の舷側に横付けされていた第三内火艇は焼失し、一八時には搭載機用の後部クレーン操作室が燃えだした。「テネシー」の艦上火災に鎮火の兆しがみえたのは、その日の夜一九時三〇分頃、鎮火は翌日の二〇時三〇分だった。

戦艦「テネシー」は、雷撃や至近弾を受けなかったため、水線下の船殻は無傷で浸水は皆無だった。艦の推進力と電力にも障害は生じていない。主砲は八〇〇キロ徹甲爆弾に直撃された第二主砲塔中砲と第三主砲塔左砲以外は、射撃が可能だった。フォード島に駐機していた「テネシー」の搭載機三機は、そこで日本軍機の攻撃で破壊された。

「テネシー」の対空射撃の開始は早く、日本軍機にたいする射撃を継続し、五インチ（一二・七センチ）二五口径対空砲弾を七六〇発、三インチ（七・六センチ）五〇口径対空砲

戦艦「テネシー」被害状況
TENNESSEE(BB43)

真珠湾攻撃時の位置
バトルシップ・ロウ　バースFOX-6

被害　大型爆弾2命中
死者6人、負傷者20人

テネシー級
就役1920年6月3日
退役1947年2月14日
排水量 基準:3万3190トン
満載3万3590トン
全長190.3m
全幅34.7m
吃水10.3m

機関蒸気ターボ電気推進方式
最大速力21ノット
兵装
14インチ(35.6センチ) 砲12門
5インチ(12.7センチ) 砲16門
28ミリ対空砲8門
12.7ミリ対空砲8門

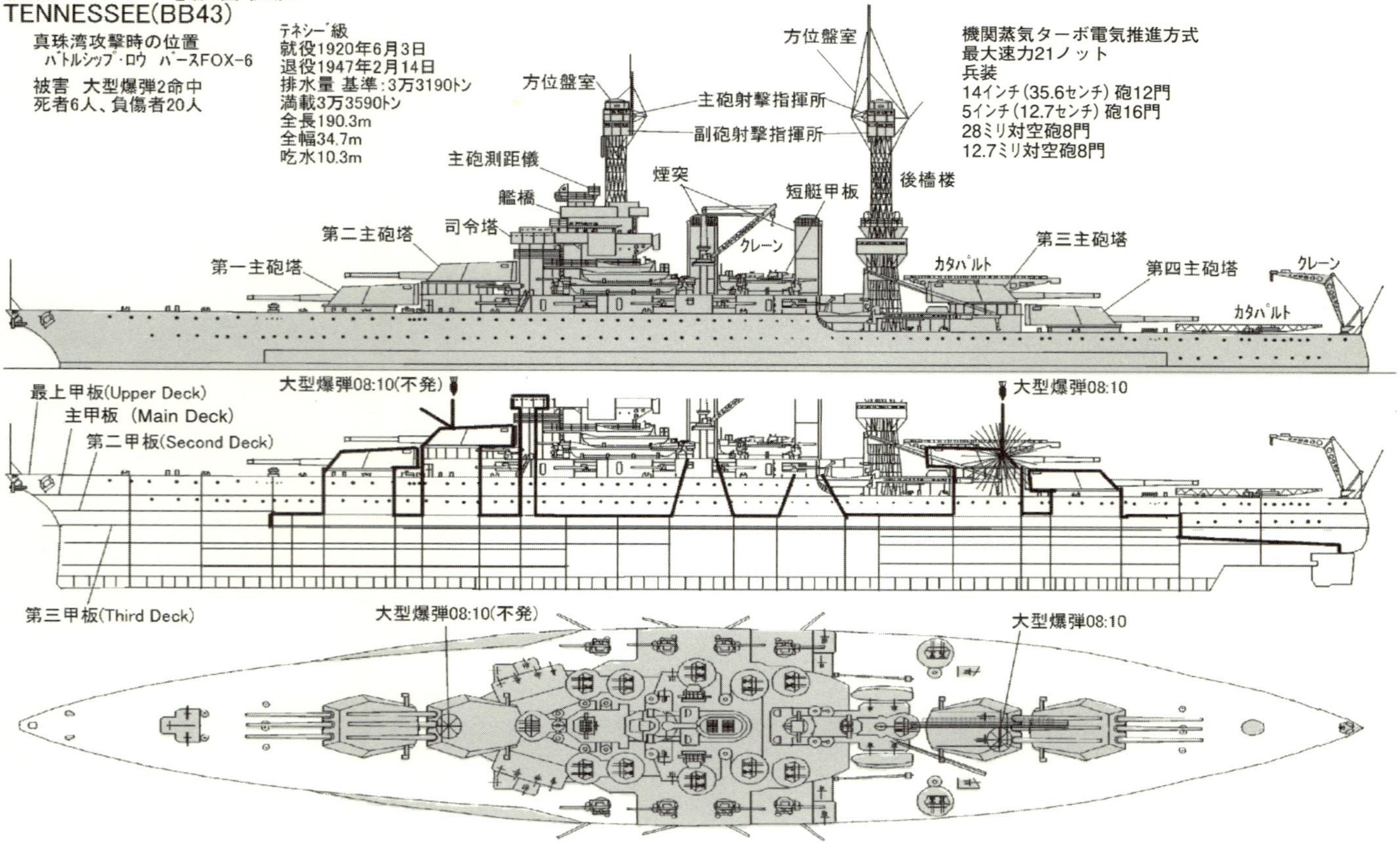

真珠湾攻撃から3日目の1941年12月10日に、転覆した戦艦「オクラホマ」の船殻上から撮影。左が「テネシー」、その右側に沈没着底した「ウェストバージニア」。その後方、画面右に沈没着底した「アリゾナ」の後檣楼（main mast）が見える。〔The Naval History & Heritage Command (formerly the Naval Historical Center)〕

弾を一八〇発、対空機関銃弾は約四〇〇〇発を消費した[28]。日本軍機に与えた被害としては、撃墜四機を報告している。戦艦「テネシー」の死者は六人だけだった。

(iv) 戦艦「オクラホマ」

戦艦「オクラホマ」は、戦艦泊地《バトルシップ・ロウ》のＦＯＸ－５の陸側に繋留されている「メリーランド」と並んで、その海側に投錨していた。その日の朝、艦長のＨ・Ｄ・ボード大佐を含む八二人が上陸し、艦には一二七〇人が乗艦していた。

〇七時五五分、村田重治少佐が指揮する雷撃隊の九七艦攻が、戦艦泊地《バトルシップ・ロウ》の戦艦を照準して魚雷を投じた。海側に停泊するすべての戦艦に、浅沈度用の安定機を付けた九一式魚雷が命中した。なかでも「オクラホマ」には六本以上の魚雷が命中し、反対舷への注水で艦を復原する余裕もなく約八分で転覆、艦内に多くの乗員が閉じ込められそのほとんどが死亡した。

「オクラホマ」は、「ネバダ」級の二番艦として、一九一六年五月に就役した。前級の「ニューヨーク」級を基礎に設計された「ネバダ」級は、凌波性の向上と艦内容積拡大のため、艦首甲板を一層加えた長船首楼型、三連装とした砲塔や機関配置も独自のものとなった。また「ネバダ」級で初めて採用された集中防御方式は、その後のアメリカ戦艦の基本形となった。主砲は一四インチ（三五・六センチ）四五口径砲一〇門を搭載するが、それを三連装砲塔二基と連装砲塔二基として構成した。背負い式砲塔配置で、下が三連装砲塔、上が連装砲塔となっている。

従来の二連装砲塔にたいし三連装砲塔は、砲一門当たりの重量を軽減できるが、砲塔内での弾薬供給機構が複雑化し射撃速度が低下、また故障も起こしやすい。しかし「ネバダ」級の三連装砲塔は、こうした問題をある程度まで克服していた。副砲として五インチ（一二・七センチ）五一口径砲を二一門、その後の大改装で九門が撤去されて一二門、また当時の戦艦の特徴である魚雷発射管を水線下に二基装備していた。

「ネバダ」級は、集中防御方式を採用した。戦艦は、自艦のもつ主砲弾に耐える装甲を施すのが基本とされたが、すべての部分をそうすると重量が過大となり、速力をはじめ艦の能力が低下する。したがって重防御とする部分、しない部分を分け、総合的防御対策がとられた。その基準として被害時、火薬庫など引火爆発の危険性の極めて高い区画、また主機や缶のように艦の航行に重要な区画、これらを重防御とし、それ以外には別の防御策を講じた。

こうした方針から「ネバダ」級は、水線部の甲鈑厚は最大で三四三ミリと前級よりも強化され、また水雷防御区画、魚雷防御区画外壁部に三八ミリ厚の甲鈑が張られた。高角度での着弾を想定した水平防御は、集中防御区画《バイタルパート》の天井にあたる第二甲板に七六ミリ厚の甲鈑を張り、その下の第三甲板を弾片防御のために三八から六三ミリ厚の甲鈑とし、機関部や弾火薬庫部に被害が及ばないようにした。(29) また煙路の防御として、三四三ミリ厚の甲鈑が煙路の基部に設置された。司令塔も側部が四〇六ミリ厚の甲鈑、上面が一二七ミリ甲鈑で強化された。

「ネバダ」級の二艦は、前級と同じく二軸推進であるが機関形式は異なっていた。

戦艦泊地《バトルシップ・ロウ》のＦＯＸ－５の海側に繋留されていた戦艦「オクラホマ」は、南水路の真正面に停泊、真珠湾の南方向から侵入した雷撃隊にとって、もっとも雷撃照準がしやすい位置にあった。フォード島で日本軍機の爆撃が始まると、「オクラホマ」艦上ではすぐに空襲警報が発令された。それから二、三分後に対空火器に人員が配置についた。銃座には弾薬が用意されていた。〇七時五五分、最初の九七艦攻の中隊が、距離約三〇〇メートルから魚雷を投じ、三本が立て続けに命中した。左舷への急激な大量浸水で「オクラホマ」は傾斜し始めた。魚雷の命中箇所はいずれも左舷で、二五番ビーム、三五番から四〇番ビームの間、そして一一五番ビームだった。(30) 魚雷が日本軍機から投下され、海中を駛走、航跡を曳き接近し命中する様子を「オクラホマ」の艦上で乗員たちが目撃し

「ネバダ」級の２番艦として、1916年5月に就役した戦艦「オクラホマ」。〔The Naval History & Heritage Command (formerly the Naval Historical Center)〕

ていた。中央（防御）指揮所（Central Station）には、充電室でのガスの発生が報告されたが、それはバッテリーが大量の海水をかぶったことが原因だった(31)。

最初の連続した魚雷命中の後、急激に増加する傾斜で、すぐに対空射撃は困難になった。続いてさらに三本が左舷五〇番から一一五番ビームに命中した。最初の魚雷命中で破壊されていた船殻燃料区画から流出した重油が、水線下の爆発で噴き上げられ、艦上に海水とともになだれ落ちた。被雷した左舷の各区画には怒濤の勢いで海水が流入し、傾斜は一挙に三五度に達し、電力停止、艦内通信不能で、艦を復原させる手段も時間も失われた(32)。

艦の傾斜はさらに急激に増加、艦橋にいた士官は独断で総員退艦を命じた。艦は左舷側へ回転して「オクラホマ」は横倒しになり、海面に突っ込んだ上部構造物は潜水、さらに深く沈み続けた。機器設備など重量物は甲板を滑落、乗員たちを圧殺し、電気回路、各種パイプが破断し、火花と蒸気が発生、艦内は騒然とし大混乱となった。

雷撃隊の攻撃が始まってたった八分で、戦艦「オクラホマ」は転覆した。その角度は左舷側へ一三五度だったが、それは水深一四メートルの海底に艦のメインマストがつかえ、それ以上は船体が回転できなかったからだ。艦が一八〇度まで完全に横転したなら、大きな重量のある主砲塔はすべて脱落し

真珠湾攻撃後の戦艦泊地。画面左側中央に転覆した戦艦「オクラホマ」の艦底が見える。損傷した艦から流出した重油が海面に黒い帯となっている。〔The Naval History & Heritage Command (formerly the Naval Historical Center)〕

転覆した戦艦「オクラホマ」の水線下船殻。その向こうに戦艦「メリーランド」の籠マストや煙突が見える。〔The Naval History & Heritage Command (formerly the Naval Historical Center)〕

海底に横たわっていただろう。転覆時、露天甲板や上部構造物にいた乗員は、短時間だが脱出する機会があった。しかし艦内には四〇〇人以上が閉じ込められた。「オクラホマ」の錆で赤茶けた艦底のかなりの部分とビルジキール、右舷が海面の上に露出し、そこには辛くも脱出できた乗員たちが海面から這い上がり茫然と立ちつくしていた。

〇七時五七分、「オクラホマ」で空襲警報が鳴り響く中、副長のジェシー・L・ケンウォーシィー中佐は、右舷通路を司令塔へ向かって走っていた。途中、「本当の攻撃だ！」という叫び声を聞いた。最上甲板に出た瞬間、大きな衝撃と爆発音が起こった。これが最初の魚雷命中だった。巨大な海水の壁が左舷側に噴き上げられ、それは数秒後に天空で勢いを失うと、滝のように艦上に降り注いだ。すぐに艦は左舷へ傾斜し始めた。その急激な傾斜を誰もがはっきりと感じた。ケンウォーシィー中佐は、この非常事態に驚愕しながら、短艇甲板上を司令塔へ急いだ。その間、総員配置が発令されたが、それよりも前に乗員たちは行動を始めていた。隔壁扉完全閉鎖（Condition Zed）も命じられた。さらに左舷に二つの爆発があった。司令塔へ向かう彼の足元には、重油と海水が流れて靴底が滑った。続いてまた大きな爆発音が艦を震撼させたが、これも左舷のどこかだった。すでに艦は二五度から三五度傾斜し、さらに傾斜は増している。ケンウォーシィー中佐は、艦が転覆するのを確信した。

急傾斜した短艇甲板上を這うようにすすむ彼は、海面へ真っ逆さまに落ちていくような左舷側を避け、右舷側に移動した。近くの昇降口から乗員たちが出てきた。彼らは下の甲板は大量に浸水したと言った。傾斜はさらにきつくなっている。甲板上の構造物か何かをしっかり握っていなくては、左舷側へ転がり落ちるほどだった。ケンウォーシィー中佐は、司令塔へ行くことは意味がないと考えた。艦を救うための方策はもうない。甲板上に置かれた船具、工具が、左舷へ滑落し始めた。彼はホビィ少佐を見つけた。ホビィ少佐はケンウォーシィー中佐に、「この艦はもうだめだ」と言った。

このとき、すでに総員退艦が下令されていたが、そのことを副長のケンウォーシィー中佐らは知らなかった。艦は左舷側へ回転している。彼は、付近の乗員に一刻も早く艦から離れるよう叫んだ。乗員たちは左舷側と右舷側の二つの集団に分かれていた。総員配置が下令されていたので、救命胴衣を身に着けている者も多かった。

この状況下でのより危険の少ない退艦方法は、左舷側のすでに水面下となっている露天甲板から海に入り、泳いで艦から遠ざかることだ。ただし魚雷が命中した左舷では、その爆圧で船殻や構造物が破壊され、それが鋭利な刃物と化していた。また船殻から流出した大量の重油が海面に厚い層をつくっている。なによりも転覆がいつ起こってもおかしくない状況で、脱出に遅れれば、頭上から落下してくる巨大な船体に叩き潰される。一方、空中にそそり立つような右舷側に取り付く人びとは、船縁の手摺を握りしめ、艦の傾斜（回転）とともに舷側へ、そして艦底へ這い上がる。洋上であれば、転覆後に沈没する巨大な船体とともに、艦底にしがみつく人びとも海中に引き込まれるが、水深の浅いこの戦艦泊地《バトルシップ・ロウ》ではその心配はない。

ケンウォーシィー中佐とホビィ少佐は、他の乗員とともに右舷側に取り付いた。艦の傾斜が九〇度になったとき海面から十メートル以上の高さになり、それから船体は急激に沈下しながら転覆した。そのとき、左舷側艦内から爆発の衝撃が伝わってきた。それは、稼働していた一部の缶（ボイラー）室の蒸気爆発だった。錆びた艦底を海面上にさらし、戦艦「オクラホマ」の船体の回転と沈下は止まった。彼らは舷側を歩きビルジキールを超え、一面に無数の貝が付着する艦底に上がり、助かったことに安堵したが、艦内に取り残されたままの数百人の乗員たちが気がかりだった。艦は右舷と赤茶色に錆びた艦底、右舷の推進器（スクリュー）のシャフトを海面から露出させている。しばらくしてフォード島から二隻の内火艇が救助にやってきた。

日本軍の雷撃はもうなかったが、爆撃はまだ続いていた。

今度は高々度からの水平爆撃で、その爆撃隊は真珠湾の南水路の方角から飛来し、八〇〇キロの徹甲爆弾を戦艦群に投じた。すでに転覆した「オクラホマ」は、攻撃目標とはならなかった。フォード島の海兵隊航空基地や戦艦泊地《バトルシップ・ロウ》の南方、海軍工廠のドック付近から黒煙が立ち上り、爆発音と機銃の射撃音が断続的に聞こえる。海面に露出した「オクラホマ」の艦底の周辺に、何人もの乗員たちが厚い重油の波間に漂流していた。そして艦内には、何百人もの乗員たちが閉じ込められている。すでに溺死した者も多いだろうが、浸水をまぬがれた区画には生存者もきっといるはずだ。

艦底に横付けされた内火艇に乗れた者は、自分の救命胴衣を外し海上で助けを待っている者へ投げた。重油の厚い層でもがいている乗員の救出はやっかいだった。真っ黒い重油まみれの身体は滑り、内火艇に引き揚げるのに手間取った。内火艇は、戦艦「カリフォルニア」または「メリーランド」の間を行き来し、負傷者はフォード島の岸辺から海兵隊員によって救護所や海軍病院に運ばれた[33]。ケンウォーシィー中佐は、「オクラホマ」艦内に残された乗員救出支援を他の戦艦の指揮官にかけあった。「メリーランド」に移乗した「オクラホマ」の乗員約六〇名は、対空射撃と弾薬の供給を支援した。

ウィリアム・G・ミュラー中尉は、真珠湾攻撃の始まる直前の〇七時五〇分、この日の勤務のため内火艇で「オクラホマ」に戻って来た。露天甲板では空襲警報が響き、拡声器から「すべての乗員は身を隠せ。これは本当の日本軍の攻撃だ！」という叫び声が聞こえた。信じられない思いだった。彼は艦尾の右舷側通路を走り、自分の士官室に立ち寄って拳銃を身に着けたが、後になって考えると、それは意味のないことだった。それから士官食堂の昇降口から第三甲板へ降りた。

大勢の乗員たちが、各自の配置へ向かって急いでいた。このとき、最初の魚雷命中の衝撃が艦を震わした。命中箇所近くの区画では、火薬の燃焼で急激に発生する一酸化炭素ガスが充満し、目眩や呼吸困難で乗員は倒れ動けなくなった。魚雷命中の衝撃が連続した。そして第三甲板に海水が怒濤のように流れ込んできた。艦の傾斜増が凄まじい。ミュラー中尉は、第二甲板への昇降口へ向かった。第三甲板には二〇〇人くらいの乗員がいたが、多くが海水に飲み込まれ、第二甲板へたどり着けたのは彼を含め数人だけだった。このとき、艦の傾斜は三五度くらいで、斜めになった甲板で靴が滑り、歩行が困難だった。さらに艦中央と後方に二つの爆撃の衝撃が伝わった。ミュラー中尉らは、下層からの海水の流入の中、右舷の舷窓をくぐって辛くも脱出に成功した。それから信じられない角度になった舷側を歩いて海へ滑り降りた。

W・T・リンク一等兵曹は、空襲警報の直後に、総員配置と隔壁扉完全閉鎖（Condition Zed）が命じられたため、第三甲板の応急室（Repair Station）へ向かった。各甲板の階段、昇降口は大勢の乗員でごった返していた。彼が艦の下層に向かっていた間、連続して魚雷が六本命中し、「オクラホマ」は左舷区画に大量浸水して急激に傾斜した。艦橋の士官は、躊躇せず総員退艦を発令した。しかしそれは第三甲板から下層には届かなかった。艦を救うため下層甲板を走り回っていた応急員も多くは脱出できず、第一応急班（Repair I）は転覆した艦内に閉じ込められ全員が溺死した。

I・M・ハル二等兵曹は、魚雷命中の後、第三甲板より下、右舷側の艤装部品庫（Ship Fitters Shop）にいた。艦の傾斜はひどく、海水の流入が急激に増している。危機的な状況で、彼は一刻も早く脱出しなければと焦った。兵員食糧貯蔵室（Chief Petty Officer Pantry）に通じる隔壁扉に向かったが、流入する海水に押し流された。そうしている間に艦は左舷へ九〇度というとんでもない傾斜になった。ハル二等兵曹は、必死にその隔壁扉へ向かって泳いだが、やはり海水の流れで前に進めなかった。仕方がなく、もといた艤装部品庫に戻ろうとしたとき、艦は横倒し状態から左舷側へ転覆した。電気回路がショートして艦内に火花がはしり、どこかの区画での爆発音が聞かれた。海水から逃れることに必死のハル二等兵曹は、区画番号C１００に逃げ込んだ。その場所には一二五人くらいの乗員が避難していた。彼らもハル二等兵曹と同様、転覆した艦内に閉じ込められた。

懐中電灯を持つ者もいたが、電池の節約のためそれはすぐに消された。光のない真っ暗な区画で、男たちは脱出方法を話し合い、艦底まで移動することにした。浅瀬で転覆した艦底は海面に露出しているに違いない。そして艦底の上には、酸素アセチレントーチを持った仲間が救出にやって来るだろう。彼らはそう考えた。まず隣の艤装部品庫に移動するため、隔壁扉をこじ開ける作業を始めた。それが開くまで四時間もかかった。予想したことであるが、海水と重油がC１００に徐々に流入し、腰の高さまできた。水かさがどんどん増している。彼らに残された時間は多くはない。暗闇の中、艦内構造の記憶だけを頼りに、ただしそれは上下が逆になっている。その状況で、海水に潜りながら活路を見つけるのは、ほとんど不可能だった。前へ進む者、その場に留まる者に分かれた。

ハル二等兵曹は、海水で満たされた兵員食糧貯蔵室を潜水した。光も音もない恐怖の世界だった。息が苦しくなり、もう限界かと絶望しかけたとき、ぼんやりした明かりを見つけた。丸い舷窓から外の淡い光が、食糧貯蔵室に射し込んでいた。彼はその舷窓に取り付き、ハンドルを回すと窓は簡単に開いた。舷窓をくぐり外に出ると、そこは海中だった。幾条もの光線が降り注ぐ中を、小魚が俊敏に泳いでいた。ハル二等兵曹は、必死に手足をばたつかせ海面に出た。その瞬間、大きな波の音に圧倒され、強烈な光を浴び、身体が大きく揺さぶられた。「オクラホマ」のC100区画から生還できたのは、彼一人だけだった。

真珠湾攻撃の十二月七日は日曜日だった。艦上礼拝のため戦艦「オクラホマ」を訪れていたアロイシャス・シュミット神父は、村田重治少佐の雷撃隊が戦艦泊地《バトルシップ・ロウ》で攻撃を開始したとき、第二甲板にいた。シュミット神父は、この二年半前まで海軍兵士だった。最初の魚雷命中から約八分で、「オクラホマ」は転覆した。照明の消えた艦内は暗闇となり、ほぼ上下が逆となった。艦内に閉じ込められた乗員たちは、下から、つまり最上甲板から海水が上がってきたので、上へ、つまり艦底に向かって退避するしかなかった。

シュミット神父の周辺には一〇〇人以上の乗員がいたが、彼は皆を励まし、階段の背面を這って第二甲板、それから第三甲板まで導いた。その間、水量はどんどん増していた。そこで水密扉のある区画へ入れるだけの人数を入れ、しっかり扉を閉めた。それからシュミット神父は、皆を舷窓から海上に脱出させた。彼が最後に、舷窓から外へ出ようとすると、身体が舷窓につかえた。シュミット神父は、艦内に身を戻すと、その場所に逃れてきたばかりの乗員たちに、この舷窓から先に出るように言った。その区画にやって来た者は、シュミット神父以外すべて舷窓から脱出した。艦内に海水は溢れ、「オクラホマ」は転覆したままさらに沈下し、シュミット神父のいた区画の舷窓も海面下になった。

真珠湾攻撃の翌日、「オクラホマ」の艦底上の救助隊は、艦内から金属を叩く音を聞いた。艦底を酸素アセチレントーチで焼き切り、艦内を捜索すると、疲弊した数人の乗員を発見した。彼らは、シュミット神父によって水密扉のある区画へ導かれた者たちだった。彼らは、四〇〇人以上が閉じ込められた「オクラホマ」艦内から生還できた幸運な三二人の一部だった。

真珠湾攻撃から二年後の一九四三年三月十九日、転覆した戦艦「オクラホマ」の船体がフォード島から張られた二二本のワイヤーケーブルによって引き起こされた。排水作業とともに遺体の収容がおこなわれたが、アロイシャス・シュミット神父の遺体は最後まで発見されなかった。死亡したと推定されたシュミット神父は特功十字章を授与され、その年に進水した護衛駆逐艦の一隻には彼の名前が付けられた。

真珠湾攻撃当日、戦艦「オクラホマ」で死亡が確認されたのは二〇人だけだった。しかし行方不明者は四一五人で、彼らは転覆した艦内に取り残された[34]。死亡者数は、他に乗艦していなかった者二一人を加え、最終的に四五六人と記録された。

戦艦「オクラホマ」被害状況

OKLAHOMA(BB37)

真珠湾攻撃時の位置
バトルシップ・ロウ　バースFOX-5

被害　魚雷6以上命中
死者456人、負傷者30人
転覆
引き起こし後、修理中止

ネバダ級
就役1916年5月2日
退役1947年9月1日
排水量 基準：2万9000トン
満載3万4000トン
全長177.7m
全幅29m
吃水9.04m

機関蒸気タービン2軸推進
最大速力20.5ノット
兵装
14インチ(36センチ)砲10門
5インチ(12.7センチ)砲12門
28ミリ対空砲8門
12.7ミリ対空砲8門

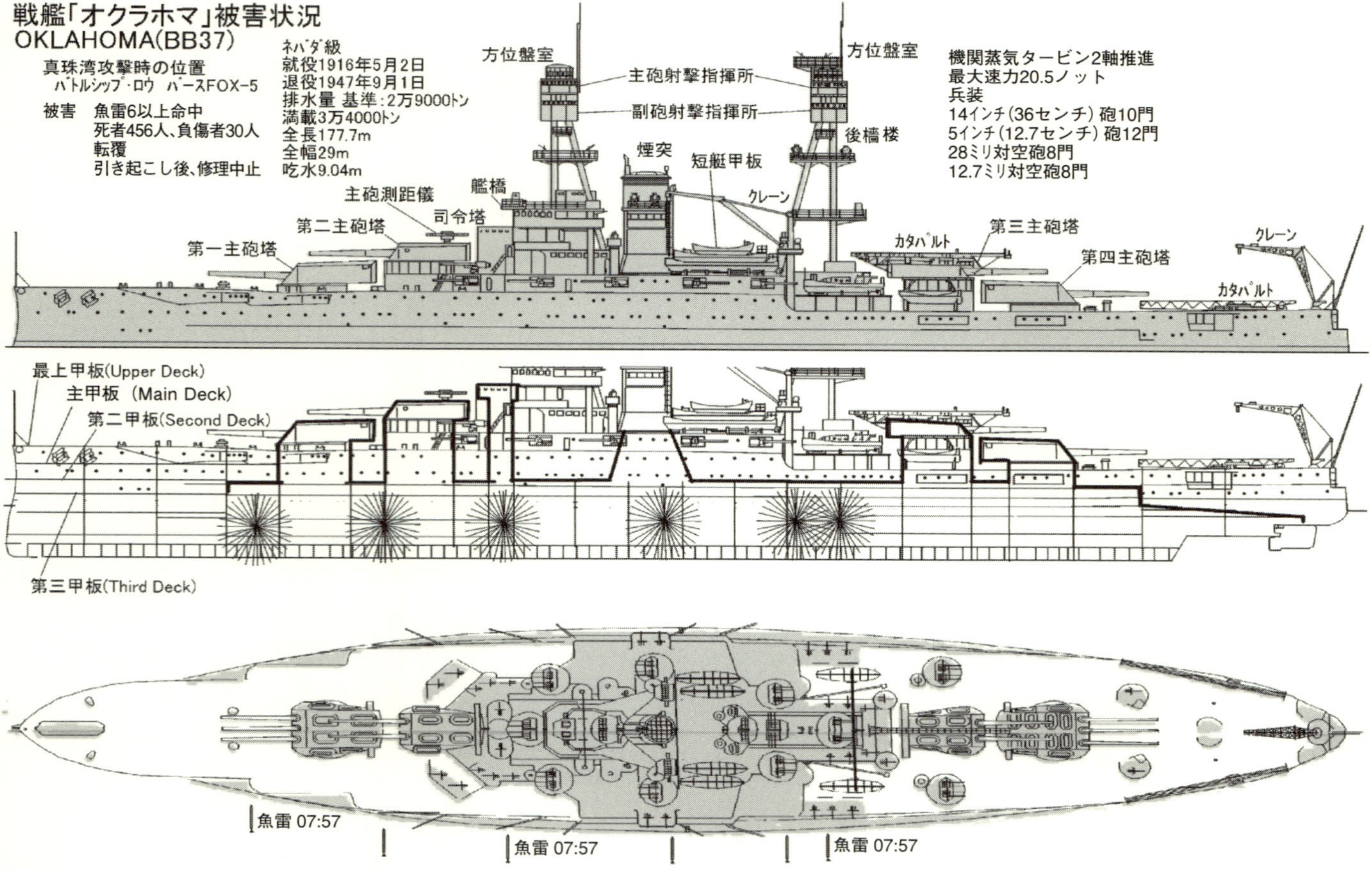

右舷側ビルジキール、推進器（スクリュー）を海面に露出している戦艦「オクラホマ」の艦底。画面右側は戦艦「メリーランド」。〔The Naval History & Heritage Command (formerly the Naval Historical Center)〕

（ｖ）戦艦「メリーランド」

フォード島の南東沿岸の戦艦泊地《バトルシップ・ロウ》、「オクラホマ」が海側に繋留されていたＦＯＸ－５の陸側には、戦艦「メリーランド」が投錨していた。この日、「メリーランド」には休暇で上陸していた一〇八人を除き、一四九六人が乗艦していた。「オクラホマ」の陰になっていた「メリーランド」には、魚雷は命中しなかったが、水平爆撃で八〇〇キロ徹甲爆弾一発、急降下爆撃で二五〇キロ通常爆弾一発が命中した。

戦艦「メリーランド」は、「ウェストバージニア」と同じ「コロラド」級で、日本海軍に対抗する「三年計画」で建造された。主砲は一六インチ（四〇・六センチ）四五口径砲を連装砲塔四基に収めて計八門、副砲として五インチ（一二・七センチ）砲を搭載、集中防御方式を採用する。「メリーランド」も「ネイバル・ホリデー（海軍休日）」時代、世界で一六インチ砲を搭載する「ビッグ・セブン」の一艦としてアメリカ海軍力の象徴とされた。

戦艦「メリーランド」では、奇襲攻撃が始まってから短時間で対空射撃を開始したが、水平爆撃で九九式八〇番五号爆弾が右舷一〇番ビームに命中した。それは主甲板で炸裂し[35]、水線下に直径五〇センチの破孔をあけ、そこから浸水した。同じ爆弾の至近弾が左舷艦首近くの海面に落下、水線下一一

「コロラド」級戦艦の2番艦の「メリーランド」。〔The Naval History & Heritage Command (formerly the Naval Historical Center)〕

番ビーム付近の船殻に破孔を生じ、機銃弾火薬庫などが浸水した。また浸水により魚雷発射装置の空気圧縮機が故障した。〇九時〇二分に始まる第二次攻撃では、急降下爆撃での九九式二五番通常爆弾が前檣楼甲板の前部に命中、下方の主甲板の区画が破壊された(36)。

比較的損傷が少なかった「メリーランド」では、対空射撃が継続され、五インチ（一二・七センチ）二五口径の砲弾を四五〇発、一・一インチ（三〇ミリ）機銃弾を四五〇〇発、五〇口径機銃弾を二五〇〇発消費している。同艦の砲術士官は日本軍機七機の撃墜を主張したが、そのうち四機の撃墜が証明された(37)。

その日の朝、レスリー・ベルモン・ショート上等水兵は、A班機銃員待機所（Group A Machine Gun Station）で家族宛のクリスマスカードを書いていた。そのとき、フォード航空基地に急降下する飛行機に気がついた。彼は訓練中のアメリカ軍機だと思った。しかし爆発音が響き、基地の敷地に火焔と煙が噴出した。驚いてショート上等水兵は、フォード島上空を乱舞する航空機を注視した。見たことのない機影だった。反射的に彼は銃座に取り付き、弾薬を装填し力を込めて撃発用レバーを引いた。そのとき、戦艦泊地《バトルシップ・ロウ》には東方向から、低空で魚雷を抱いた雷撃機（九七艦攻）が迫っていた。ショート上等水兵はそれらを認めると素早く照準し、魚雷投下直

戦艦「メリーランド」。その横には転覆した「オクラホマ」が艦底をさらしている。「ウェストバージニア」は、「メリーランド」の後方で火災に包まれている。〔The Naval History & Heritage Command (formerly the Naval Historical Center)〕

後の二機を射撃した。先頭の雷撃機は焔と煙を噴き出しながら艦を飛び越えると、大きな弧を描いて対岸の海軍病院近くに墜落した[38]。

W・O・ビーチ少尉は、戦艦「メリーランド」のマストをかすめて飛ぶ国籍不明の軍用機を認めた。それはすでに魚雷を戦艦泊地《バトルシップ・ロウ》前の海面に投じ、全速離脱中の九七艦攻だった。水深約四メートルを時速七〇キロメートルで駛走した魚雷は、戦艦の水線下を覆うバルジを直撃、前檣楼をはるかに凌駕する高さに水柱を噴き上げた。陸上の航空基地上空には数多くの航空機が乱舞し、爆弾を投擲、機銃掃射を繰り返していた。ビーチ少尉は、飛行機の主翼下面と胴体側面にライジングサンをはっきりと見た。戦闘機（零戦）は三機あるいは四機編隊で飛行していた。最初の主要な攻撃は雷撃だった。それは大型艦に集中していた。同時に陸軍のヒッカム航空基地と海兵隊のフォード航空基地も攻撃を受けていた。ビーチ少尉は、魚雷が連続して命中した戦艦「オクラホマ」が左舷に傾斜し始め、数分後に転覆するまで注視していた。

ビーチ少尉は、日本軍機二機の撃墜を報告している。一機はフォード航空基地に急降下中、まともに対空弾を被弾し空中で四散した。他の一機は対空機銃で損傷を受け、白煙を噴きながら真珠湾上空からヒッカム航空基地近くに墜落した[39]。

戦艦部隊の司令部参謀のE・カランフェルダー中佐は、真珠湾攻撃の前日からホノルルのモアナホテルに滞在していた。真珠湾での緊急事態を告げる電話を受けたのは、〇八時二〇分だった。彼は急いで戦艦「メリーランド」へ向かった。海軍工廠の士官波止場（Officer's Landing）に車で着き、そこで惨憺たる戦艦泊地《バトルシップ・ロウ》の有り様を見た。士官波止場ではずいぶん待たされた。ようやく内火艇にとび乗り、「メリーランド」に到着したのは〇九時二五分。すでに大部分の日本軍機は、真珠湾上空から消えていた。彼が艦橋へ行くと、戦艦「オクラホマ」の乗員救出作業が話し合われていた。「メリーランド」の隣に繋留されていた「オクラホマ」は転覆、その艦内には大勢の乗員が閉じ込められているという。「オクラホマ」の艦底と船殻を切断する機材の調達と、専門知識をもった技術者が緊急に集められた。

カランフェルダー中佐は、戦艦部隊司令部から「オクラホマ」乗員の救出作業の指揮を命じられた。彼は「オクラホマ」の詳細な図面を取り寄せ、マデルコーン大尉を中心に救出作業のチームを組んだ。カランフェルダー中佐らは、内火艇で転覆した「オクラホマ」の船体へ行き、艦底に上がり、救出作業に取り掛かった。「オクラホマ」艦底のビルジキールから「メリーランド」へ電話線と空気管がひかれた。日本軍機はまだ真珠湾上空に見かけられたが、もう一刻の猶予もなかった。救出作業チームは、貝殻のへばり付く錆で赤茶けた艦底をハンマーで叩き、耳を艦底に押し付け艦内の応答に期待した。

艦内から隔壁を叩く音が聞こえた。艦内に閉じ込められた乗員が二人、蒸発器（液化冷媒ガスを蒸発させて周囲を冷却するための装置）ポンプ室にいた。濾過機が取り除かれ、排水管から大声で呼びかけた。食料と水が排水管を通じて与えられた。救出作業チームは、艦内図面を見ながらどの位置を切断するべきか検討した。「オクラホマ」の艦底の大部分が細分化された重油タンクになっている[40]。まず酸素アセチレントーチで船殻を切断し、重油を排出する。気化した重油に引火しないよう作業は慎重におこなわれた。数時間を経て、艦内の二人はようやく救出された。

その日、夜通し、「メリーランド」では、転覆した「オクラホマ」の救助作業を支援した。潜水ポンプ、潜水器具など必要と思われるものは、なんでも陸上や艦艇から運ばれた。海面に露出した艦底に取り付く男たちは、内火艇から照射される強い光の中、一人でも多くの仲間を沈没艦から助け出すことに必死だった。しかし転覆からすでに十二時間以上経過し、艦内区画でエアポットとなった区画も水没したと想像された。艦底を切り開いたことで艦内の空気が排出され艦内気圧が低下、その結果、浸水をすすめたに違いない。しかしそれ以外の方法はなかった。

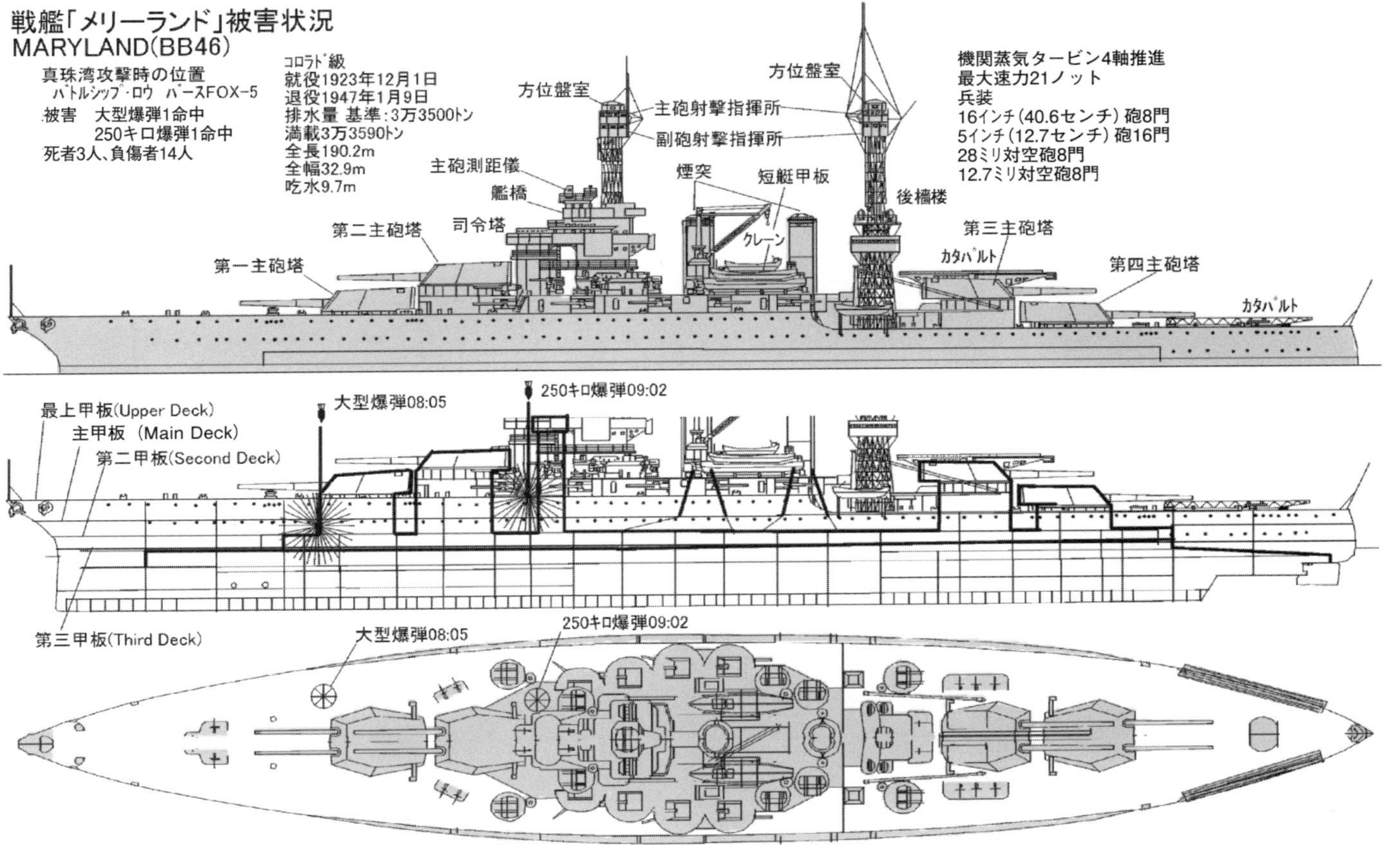
戦艦「メリーランド」被害状況
MARYLAND(BB46)
真珠湾攻撃時の位置
バトルシップ・ロウ　バースFOX-5
被害　大型爆弾1命中
250キロ爆弾1命中
死者3人、負傷者14人
コロラド級
就役1923年12月1日
退役1947年1月9日
排水量 基準：3万3500トン
満載3万3590トン
全長190.2m
全幅32.9m
吃水9.7m
機関蒸気タービン4軸推進
最大速力21ノット
兵装
16インチ(40.6センチ) 砲8門
5インチ(12.7センチ) 砲16門
28ミリ対空砲8門
12.7ミリ対空砲8門
方位盤室
主砲射撃指揮所
副砲射撃指揮所
方位盤室
主砲測距儀
艦橋
司令塔
第二主砲塔
第一主砲塔
煙突
短艇甲板
クレーン
後檣楼
第三主砲塔
カタパルト
第四主砲塔
カタパルト
大型爆弾08:05
250キロ爆弾09:02
最上甲板(Upper Deck)
主甲板 (Main Deck)
第二甲板(Second Deck)
第三甲板(Third Deck)
大型爆弾08:05
250キロ爆弾09:02

真珠湾攻撃の日の朝、八時少し前、戦艦部隊司令部作戦参謀のW・F・フィッツジェラルド中佐は、大きな爆発音と航空機のエンジン音を聞いて「メリーランド」の露天甲板に出た。戦艦泊地《バトルシップ・ロウ》の戦艦群とフォード航空基地、そして海軍工廠から黒い煙が立ち上っていた。「メリーランド」の対空火器も射撃をしていた。「メリーランド」の左舷側に停泊している「オクラホマ」は、左舷側に傾いているように見えた。緊急事態を知ったフィッツジェラルド中佐は、前檣楼の旗甲板に駆け上がりゴルドウィン艦長を捜した。ゴルドウィン艦長は、司令塔で指揮をとると言った。フィッツジェラルド中佐は、砲術士官に、対空火器に砲弾、機銃弾を供給する乗員の列を、艦内の弾薬庫から砲座、銃座までつくることを命じた。

　そうしているうちに左舷側にあった「オクラホマ」が「メリーランド」とは反対方向へ横倒しとなった。「オクラホマ」の船体はさらに回転し続け、その艦底を海面に完全に露出して動きを停めた。その周辺海面は厚い重油に覆われ、そのなかに漂流する大勢の乗員が喘いでいた。「メリーランド」艦上から、海上に次々と救命胴衣が投げ込まれた。彼らの多くは「メリーランド」に泳ぎ着き、舷側に垂らされた縄梯子を上った。負傷した者は軍医や衛生兵の手当てを受け、「オクラホマ」乗員約六〇名は、「メリーランド」の対空射撃や弾薬供給を支援した。

「メリーランド」の対空機銃は、盛んに射撃を続け、機銃座のある短艇甲板には大量の薬莢が散乱していた。水平爆撃がおこなわれると「メリーランド」には、大型徹甲爆弾一発が左舷艦首に命中、また左舷側の海面に至近弾があり巨大な水柱が噴き上がり艦が震撼した。〇九時〇二分に第二次攻撃が始まると、左舷側の「メリーランド」の直上高度八〇メートルから急降下爆撃機（九九艦爆）が爆弾を投擲した。それは六機から七機が連続した攻撃だった。フィッツジェラルド中佐は、「メリーランド」の前檣楼に爆弾一発が命中し、一機の急降下爆撃機（九九艦爆）が撃墜されるのを目撃した。それは「メリーランド」の右舷対空機銃で被弾し、炎に包まれ海面に突入した瞬間に四散した。それから数分後、フォード島上空で一機の撃墜を彼は報告している。さらにフィッツジェラルド中佐は、旗甲板上から北水路での艦艇への爆撃の様子を見たが、対空射撃で損傷した日本軍機一機が白煙を引きながら、水上機母艦「カーチス」に体当たりをした光景には驚いた。[41]

　太平洋艦隊総司令部の各戦艦にたいする命令は、航行してはならないということだった。それは大型艦が狭い水路で撃沈され、真珠湾の軍港としての機能が麻痺することを危惧してのことだった。しかし駆逐艦などの小型艦艇は機関を起動させ出動し、その他の小型船も行動を開始、真珠湾で被害を受けた艦の乗員救助と消火作業、湾内の哨戒にあたった。

深夜になっても、「メリーランド」左舷側の海面では転覆した「オクラホマ」での乗員救出作業が懸命に続けられていた。二一時〇〇分、真珠湾上空に航空機が飛来した。夜間のためその機は確認できなかったが、どこからか対空射撃が始まった。それに反応して、艦艇や陸上で警戒配置中のすべての対空火器が一斉に火を噴いた。射撃目標となった航空機は、被弾し湾内に墜落した。しばらくして掃海艇「ビレロ」の艦尾付近で一人のアメリカ人が救出された。彼は、先ほどの対空射撃で撃墜されたF4F「ワイルドキャット」に乗っていた。機の所属は空母「エンタープライズ」だった。

被害が小破だった「メリーランド」での人的被害は比較的少なく、死亡は士官一人、下士官兵二人、重傷は下士官兵二人、そして軽傷は下士官兵一二人にとどまった。また日本軍の攻撃の後に「メリーランド」のカタパルトから射出され、偵察任務中のOS2U水上偵察機が事故で墜落し、ジェームズ・B・ギン中尉が死亡している。

(vi) 戦艦「カリフォルニア」

太平洋艦隊の第二戦艦部隊（Division Two）を指揮するウイリアム・S・パイ中将の旗艦「カリフォルニア」は、戦艦《バトルシップ》泊地《・ロウ》の南端FOX－3の陸側に繋留されていた。真珠湾攻撃時、パイ中将と艦長J・W・バネリー大佐を含む一二〇人は上陸して不在、一五四六人が「カリフォルニア」に乗艦していた。「カリフォルニア」は、第一缶室だけが稼働、その蒸気圧でタービンを回し発電し、燃料の重油は、ほぼ満載状態の九五%を搭載していた。

「テネシー」級の「カリフォルニア」の兵装は、主砲に一四インチ（三六センチ）五〇口径砲一二門、これは四基の三連装砲塔とした。副砲は五インチ（一二・七センチ）五一口径砲を一二門、高角砲は三インチ（七・六センチ）五〇口径砲を四門、そして二一インチ（五三センチ）水中魚雷発射管を二基装備していた。防御に関しては、缶室を縦横の隔壁により細分化し、被雷時の大量浸水を防ぐ構造だった。弾火薬庫、機関室、缶室などを集中防御区画《バイタルパート》内におさめる集中防御方式は他戦艦と同じで、水平防御は舷側装甲上部に結合する第二甲板部に八九ミリ厚甲鈑、その一層下の弾片防御甲板部に五一ミリ厚の装甲を張った。水中防御は、四層の多層式防御で外側の三層には重油が入れられ、それが被雷時の衝撃を吸収する構造だった。「テネシー」級の二番艦である「カリフォルニア」は一九二一年八月に完成した。

村田重治少佐の率いる雷撃隊は、戦艦《バトルシップ》泊地《・ロウ》と海軍工廠の岸壁に繋留されていた艦艇に照準し、約一〇分間で携行する九一式魚雷すべてを投じた。浅沈度魚雷の駛走率は訓練時より

「テネシー」級の２番艦の戦艦「カリフォルニア」。籠マストに取り付けられている時計のような円盤は、レンジクロック。これは水上砲撃戦時、味方艦に敵艦の距離を長針で、進行方向を短針で視覚的に知らせるための表示盤。後に通信機器が発達するとレンジクロックは撤去された。〔The Naval History & Heritage Command (formerly the Naval Historical Center)〕

良好で、射点で起動できず沈没したものは一本だけだった。

その後の戦艦泊地《バトルシップ・ロウ》にたいする攻撃は、淵田美津雄中佐が直率する九七艦攻四九機の水平爆撃隊が続いた。それらが懸架する八〇〇キロの徹甲爆弾（九九式八〇番五号爆弾）は、戦艦の厚い甲鈑を貫通しその内部で炸裂させるため造られたものだ。淵田中佐の中隊は、真南から真珠湾に侵入、海軍工廠のドック上空から爆撃運動に入った。淵田中佐は当初、東寄りの戦艦「ネバダ」を目標に照準飛行に入ったが、爆弾投下時期に断雲が視界をさえぎり照準に失敗、投擲を中止した。旋回する機上で彼は双眼鏡で戦艦群を観察した。「ネバダ」には火災が発生していた。またその西側の「アリゾナ」はすでに致命的な損傷を被ったようだ。「アリゾナ」の西隣に位置する「テネシー」も炎上している。しかしそれらの南西方向に離れて停泊する「カリフォルニア」は無傷のように見えた。

淵田中佐は、彼の直率する中隊に信号を送ると、五機編隊で高度四〇〇〇メートルを「カリフォルニア」の中心線に沿う照準飛行に入った。激しい対空砲火の弾幕が撃ち上げられ、部下の一機が被弾、懸架索を切られ爆弾を落下させた。嚮《きょう》導《どう》機をつとめる淵田中佐機が「カリフォルニア」の上空で投下索を引くと、それを合図に他の機も一斉に投擲した。淵田中佐は、照準器に捉え続ける「カリフォルニア」の前部に二つのドーナツ状の白い爆煙を視認、彼は二弾命中を確信した。

「テネシー」級の２番艦「カリフォルニア」。(The Naval History & Heritage Command (formerly the Naval Historical Center))

徹甲爆弾は右舷露天甲板を貫通、主甲板で炸裂、副砲の弾火薬庫が誘爆、深刻な火災を発生させた[42]。水平爆撃隊の各中隊は、充分な照準をおこなうため、照準飛行をやりなおした中隊が多かった。そのため真珠湾攻撃では高い命中率を達成した(淵田美津雄中佐の中隊が照準し、命中させたとする艦は、「カリフォルニア」ではなく「メリーランド」だと記載する資料も多い)。

真珠湾攻撃時、戦艦「カリフォルニア」艦内では、防御体制のための処置が迅速になされた。〇七時五〇分に空襲警報が出され、すべてが戦闘配置につき、隔壁扉完全閉鎖(Condition Zed)が発令、ただちに実施された。前檣楼下部の司令塔、射撃指揮所、中央(防御)指揮所(Central Station)と他の部署への通信が確保された。第一機銃、第二機銃には、四〇〇発の五〇口径の弾薬が準備されており、五インチ(一二・七センチ)高角砲の砲座にも、五〇発の弾薬入りの箱が置かれていた。左舷側対空機銃が、海面を這い向かってくる雷撃機(九九艦攻)に射撃を開始したのは〇八時〇三分だった。高角砲も〇八時一〇分に上空に飛来する爆撃機(九七艦攻)に照準、弾幕を撃ち上げた。副砲も〇八時二五分に射撃し始めた[43]。「カリフォルニア」の戦闘報告書には、〇八時三〇分に前部対空機銃が急降下爆撃機一機を撃墜、〇八時三二分に自艦の射撃あるいは他艦との共同で、一機をフォード島上空に撃墜したと記載されている。[44]

〇八時〇五分、戦艦「カリフォルニア」は、左舷側に魚雷二本を受けた。その一本は前檣楼前方の一〇〇番ビーム、もう一本は第三主砲塔の舷側だった。この被雷により、舷側装甲の下部から艦底のビルジキールにかけての船殻が切り裂かれた。第三甲板の前部応急室（Forward Ordnance Repair）の艦首側に、燃料タンクの破裂によって大量の重油が流入した。この周辺の五つの区画では、燃料漏れの検査のためにマンホールが開放されたままで、そこから急激に浸水した。重油と海水は上層の甲板へ上り、〇八時一〇分には電路が断絶した。

最初の魚雷命中から一五分後の〇八時二〇分、さらに魚雷一本が左舷四七番ビームに命中し八〇センチの破孔が生じた。被雷による破孔から大量に浸水し、艦は左舷に傾斜し始めた。このとき、迅速に反対舷へ注水して傾斜を戻し、左舷傾斜四度まで復原できた。被雷による破孔からは重油が流出し、やがてそれに火がつき炎上した。雷撃による被害で艦内電路が断絶、対空火器の揚弾機が機能せず、弾薬補給は人力でおこなわれた。

第三甲板より上の第二甲板への浸水拡大は、〇八時二五分の爆弾の結果だった。それは五九番ビームの第一副砲横の舷側に命中し、主甲板を貫通し、第二甲板で炸裂した。この影響で八時三〇分から四〇分の間、五インチ砲の弾火薬庫が爆発した。連続した至近弾四発が、船殻に小規模な被害をもたらした。さらに〇九時〇〇分には二五〇キロ爆弾が第一主砲塔の横、五九番ビームに命中し、露天甲板と主甲板、第二甲板を貫通、その下のA611区画で炸裂した。同区画と隣接する区画が粉砕され火災が発生した。[45]「カリフォルニア」にたいする日本軍機の攻撃は、〇九時一五分まで続き、魚雷と爆弾による被害で沈没着底した。

真珠湾攻撃の前日に上陸していた艦長のJ・W・バネリー大佐が、〇九時一五分に艦に戻り指揮をとり始めた。艦上火災が広がるなか、第三主砲塔天蓋のカタパルト上の水上機からガソリンを抜く作業がおこなわれた。〇九時二五分、その作業中に機体がカタパルトから落下、横転して海中に沈んだ。この頃、主甲板右舷側でも火災が発生し、舷側に装備されている第三副砲、第五副砲、第七副砲にも損害が生じた。海面の重油の炎が艦を包み、新たに艦上火災を発生させた。このため救出活動と消火作業は困難となり、結局、総員退艦が命じられた。多くの乗員が艦を離れフォード島の岸壁から艦を見守るしかなかった。

およそ二時間後、「カリフォルニア」周辺の海面の炎が鎮火に向かうと、バネリー艦長は一〇時一五分、総員退艦を取り消した。フォード島へ一時退避していた乗員たちは、島か

被雷での浸水で左舷に傾斜した戦艦「カリフォルニア」。主砲砲身の重量を右舷側にかけようと、主砲は右舷側に旋回されている。〔The Naval History & Heritage Command (formerly the Naval Historical Center)〕

ら消火用設備を艦に運び込んだ。前檣楼下部の司令塔にも人員が配置され、生存者の救出と消火作業が再開された。このとき、「カリフォルニア」は左舷へ八度傾斜し、少しずつ沈下を続け、一二時四六分に急速に沈下、艦尾は水面下四メートルとなった。ただし同艦がその停泊地ＦＯＸ－３で実際に着底に至ったのは、真珠湾攻撃から一三日も経過した後だった。

　その日の朝、艦隊司令部参謀長のハロルド・Ｃ・トレイン大佐は、「カリフォルニア」の艦上で八時少し前に空襲警報を聞いた。彼は、過去の経験から誤報ではと訝りながら艦橋へ向かった。艦尾側露天甲板にさしかかったとき、航空機が左舷から右舷方向に低空で通過するのを目撃した。信じがたいことに、その機の後座から「カリフォルニア」に向け機銃掃射がおこなわれていた。その数秒後、艦全体に魚雷命中の強い衝撃がはしった。トレイン参謀長は、艦橋に駆け上がり真珠湾を見渡すと、国籍不明機が真珠湾上空を乱舞、フォード島の水陸両用機の格納庫が黒煙に覆われていた。

　艦橋のトレイン参謀長は、第一任務部隊（Task Force One）と第二任務部隊（Task Force Two）に航行するよう命じる旗信号を揚げさせた(46)。同時に、信号灯で「緊急出撃せよ（Sortie in accordance with Sortie Plan ES)」を発令、同じ命令を無線で繰り返した。また上陸していたウィリアム・Ｓ・パイ中将をはじめ他の司令部将校に連絡をとることを命じた。戦艦「カリフォルニア」はすでに魚雷三本を受け、左舷に傾斜角七・五度となっていたが、傾斜復原のため右舷への緊急注水を実施中だった。

　トレイン参謀長は、信号員からの電話連絡で戦艦「オクラホマ」が転覆したと報告を受けた。驚愕した彼は、艦橋の左舷側の窓からその方向を見た。戦艦泊地《バトルシップ・ロウ》のＦＯＸ－５に繋留されていたはずの「オクラホマ」は、その艦底だけを海面に露出していた。その周辺海面には乗員たちが漂い、その向こうの「アリゾナ」は劫火に焼かれていた。戦艦泊地《バトルシップ・ロウ》の上空では、日本軍機のエンジン音が盛んに聞かれるが、濛々たる黒煙に覆われ、対空射撃の視界を奪っていた。〇八時四五分頃、高々度から投擲された爆弾が、艦橋の右舷の海面に落下した。小さな水柱が上がった後、海中に閃光が走り、今度は轟音とともに巨大な水柱が噴出した。その高さは「カリフォルニア」の高い前檣楼をはるかに凌駕していた。

　この時刻、戦艦泊地《バトルシップ・ロウ》に停泊する艦で動けるものは、行動を開始した。まず給油艦「ネオショー」が桟橋を離れて航行した。「ネオショー」はメリーポイントに向かうと「カリフォルニア」に信号してきた。続いて戦艦「ネバダ」が、ＦＯＸ－８から離れるのが見られた。九時過ぎ、太平洋艦隊の戦艦部隊司令官ウィリアム・Ｓ・パイ中将らが内火艇で「カリフォルニア」に戻ってきた。しかしそのときには「カリフォルニア」は左舷に傾斜し大量浸水ですでに着底、艦の後部は海面の重油火災に包まれていた。

日本軍の空襲開始後、まもなく総員配置が命ぜられると、W・A・J・レウィス少尉は、彼の配置である第三甲板の前部機関室へ急いだ。数分後、すべての人員の配置が完了した。レウィス少尉は、電力と動力の通常の点検項目をチェックし、すべてが正常なのを確認した。少したって最初の魚雷命中と思われる激震が伝わった。彼らのいる前部機関室に損傷はなかった。しかし燃料ポンプを稼働させ、暖機運転を開始したとき、第一ボイラーの燃料に海水が混ざっていることがわかった。蒸気圧力が急激に低下し、レウィス少尉は暖機運転を中止した。

最初の魚雷命中から一分以内に、二本目の魚雷が命中した。隔壁の配管が損傷し、通風管から大量の煙が前部機関室に入ってきた。通風管を閉鎖したが、煙の浸入は止まらない。塗料が燃えるときに発生するガスが、煙とともに前部機関室に広がり、空気中には細かい粉塵が舞っていた。レウィス少尉は、部下にガスマスクを装着させた。それでも呼吸が苦しく、彼らは咳き込んだ。レウィス少尉は中央(防御)指揮所に報告しようと電話したが、応答はなかった。艦が左舷へ傾斜しているのを全員が感じた。左舷側の区画に浸水しているに違いない。機関室の艦首方向は、火災が発生しているらしく、非常に温度が上がっていた。隔壁から伝わる熱で、機械設備に触れることができないほどだった。表面の塗料が融けて蒸発している。この場所に長く留まるべきでないことは明らかだった。レウィス少尉は、上層の甲板への退避を決断した。この時点ではすでに、総員退艦が発令されていたが、艦下層の配置の彼らにはその命令が届いていなかった。

第二甲板に上がると、そこは煙が充満し照明が消えていた。レウィス少尉は第三甲板へ戻り、部下を引き連れ艦尾方向へ移動、どこかの昇降口から露天甲板に脱出しようと考えた。上の甲板へ通じるいくつかの昇降口を確認するが、どこも火災が発生していた。彼らが移動する第三甲板も煙が多くなってきた。彼らは艦尾方向へ進みながら、船倉甲板に降りた。艦が沈没しつつある状況で下層甲板へ向かうことに大きな不安を感じた。レウィス少尉は、電路の断絶で真っ暗になった区画を懐中電灯で照らしながら進んだ。ときおり隔壁の配管につかまり天井に手を触れ、上の甲板で火災があるかどうかさぐった。

ようやくレウィス少尉は、艦尾近くのラッタルで第三甲板に火災がないことを確認した。彼らは第三甲板、第二甲板へ駆け上がった。しかし、そこから上に通じる水密扉が開かなかった。高温になった水密扉が膨張しているようだった。こ

戦艦「カリフォルニア」被害状況
CALIFORNIA(BB44)

真珠湾攻撃時の位置
バトルシップ・ロウ　バースFOX-3

被害　魚雷3命中
大型爆弾1命中
250キロ爆弾1命中
死者106人、負傷者約100人
沈没着底
1942年艦隊復帰

テネシー級
就役1921年8月
退役1947年2月14日
排水量 基準:3万3190トン
満載3万3590トン
全長190.3m
全幅34.7m
吃水10.3m

機関蒸気タービン4軸推進
最大速力21ノット
兵装
14インチ(35.6センチ) 砲8門
5インチ(12.7センチ) 砲16門
28ミリ対空砲8門
12.7ミリ対空砲8門

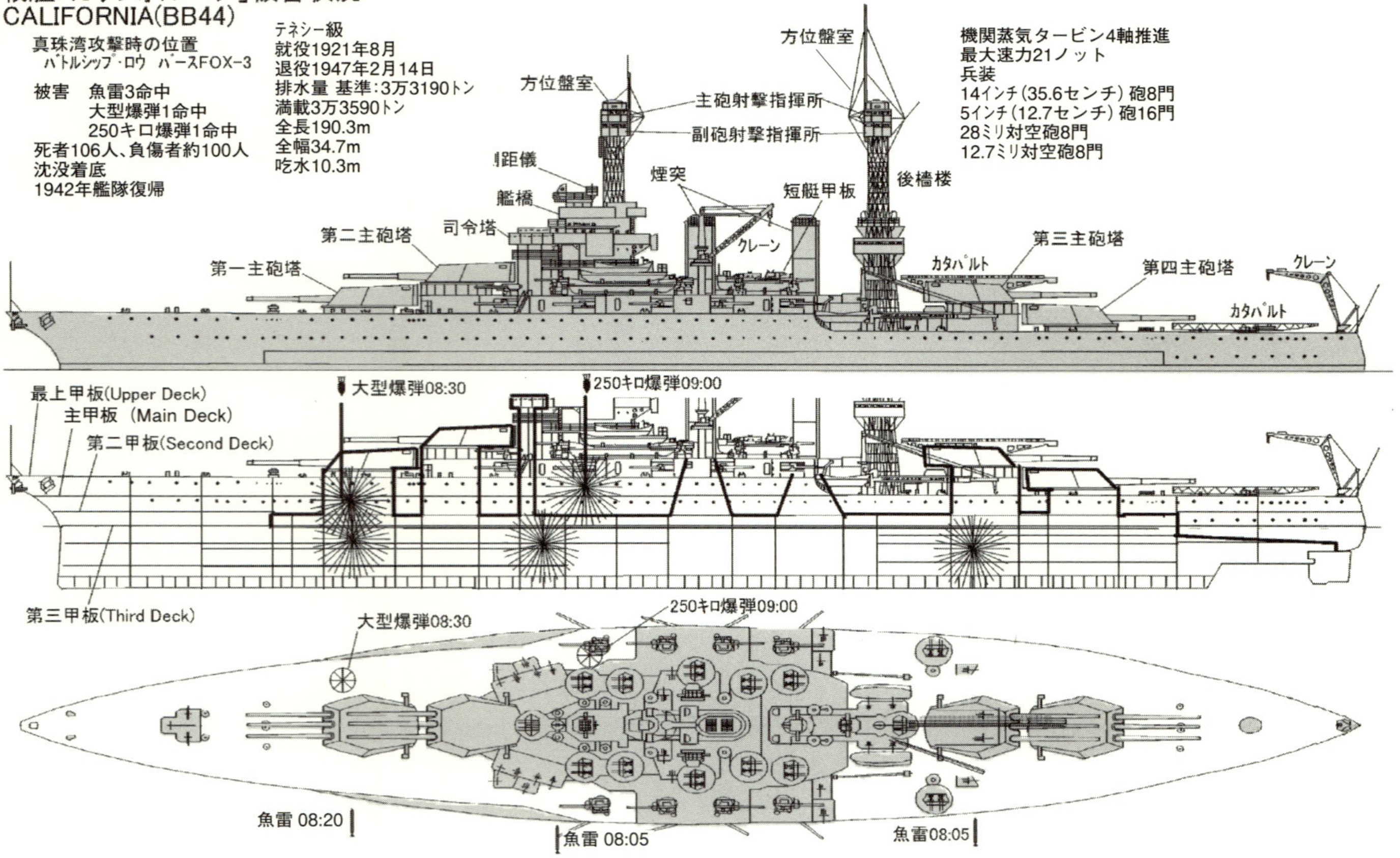

沈没着底した戦艦「カリフォルニア」。〔The Naval History & Heritage Command (formerly the Naval Historical Center)〕

の水密扉の上の主甲板は間違いなく、ひどい火災だ。レウィス少尉らは、第二甲板を艦首方向へ引き返し、昇降口の水密扉に触れた。温度はそれほど高くない。彼らは機関室から持ってきた消火器を先頭の者がかまえ、全員が毛布で身を包んだ。水密扉のバルブを回し扉を開放すると、向こう側には霧のような煙がたちこめていたが、炎は見えなかった。そのまま主甲板を走り、艦尾昇降口から露天甲板に脱出した。安堵したレウィス少尉と部下たちの目前には、惨憺たる戦艦泊地《バトルシップ・ロウ》の光景があった。

露天甲板では、何人もの乗員が彼らを取り囲んだ。それは、総員退艦が発令されたにもかかわらず、艦上に留まっていた者たちだった。彼らは消火作業を継続しながら、行方知れずになった部下や仲間を必死に捜していた。レウィス少尉らは、艦内の状況について質問ぜめにあったが、彼らが満足できるようなことは言えなかった。

当初「カリフォルニア」で死亡を確認したのは四八人だったが、後にこれに行方不明者五八人が死亡したと推定され、死亡者数は一〇六人と書き換えられた[47]。負傷者は約五八人だった[48]。

（ⅶ）戦艦「ネバダ」

フォード島の東南沿岸の戦艦泊地《バトルシップ・ロウ》の北端ＦＯＸ－８の陸側

には、戦艦「ネバダ」が繋留されていた。真珠湾攻撃時、同艦には一三九〇人が乗艦、九四人は上陸して不在だった。主砲弾火薬庫には砲弾と装薬が置かれておらず、誘爆の危険はなかった。日本軍機の攻撃が続くなか、機関を起動、泊地からの脱出をはかった戦艦は「ネバダ」一艦だけだった。これは太平洋艦隊総司令部の命令に反した行動だったが、「ネバダ」は海面を這って迫る激しい重油火災から逃れるため、艦を動かすしかなかった。「ネバダ」は南水路を航行中、急降下爆撃機の集中攻撃を受け、南水路の西側のホスピタルポイント（避難用浅瀬）に乗り上げ座礁した。

　真珠湾攻撃時、「ネバダ」はすでに就役から二五年を経過、「艦齢超過艦」に分類されていたが、就役時、その先駆的な設計で戦艦発達史に重要な意味をもつ艦だった。「ネバダ」級については、その二番艦「オクラホマ」の節で先に紹介したが、三連装砲塔と集中防御方式を初めて採用し、主砲は一四インチ（三五・六センチ）四五口径砲一〇門を三連装砲塔二基と連装砲塔二基として構成、背負い式砲塔配置で、下が三連装砲塔、上が連装砲塔だった。「ネバダ」級の二艦は主機が異なる。「ネバダ」級の二番艦の「オクラホマ」はタービンだが、「ネバダ」はカーチス式の直結式タービン、両艦とも二軸推進である。戦艦「ネバダ」は、「ネバダ」級の一番艦として、一九一二年十一月にフォア・リバー造船所で起工、一九一四年七月に進水、一九一六年十二月に竣工した。

　村田重治少佐が率いる雷撃隊が低空で真珠湾に侵入したとき、戦艦泊地《バトルシップ・ロウ》の北端にいた「ネバダ」艦上では軍楽隊が「星条旗よ永遠なれ」を演奏中だった。フォード島の海兵隊航空基地に爆撃が開始されると、「ネバダ」では空襲警報と同時に総員配置が命じられた。「ネバダ」前部の二つの機銃、艦尾の二つの機銃は射撃できる態勢にあり、五インチ（一二・七センチ）高角砲は、毎朝八時の整備のため人員が配置されていた。

　雷撃機（九七艦攻）が「ネバダ」を目標に突入すると、機銃は接近する雷撃機に射撃を始めた。一機が被弾し、「ネバダ」の左舷一〇〇メートルの海面に激突した。この機は魚雷を海面に投じる直前に撃墜された(49)。しかし〇八時〇二分、「ネバダ」前部に魚雷一本が命中し巨大な水柱を噴出させた。この魚雷は水線下の左舷四二番ビーム付近の船殻を破壊した。厚い甲鈑で守られた集中防御区画《バイタルパート》とは異なり、装甲がない艦首に縦横一〇メートル以上の破孔が生じ大量に浸水した。さらに魚雷一本が左舷前方四〇番ビーム、船殻の湾曲部に命中した(50)。

　それから一分後、射撃指揮所に人員が配置されるのを待つことなく、五インチ対空砲は砲座の独立照準で射撃を始めた。最初は低空で戦艦群に迫る雷撃機を、その後は高々度の水平

初めて３連装砲塔と集中防御方式を採用した戦艦「ネバダ」。〔The Naval History & Heritage Command (formerly the Naval Historical Center)〕

爆撃機を目標とした。〇八時〇三分頃、左舷側の五インチ高角砲は、雷撃機一機に直撃弾を与えた。投下前の魚雷を誘爆させた機体は、閃光を発し空中で粉々に四散した。戦艦「ネバダ」の戦闘記録には、〇八時四〇分までに前部の機銃が雷撃機三機を撃墜したとの記載がある。[51]

しばらくして高々度から水平爆撃隊が八〇〇キロ徹甲爆弾を投擲すると、「ネバダ」の艦首側に停泊していた戦艦「アリゾナ」が被弾、同艦は前部主砲弾火薬庫が誘爆し大爆発を起こした。「アリゾナ」から海面に流出した大量の重油が燃え上がり、それは周辺の艦艇を危険な状況とした。

攻撃を終了した第一次攻撃隊が空中集合後、帰途につき、嶋崎重和少佐の指揮する第二次攻撃隊一六七機が攻撃を始めるまで、日本軍機の攻撃は〇八時二五分頃に中断された。この機会をとらえ〇八時四〇分、戦艦「ネバダ」を指揮していたJ・F・トーマス少佐は、戦艦泊地《バトルシップ・ロウ》で激しさを増す海面の重油火災から逃れるため、外洋への脱出を試みる決断をした。日本軍の奇襲前から暖機運転をしていた機関は、蒸気圧力を上げ、四五分ほどで推進器稼働準備ができていた。「ネバダ」はFOX－8の陸側に繋留されていたが、そのバースから舫《もやい》を解くため、エドウィン・J・ヒル准尉が部下とともに作業をしていた。舫を解いた直後、その近くの海面に爆弾が落下、海中で爆発し、彼は吹き飛ばされ死亡した。即座に「ネバダ」

日本軍の急降下爆撃の攻撃を受けた後、南水路を真珠湾口に向かう戦艦「ネバダ」。手前の掃海艇「アバセット」の対空機銃には乗員が配置につき上空を警戒している。〔The Naval History & Heritage Command (formerly the Naval Historical Center)〕

は後進をかけ、ＦＯＸ－８から離れると、戦艦群を右舷側に前進し、南水路を航行し始めた。

第二次攻撃隊の日本軍機は、航行中の「ネバダ」を発見、真珠湾の狭い水路に大型艦を沈め、軍港の水路を封鎖することを期待した。〇九時一五分、二三機の九九艦爆からなる急降下爆撃隊の各中隊は、「ネバダ」に集中攻撃をくわえた。まず艦前部一五番ビーム付近に爆弾一発を命中させた。それは艦内で炸裂し、前檣楼の一部とその下層右舷側を破壊、右舷側船殻にも破孔をあけ浸水させた。また爆弾の炸裂で、第二甲板の士官居住区に火災が発生した。続いて短艇甲板八〇番ビームに爆弾が命中、後ろ檣楼、煙突など周辺の構造物が破壊された[52]。この爆弾で、露天で対空射撃中の五インチ砲の砲員の多くが死傷した[53]。戦艦泊地《バトルシップ・ロウ》ですでに魚雷二本を受け、速力のでない「ネバダ」は、この南水路での攻撃で六発以上の二五〇キロ爆弾を被弾した。また二発の至近弾も左舷艦首の船殻を損傷させた。

戦艦「ネバダ」が南水路で急降下爆撃を受けていたとき、日本軍機三機が撃墜されている。それが「ネバダ」の対空射撃によるものか、陸上の対空火器によるものかは明らかでない。被弾した九九艦爆の一機はエワ方向のサトウキビ畑へ、一機は海軍病院近くに、もう一機は海上に墜落、搭乗員はすべて死亡した。

エドウィン・J・ヒル准尉。真珠湾攻撃時に「ネバダ」に乗艦。攻撃の最中、彼は「ネバダ」を航行させるため、繋留ブイからの離脱作業を指揮した。作業後、彼は日本軍の爆弾によって死亡した。死後、海軍栄誉章が授与された。〔The Naval History & Heritage Command (formerly the Naval Historical Center)〕

南水路で対空戦闘中の「ネバダ」の状況を知った太平洋艦隊総司令部のウィリアム・ファーロング少将は、真珠湾の艦船管制塔（Harbor Control Tower）から「ネバダ」に浅瀬に退避するよう信号を送り、また二隻のタグボートを派遣した。損傷が拡大、浸水がおびただしい「ネバダ」は、外洋への脱出を断念、岸側へ針路を向け南水路の西側（フォード島の南西）のホスピタルポイント（避難用浅瀬）に乗り上げ、湾口封鎖を回避した。座礁した「ネバダ」艦内の前部は主甲板上まで、艦尾は第二甲板の上まで浸水し、完全に浮力が失われていた。右舷のスクリューは座礁時に損傷した[54]。座礁の後、船体が水深の深い水路側へ滑り落ちないように、艦首の二つの錨が海中に投棄された。

　戦艦「アリゾナ」の通信員G・H・レイン三等兵曹は、大爆発を起こした「アリゾナ」で九死に一生を得た後に「ネバダ」艦上で対空戦闘を体験することになった。日本軍の空襲が始まったとき、彼は「アリゾナ」の前檣楼にいた。レイン三等兵曹は、艦の上空を低空で通過する見慣れない軍用機の主翼下面のライジングサンを鮮明に記憶している。しばくして「アリゾナ」の後部に直撃弾があり火災が発生し、レイン三等兵曹も消火作業に参加した。しかしホースから水が出ず、その原因を調査中、大音響とともに凄まじい爆風が彼の身体を、露天甲板から海上へ吹き飛ばした。彼はその瞬間に意識

日本軍機の集中攻撃を受けた後、ホスピタルポイント（避難用浅瀬）に座礁し炎上する戦艦「ネバダ」。羅針盤艦橋付近は火災に焼かれて黒く変色している。「ネバダ」の左舷側のタグボートは、「ネバダ」に放水している。「ネバダ」の右舷水線上に南水路の位置表示ブイが見える。〔The Naval History & Heritage Command (formerly the Naval Historical Center)〕

を失った。

レイン三等兵曹は幸運だった。海面に漂っていた彼は引き揚げられ、「アリゾナ」の後方に停泊していた「ネバダ」に収容された。彼が意識を取り戻したのは、「ネバダ」の第三副砲の砲室内だった。レイン三等兵曹は大きな爆発に巻き込まれたにもかかわらず、かすり傷程度ですんだ。「ネバダ」の乗員に「アリゾナ」について尋ねると、沈没したとの答えに彼は驚いた。

このとき、南水路を航行中の「ネバダ」は、日本軍機の急降下爆撃を受けている最中だった。レイン三等兵曹がいる副砲も対空射撃をおこなっていた。炸裂音とともに至近距離に噴き上がる巨大な水柱、日本軍機の機銃掃射、また艦内火災で「ネバダ」は修羅の戦闘状況だった。レイン三等兵曹も副砲の五インチ砲弾を運ぶのを手伝った。やがて「ネバダ」には次々と爆弾が命中し、火災は広がり、明らかに速力も衰えていた。湾口へ向かっていた「ネバダ」は、南水路の中央を外れ岸辺へ針路を変えた。このままだと座礁してしまうと、レイン三等兵曹は心配したが、ホスピタルポイント（避難用浅瀬）に乗り上げることで艦は沈没をまぬがれた。

日本軍機との戦闘が終わったとき、「ネバダ」艦上では、三四人が死亡、一八人が行方不明だったが、そのほとんどがのちに死亡とされた。また一一六人が重傷を負い海軍病院な

1941年12月12日、ホスピタルポイント（避難用浅瀬）に座礁した戦艦「ネバダ」。前部の14インチ（35.6センチ）45口径砲の砲塔、その後方に司令塔。艦内の爆弾炸裂の爆圧で、前部露天甲板が隆起している。〔The Naval History & Heritage Command (formerly the Naval Historical Center)〕

どに送られた。爆弾の炸裂と機銃掃射、火災による火傷と有毒ガス吸引のため負傷者が続出し、艦内治療室だけで対応できず、艦の前部、中央部、後部に応急救護所を設営した(55)。艦後部に集められた遺体は、真珠湾海軍病院に送られる前に身元が特定され、足の親指にタグが付けられた。

1941年12月12日、ホスピタルポイント（避難用浅瀬）に座礁した戦艦「ネバダ」。破壊された「ネバダ」の前部露天甲板。これは下層甲板まで貫通した爆弾が、艦内部で炸裂した爆圧によるもの。後方に14インチ（35.6センチ）45口径砲の砲身がある。〔The Naval History & Heritage Command (formerly the Naval Historical Center)〕

1942年2月19日、ホスピタルポイント（避難用浅瀬）から引き揚げられた後、真珠湾の海軍工廠第2ドライドックに入渠した戦艦「ネバダ」。左舷38番ビームから46番ビームにかけての魚雷の破孔。343ミリ厚の舷側アーマー（甲鈑）が露出している。魚雷が命中した舷側アーマーの下部は、内部へ吹き飛ばされていた。頭部に204キロの炸薬を充填した九一式航空魚雷の破壊力は大きかった。〔The Naval History & Heritage Command (formerly the Naval Historical Center)〕

戦艦「ネバダ」被害状況
NEVADA(BB36)

真珠湾攻撃時の位置
バトルシップ・ロウ　バースFOX-8

被害　魚雷2命中
250キロ爆弾6命中
死者50人、負傷者約100人
座礁
1942年12月艦隊復帰

ネバダ級
就役1916年12月
退役1946年8月29日
排水量 基準:2万9000トン
満載3万4000トン
全長177.7m
全幅29m
吃水9.04m

機関蒸気タービン2軸推進
最大速力20.5ノット
兵装
14インチ(35.6センチ) 砲10門
5インチ(12.7センチ) 砲16門
28ミリ対空砲8門
12.7ミリ対空砲8門

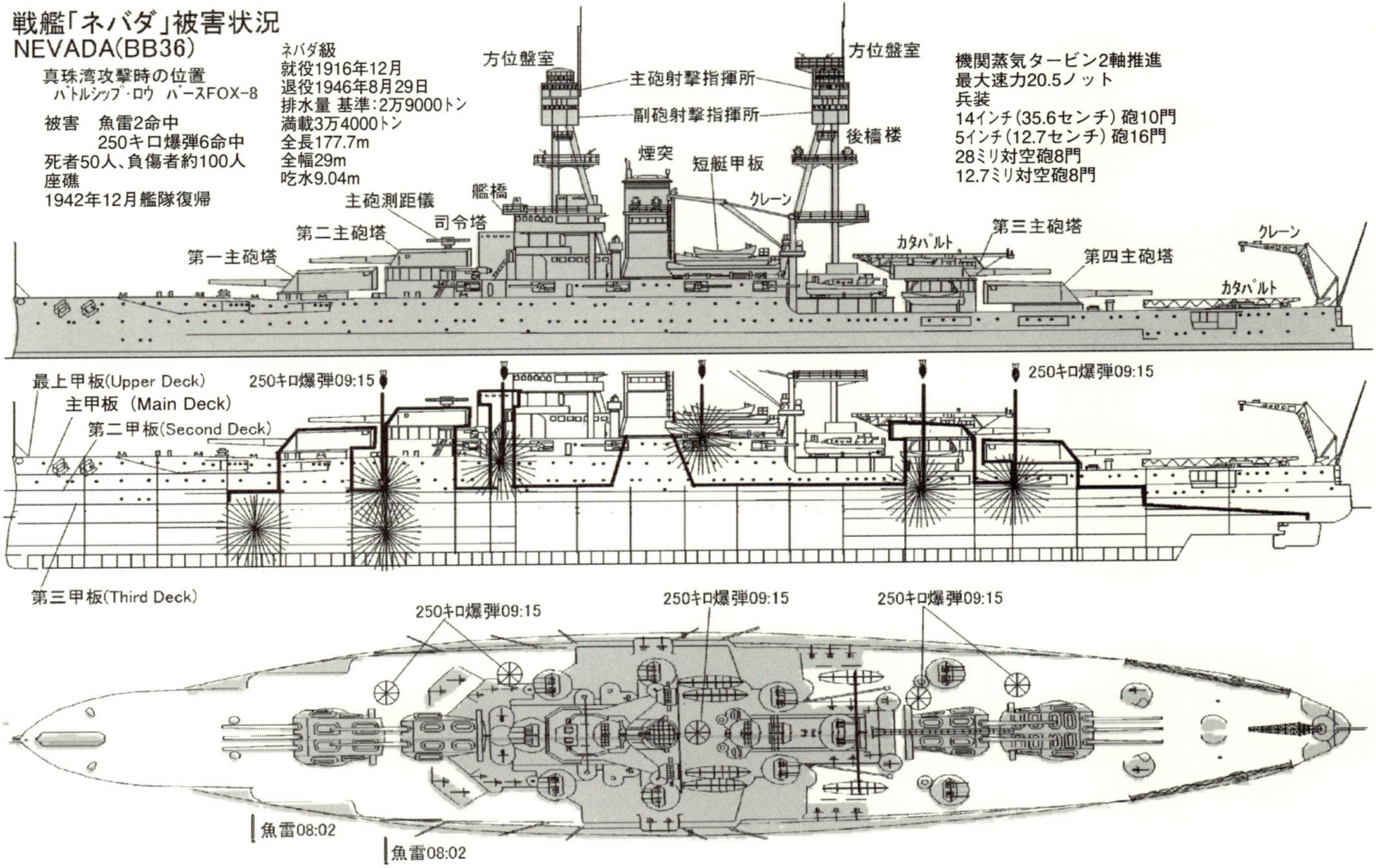

Ⅸ　地上で破壊されるアメリカ軍機

（ⅰ）アメリカ軍の航空兵力

第一次攻撃隊が真珠湾を視認できる位置に到達した〇七時四〇分頃、総指揮官の淵田美津雄中佐は、奇襲成功を確信し、奇襲での攻撃順を信号弾で攻撃隊に伝えた。しかし飛行編隊の上空の制空隊が信号を視認できず、そのため淵田中佐は再度、信号弾を発射した。ここで各隊の攻撃順に誤解が生じ、高橋赫一少佐指揮の急降下爆撃隊が真っ先に航空基地に突入した。この状況では雷撃隊が先陣をきる手はずだった。

先に述べたように、真珠湾攻撃における最初の戦闘は、航空攻撃一時間以上前の〇六時四五分、真珠湾口近海での駆逐艦「ウォード」の特殊潜航艇「甲標的」への砲撃ですでに始まっていた。しかしアメリカ軍は、この戦闘の事実確認に時間を費やし、担当部署の危機感の欠如も相まって、〇七時五三分の航空攻撃開始まで警戒態勢が発令されなかった。

ハワイ作戦はアメリカ太平洋艦隊の撃滅を第一の目的としたが、その実現のため陸上にあるアメリカ軍航空兵力の破壊が必要だった。真珠湾上空を含むハワイ諸島周辺の制空権を握って、攻撃隊と機動部隊の安全を確保しなくてはならない。アメリカ軍の戦闘機はもちろん、長距離の偵察能力をもつ哨戒爆撃機ＰＢＹ「カタリナ」も危険な存在だった。これらが離陸する前、できるかぎり地上（飛行艇は駐機海面上）において破壊することが肝要だ。

ハワイ駐留の海軍の哨戒機ＰＢＹ「カタリナ」飛行艇は、ハワイ諸島周辺、太平洋における艦隊の行動海域を広範に警戒することが任務だったが、オアフ島の近海全周を常時偵察するには、機数も搭乗員も不足していた。海軍の基地哨戒航空部隊指揮官ペリンジャー少将は、真珠湾攻撃後に開かれた査問委員会で次のように証言した。

「敵の空母が、ハワイ四五〇キロメートルに近接する前に発見するには、全周の日施哨戒が必要で、そのためには毎日八四機が一六時間の索敵任務につかなくてはならない」

戦艦と巡洋艦に搭載される航空機は、それらの艦の停泊時あるいは訓練時の哨戒に使用される。雑用機（Utility Plane）は、主に射撃訓練のため使用され戦闘用の航空機ではない[56]。

　真珠湾攻撃時、ハワイ諸島におけるアメリカ軍航空兵力は、海軍（太平洋艦隊艦載機を含む）、陸軍、海兵隊が、それぞれ次のように保有していた。

　海軍は、第一哨戒機群、第二哨戒機群の哨戒機に八一機を配備していた。機種はPBY－5「カタリナ」五四機、PBY－3「カタリナ」二七機だった。これらがカネオへ航空基地（三六機）、フォード航空基地（三三機）に分散されていた。他に海軍は、非戦闘用の小型機三二機を、バーバースポイント基地とフォード航空基地に保有し、これらは連絡任務や訓練などに使用されていた。海軍の保有する第一線の戦闘機、爆撃機、雷撃機は、太平洋艦隊に所属する空母艦載機約一三〇機で、これは真珠湾攻撃時に二隻の空母「エンタープライズ」と「サラトガ」に搭載、一部は飛行中でハワイ諸島近海の洋上にあった。

　海兵隊は、戦闘機一一機と偵察爆撃機三二機、雑用機六機をエワ基地に配備していた。

　ハワイ諸島のアメリカ軍最大の航空兵力を保有するのは陸軍だった。海軍はアメリカ太平洋軍における戦略上の役割が中心で、陸軍航空兵力はオアフ島をはじめハワイ諸島の防衛を第一の任務とし、一九四〇年以降にハワイ航空軍（Hawaiian Air Force）として編制されていた。その司令部は、フォード島の真南、海軍工廠に隣接するヒッカム航空基地だった。陸軍は、合計二六二機の航空機をヒッカム、ホイラー、ベローズの三カ所の基地に配備していた[57]。

　ヒッカム航空基地は、合計七二機を保有し、その内訳は次のとおり。戦闘機P－26A二機とP－26B一機、攻撃機としてA－20A一三機とA－1三機、爆撃機B－17D「フライングフォートレス」一二機とB－18三二機、B－24「リベレーター」一機、偵察機がO－47B一機、輸送機がC－33一機、その他雑用機三機を配備していた。

　ベローズ航空基地は、すべてが偵察機でO－47B六機とO－49七機の合計一三機のみだった。

　そしてハワイ諸島最大のアメリカ軍航空兵力は、ホイラー航空基地にあった。ここには合計一八〇機が配備されていた。内訳は、戦闘機はP－40C「ウォーホーク」一三機、P－40D「ウォーホーク」八七機とP－36A「ホーク」四四機、P－26A一四機、P－26B六機、爆撃機はB－18一機、爆撃機B－12三機、攻撃機はA－12A二機、そして偵察機O－47B一機を配備していた[58]。

　以上のようにオアフ島ならびに太平洋艦隊所属のアメリカ

アメリカ陸軍のカーチスP-36「ホーク」。1930年代に、全金属製、単葉主翼、引き込み脚などを採用した近代的戦闘機として登場したが、真珠湾攻撃時にはすでに旧式となっていた。

軍航空兵力は、海軍二四三機（二三二機とする資料もある）、海兵隊四九機、陸軍二六二機で、総計五五四機に達する。しかし海軍の艦載機一三〇機は洋上の航空母艦内にあり、航空基地の機体の約半数は、旧式で時代後れだった。航空基地にある機体で、第一線級とみなせるものは、爆撃機B－17「フライングフォートレス」、攻撃機A－20、戦闘機P－40の三機種だけだ。

真珠湾攻撃時、アメリカ陸軍の主力戦闘機はP－40「ウォーホーク」だが、旧型P－36「ホーク」からの転換がハワイ航空軍（Hawaiian Air Force）ではまだ途上だった。オアフ島全体に配備されたP－40は少なく、P－36が多数をしめていた。P－36は当時、最新鋭だった零式艦上戦闘機（零戦）の敵ではないが、機敏性が低く魚雷や爆弾を懸架する攻撃機や爆撃機にとっては大きな脅威となる。

オアフ島各航空基地では、滑走路脇のエプロンに駐機する機体は、日系人の破壊工作を警戒し、警備しやすいように機を分散配置することなく集結されてあった。このことが真珠湾攻撃時、爆撃や銃撃で地上での航空機の損害を大きくする結果をまねいた。

戦艦泊地《バトルシップ・ロウ》で魚雷攻撃が開始されるより、数分早い〇七時五三分に真珠湾攻撃での最初の一弾がヒッカム航空基地に投じられた。急降下爆撃隊の九九艦爆の投擲した陸用爆弾が、駐

真珠湾攻撃時のアメリカ陸軍の主力戦闘機だったカーチスＰ－40「ウォーホーク」。零式艦上戦闘機（零戦）型と比べ、兵装、速力、航続距離、旋回性など防御力以外ではすべて劣性だった。（スミソニアン博物館　National Air and Space Museum）

機場に落下して炸裂した。ＰＢＹ－３「カタリナ」七機を破壊、五機に損傷を与えた。その次に投じられた爆弾は、東の格納庫脇の弾火薬庫に命中、火災が発生、濛々たる黒煙が噴出した[59]。

しかし海軍の第一哨戒機群司令部にとって、攻撃の最初の暗示は、黎明哨戒（Dawn Patrol）中のＰＢＹ「カタリナ」哨戒爆撃飛行艇からの報告だった。それは真珠湾口で国籍不明の潜航艇に爆雷を投下、撃沈したというものだった。この報告がもたらされたとき、それはとうていありえない出来事のように思われた。第一哨戒機群司令部の最初の反応は、誤認による攻撃という疑惑だった。この日の朝、アメリカ海軍潜水艦の真珠湾入港の予定があり、第一哨戒機群司令部は、心配しながら太平洋艦隊総司令部に潜水艦に関する情報を問い合わせしていた[60]。九機の日本軍の戦闘機（零戦）がカネオへ航空基地に低空で飛来、機銃掃射をしたのは、この頃だった。

航空基地の警戒態勢のレベルはベーカー５で、それは四時間以内に航空機の五〇％が運用可能となることを要求、航空機の機銃と弾薬は整備補給がされていない状態だった[61]。

日本軍機は、フォード航空基地の丘に建つ管制塔と海面に繋留中の哨戒爆撃飛行艇ＰＢＹ「カタリナ」四機を銃撃した。次に滑走路脇のエプロンに駐機する数機のＰＢＹへの機銃掃射が一五分ほど続けられた。最初の攻撃から二、三分後、六機から九機編隊での戦闘機による攻撃が始まった。すべての攻撃は地上、そして飛行艇の駐機する水面、格納庫に向けられた。零戦に翼内装備された九九式二〇粍機銃の炸裂弾は、ジュラルミン製の機体を粉砕し、燃料タンクのガソリンを引火させ、アメリカ軍機は炎に包まれた。反撃に立ち上がった基地の兵士が、機銃で対空射撃を始めた。また兵士たちは滑走路とエプロンを走り回り、航空機の延焼を防ぐため、移動させることに懸命だった。格納庫に向かって走る軍の車両も機銃掃射を受けた。

陸上基地においても日本軍の攻撃は、完全な奇襲となったが、アメリカ軍の反応は迅速だった。航空基地と海軍工廠では、対空火器には弾薬の準備がなく、上空に日本軍機が乱舞するなか、兵器庫の鍵は叩き壊され小型火器が持ち出された。エプロンですでに残骸と化した軍用機の機銃座から対空射撃をする者、また機銃掃射をしながら低空を飛来する日本軍機に向けて拳銃を撃つ者もいた。

○九時三〇分、急降下爆撃機（九九艦爆）九機編隊が、カフク岬海岸線に沿って真珠湾上空に飛来、エワ航空基地の哨戒機群格納庫を目標に、高度一〇〇〇メートルから急降下爆撃をおこなった。二発の爆弾は格納庫を外れて隣接する路上で炸裂したが、爆弾二発が格納庫に命中した。そのうち一発は不発だった。格納庫内には、対空火器へ弾薬を運び出す大勢の兵士たちがいて、爆弾の炸裂で多くの者が吹き飛ばされた[62]。弾薬搬出の指揮をとっていたバックレ少佐は、爆弾炸裂点と近距離にいたにもかかわらず、奇跡的に軽傷ですんだ。

(ⅱ) ハワイ航空軍（陸軍）基地

海軍工廠の南にある陸軍のヒッカム航空基地には、交差する二本の滑走路、一〇棟の格納庫、航空関連の機械工場、パラシュート庫、給水設備、兵員宿舎などがあった。ここは爆撃機を主体とする基地で、一二機のB－17「フライングフォートレス」、B－18「ボロ」三二機、戦闘爆撃機A－20一三機を含む七二機が配備されていた。それらは、当時噂となっていた日系人の破壊工作に対応し、航空機は警備がしやすいように各機翼端を三メートル離し四列に並べられていた。搭載機銃は弾薬を外してあった。この日の朝、ヒッカム航空基地の管制塔には、ハワイ航空軍司令部の参謀たちが集まっていた。彼らは、まもなくカリフォルニアから到着する爆撃機B－17「フライングフォートレス」一七機を迎えるのを心待ちにしていた。

○七時五五分、二編隊に分かれた第一次攻撃隊の一つ、高橋少佐の率いる編隊の九九艦爆一七機がヒッカム航空基地を襲った。また真珠湾上空にアメリカ軍機不在を確認した板谷

ヒッカム航空基地の格納庫前のＢ－17Ｃ「フライングフォートレス」の機体前部。この機は真珠湾攻撃のさなか、西海岸から飛来した第三八哨戒飛行隊12機のＢ－17のうちの１機。ヒッカム航空基地に着陸後、日本軍機の機銃掃射を受け火災を起こし機体の後ろ半分が失われた。〔The Naval History & Heritage Command (formerly the Naval Historical Center)〕

茂少佐の制空隊零戦は、九機の二編隊一八機となって南東と南西方向からヒッカム航空基地に襲来した。このとき、急降下爆撃と低空での機銃掃射で、ヒッカム航空基地での死者は一八二人を数え、アメリカ陸軍航空基地で最大の人的損害を被った。駐機中の爆撃機も三四機が完全に破壊され、格納庫、兵舎などにも被害が及んだ。

第一次攻撃隊の坂本明大尉に率いられた急降下爆撃隊九九艦爆の編隊は、陸軍のホイラー航空基地を急襲した。ここは戦闘機を中核とする基地で、ハワイ航空軍（Hawaiian Air Force）のオアフ島防衛の中核だった。陸軍のホイラー航空基地には、戦闘機Ｐ－40Ｄ「ウォーホーク」八七機の他、Ｐ－36「ホーク」を含む一八〇機が配備されていた。日本軍は、この航空基地を真珠湾攻撃における最大の脅威と認識していた。この航空兵力を、早急に可能な限り地上で粉砕することが重要だった。完全な奇襲に成功した急降下爆撃隊は、エプロンに整列していた戦闘機Ｐ－40「ウォーホーク」、Ｐ－36「ホーク」の列に爆弾を投擲、それらを粉砕した。真珠湾上空に迎撃戦闘機が一機もいなかったため、板谷茂少佐の制空隊の零戦四三機も航空基地攻撃に加わり、機銃掃射で地上のアメリカ軍機を破壊した。

坂本明大尉率いる九九艦爆二五機の急降下爆撃隊は、ホイラー基地でも集結駐機していた機体を次々破壊、ガソリンに

日本軍機の攻撃で航空機と格納庫が炎上する陸軍のホイラー航空基地。この写真は日本軍機から撮影された。〔The Naval History & Heritage Command (formerly the Naval Historical Center)〕

日本軍機の攻撃で破壊されたホイラー航空基地のアメリカ陸軍機、後方の格納庫はすでに消火されているが、黒く焼け焦げている。〔The Naval History & Heritage Command (formerly the Naval Historical Center)〕

引火して航空機が炎上したため被害が拡大した。約一五分間の爆撃と銃撃で、ホイラー航空基地では、戦闘機P－40「ウォーホーク」を含む合計八八機、ホイラー航空基地の所属機の約半数が失われた。

第一次攻撃の終了と〇九時〇二分に始まる第二次攻撃の間隙をぬって、ホイラー、ハレイワの両航空基地より、戦闘機P－36とP－40約四〇機が迎撃に舞い上がった。板谷茂少佐の制空隊は、空中戦で四機を撃墜しているが、制空隊は他の多くのアメリカ軍機とは会敵しなかった。第一次攻撃隊が去った約三〇分後、ホイラー航空基地に第二次攻撃隊が襲来した。このときは八機の零戦が急襲し、離陸のため滑走路を移動中の戦闘機も銃撃を受けた。第二次攻撃でホイラー航空基地は、五機が破壊され二人が死亡した。この基地にたいする二次にわたる日本軍の攻撃で、二七人が死亡、五三人が負傷し、他に六人が行方不明とされた。

オアフ島の東海岸カイルア湾付近にある陸軍の小規模な航空基地も、日本軍機の攻撃を受けた。このベローズ航空基地には、偵察機O－47六機だけが配備されていた。ここには〇八時三〇分に第一次攻撃隊の零戦一機、〇九時〇五分に第二次攻撃隊の零戦八機（九機とする資料もある）の機銃掃射がなされた。日本軍機の爆撃はなかった。その結果、五機が破壊され、二人が死亡、四人が負傷した。

陸軍のホイラー航空基地の戦闘機Ｐ－40「ウォーホーク」の残骸、機体の後部は火災で焼失、尾翼は構造材だけが残されていた。〔The Naval History & Heritage Command (formerly the Naval Historical Center)〕

オアフ島の東部を北から東南に連なる山脈の西側、島の北部に陸軍のハレイワ航空基地があった。ここは真珠湾からはもっとも離れた航空基地で、日本軍はこの基地の存在を知らず、空襲をまぬがれた。日本軍の真珠湾における上空制圧はほぼ完璧だったが、果敢に反撃し日本軍機を撃墜したアメリカ軍機はハレイワ航空基地から離陸した。ケネス・テイラー中尉とジョージ・ウェルチ中尉は、二〇〇一年五月に公開されたハリウッド映画『パール・ハーバー』に登場する二人の陸軍パイロットのモデルとなった。映画『パール・ハーバー』は、史実の無視あるいは過剰な演出を批判されたが、興行的には成功をおさめた。

ケネス・テイラー中尉とジョージ・ウェルチ中尉の陸軍パイロット二人は、ホイラー航空基地で仲間と夜通しポーカーに興じた。その翌朝が日本軍の真珠湾攻撃だった。彼らは、ホイラー航空基地から電話でハレイワ航空基地にＰ－40「ウォーホーク」の出撃準備を依頼した。空襲で大損害を受けたホイラー航空基地からは、戦闘機で離陸できそうもなかったからだ。二人は車で、ハレイワ航空基地へ急行した。それからテイラー中尉とウェルチ中尉は、それぞれＰ－40で〇八時一五分に離陸し、真珠湾上空で日本軍機四機を撃墜した。撃墜されたのは零戦ではなく、第二次攻撃隊の九九艦爆だと思われる。二人は搭乗するＰ－40の弾薬を撃ちつくすと、ホイラー航空基地に着陸し、弾薬と燃料を補給して再び迎撃に舞い上がった。戦闘中にテイラー中尉は腕を負傷したが、彼らはさらに日本軍機三機の撃墜を報告している。二人は、第二次攻撃隊撤収後の一〇時〇〇分にホイラー航空基地に帰還した。この時間帯、ホイラー航空基地からは、他に戦闘機四機が離陸、日本軍機を迎撃したと記録されている。

ハレイワ航空基地には、真珠湾攻撃のさなか、西海岸のカリフォルニアから飛来したB－17「フライングフォートレス」一二機のうちの一機が日本軍機の追尾を逃れ着陸している。

ハワイの防衛を担う陸軍のハワイ航空軍（Hawaiian Air Force）は、死者一七四人、負傷者三三六人、行方不明四三人で、最大の犠牲者をだしたのはヒッカム航空基地だった。

（iii）海軍・海兵隊航空基地

第一次攻撃隊で最初に攻撃を始めたのは、高橋赫一少佐が指揮する急降下爆撃隊の九九艦爆五一機だった。急降下爆撃隊は高度四五〇〇メートルに上昇後、二編隊に分かれ、それぞれの目標に向かった。高橋少佐のひきいる一隊はフォード航空基地とヒッカム航空基地へ、坂本明大尉の一隊は、ホイラー航空基地に突入した。

海軍のフォード航空基地には、第一哨戒機群、第二哨戒機群の哨戒機として哨戒爆撃飛行艇ＰＢＹ「カタリナ」三三機が配備されていた。日本軍航空隊の真珠湾攻撃は、ヒッカム航空基地でもっとも早く開始された。〇七時五〇分に管制塔から国籍不明の飛行編隊が視認され、最初の爆弾投下が〇七時五三分だった。それは高度約五〇メートルから投擲される急降下爆撃で、六〇キロあるいは二五〇キロの陸用爆弾が航空機格納庫を吹き飛ばした。

突然の空襲に驚いたハワイ海軍航空隊司令部の参謀ローガン・ラムゼー中佐は、フォード航空基地から「真珠湾が攻撃を受けている。これは演習ではない！」と繰り返し無線を発信した。数分後、太平洋艦隊総司令部はサンフランシスコの海軍基地へ日本軍の真珠湾攻撃を通報、これは首都ワシントンのウィリアム・ノックス海軍長官の下に転送された。ルーズベルト大統領とハル国務長官が、日本軍の攻撃を知ったのはワシントン時間の一四時〇〇分（ハワイ時間〇八時三〇分）少し前だった。同時刻、国務省では野村吉三郎、来栖三郎の両大使が、日本政府が最後通牒と主張する文書を携えて国務省に急いでいた。

フォード航空基地では、三三機の哨戒爆撃飛行艇ＰＢＹ「カタリナ」のうち、哨戒飛行中の七機と整備中の二機の計九機を除く二四機が失われた。格納庫、飛行艇駐機場も炎上し大きな被害を被ったが、日曜日の早朝で休暇や出勤前の兵

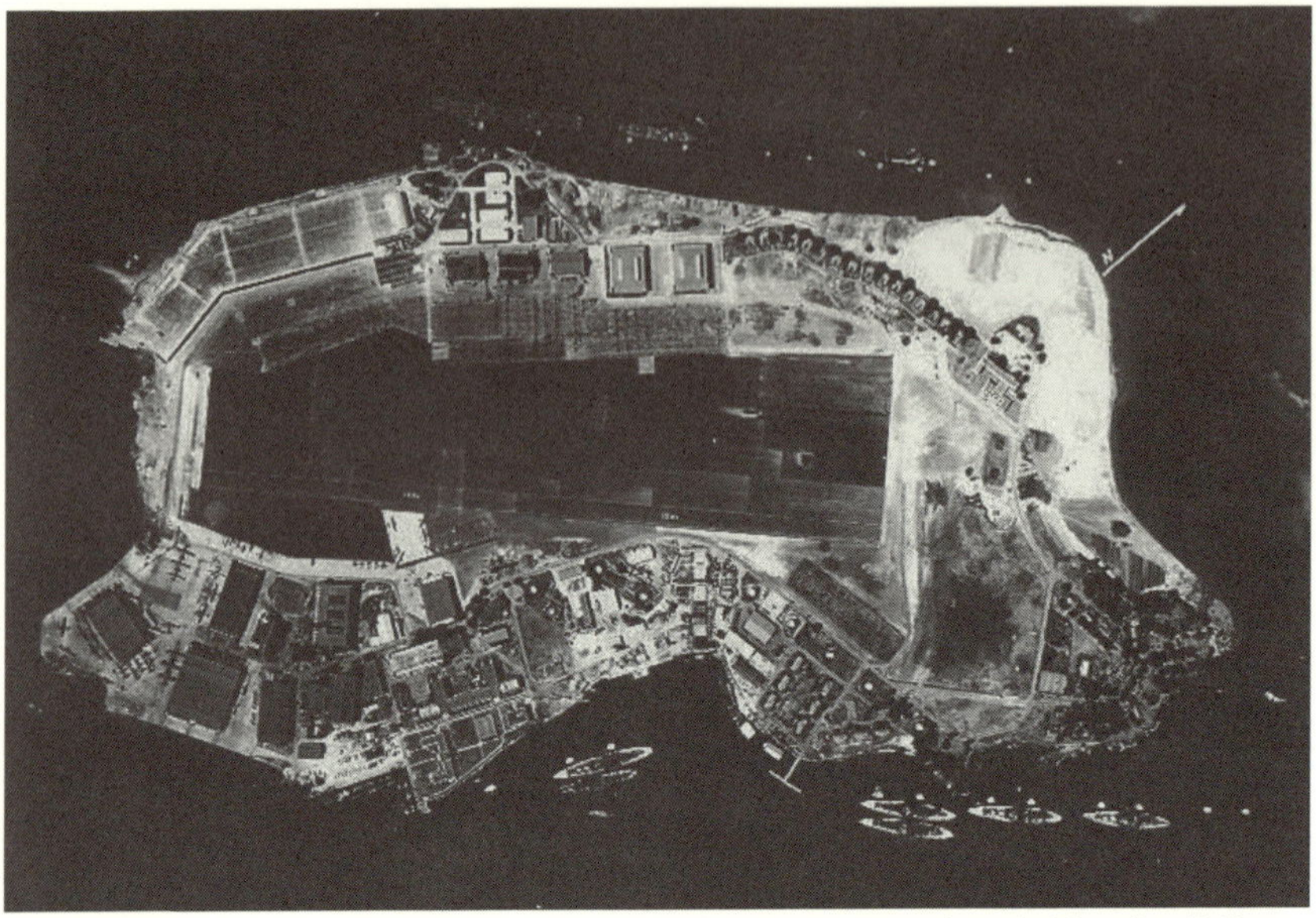

真珠湾攻撃の２カ月前の1941年10月に直上から撮影されたフォード島。画面右の島の沿岸に、真北の方向を示す白い矢印が書き込まれている。フォード島のかなりの面積が、海軍の航空基地の滑走路に使われていた。画面下、島の東南沿岸の戦艦泊地に５隻の戦艦が停泊、そして画面上部、島の北西の沿岸には空母「レキシントン」と水上機母艦１隻、巡洋艦１隻が停泊している。画面の左下の海軍航空基地の格納庫前には、多数の哨戒爆撃飛行艇ＰＢＹ「カタリナ」が見える。〔The Naval History & Heritage Command (formerly the Naval Historical Center)〕

海軍のフォード航空基地。哨戒爆撃飛行艇ＰＢＹ「カタリナ」、偵察機ＯＳ２Ｕ、ＳＯＣの機体の後方、海軍工廠ドックに入渠中の駆逐艦「ショー」から火焰が噴き上がった。〔The Naval History & Heritage Command (formerly the Naval Historical Center)〕

海軍のカネオヘ航空基地の格納庫で炎上する哨戒爆撃飛行艇ＰＢＹ「カタリナ」。〔The Naval History & Heritage Command (formerly the Naval Historical Center)〕

士も多く、死者は一人だけで負傷者は二五人だった。

第一哨戒機群、第二哨戒機群の哨戒爆撃飛行艇ＰＢＹ「カタリナ」八一機のうち、海軍のカネオヘ航空基地には三六機が配備されていた。真珠湾口で〇六時三三分、日本軍の特殊潜航艇を発見し攻撃したのは、この基地のＰＢＹだった。この報告を受け同基地では、ＰＢＹ数機を緊急発進できるように待機させた。〇七時五〇分頃に来襲した零戦は、基地の水面上に駐機中のＰＢＹ四機を銃撃、それらを炎上させた。続いて陸上にあったＰＢＹも機銃掃射にさらされ、カネオヘ航空基地にあったすべてのＰＢＹ「カタリナ」三三機が破壊された。哨戒飛行中の三機のＰＢＹ「カタリナ」だけが難を逃れた。

第一次攻撃が〇八時二五分頃に終了、〇九時〇二分に第二次攻撃が始まるが、この時刻には各航空基地とも防空態勢がほぼ完了していた。第二次攻撃をおこなう日本軍機は、地上からの激しい砲撃と機銃射撃にみまわれた。第二次攻撃隊制空隊の飯田房太大尉の零戦は、カネオヘ航空基地を攻撃中、被弾し燃料タンクが損傷した。その破孔からガソリンが噴出、飯田大尉は母艦への帰還が不可能だと判断した。「蒼龍」艦戦分隊長だった彼は、攻撃終了時に列機を率いて母艦の方角へ誘導し、部下に帰投針路を理解させた。それから単機反転、カネオヘ航空基地へ舞い戻り、急降下で格納庫に突入、自爆

グラマン社が開発したＦ４Ｆ「ワイルドキャット」。海軍と海兵隊で採用、真珠湾攻撃時の最新鋭の艦上戦闘機だったが、その大部分が離陸前に地上で破壊された。〔The Naval History & Heritage Command (formerly the Naval Historical Center)〕

した。

海兵隊のエワ航空基地は、オアフ島の南西部にあり、四九機を保有していた。この中には新型の急降下爆撃機ＳＢＤ「ドーントレス」三二機、Ｆ４Ｆ「ワイルドキャット」一一機などが含まれていた。しかし、多くの航空機が八時少し前に始まった最初の攻撃で破壊された。零戦の二編隊が、北西方向から三〇〇メートルの高度で飛来、急降下すると滑走路脇に駐機中の飛行機群を機銃掃射した。その光景に衝撃を受けながら、操縦士と航空兵は飛行機に駆け寄り、離陸の準備を始めようとしたが、炎上した機の火災が他機に延焼しないよう引き離すことで精一杯だった。零戦は、エワ航空基地に繰り返し飛来し執拗に銃撃を続けた。日本軍機が〇八時二五分に去ると、火災に包まれ破壊された機体とその破片が、滑走路とエプロンに散乱していた。

エワ航空基地の第二一海兵隊航空部隊の兵士は、機関銃とライフルまで用意し反撃した。銃撃を受け飛行できなくなった哨戒爆撃機の後部機銃にも兵士が配置につき、破壊された機体から機銃を取り外して土嚢で囲んだ地上の銃座に備えつけた。〇八時三五分、真珠湾の方角から二機の急降下爆撃機（九九艦爆）がエワ航空基地に飛来し、数個の六〇キロの陸用爆弾を投下した。それから零戦の編隊が再び来襲、機銃掃射した。この頃、攻撃を終えた第一次攻撃隊の各中隊は撤

真珠湾攻撃のさなか、アメリカ西海岸から飛来、ヒッカム航空基地に着陸した陸軍の爆撃機B－17「フライングフォートレス」。遠方に立ち上る煙は、対岸の戦艦泊地で炎上する戦艦からのもの。〔The Naval History & Heritage Command (formerly the Naval Historical Center)〕

退のためバーバース岬上空に集合していた。零戦は二機あるいは三機編隊で、エワ航空基地の上空を旋回、降下しては対空火器に照準して機銃掃射を繰り返した。それは第一次攻撃隊が海上へ飛び去った〇八時四五分まで続けられた。攻撃中、三人が死亡し、さらに重傷を負った者一人が後に死亡した。負傷者一三人は救護所で治療を受けた。エワ航空基地では配備されていた五一機のうち三三機が破壊された。第二三一海兵隊哨戒爆撃隊所属の一八機は、ミッドウェー島近海を航行中の空母「レキシントン」の格納庫にあり被害をまぬがれた[63]。

(iv) 西海岸から飛来したB－17

オアフ島の北端、カフク岬の陸軍第五一五対空警戒信号隊のSCR270移動レーダー基地では、〇七時〇〇分頃に淵田中佐の第一次攻撃隊の大編隊を捕捉していた。これをフォートシャフター防空指揮所に通報したが、ここで事実誤認が生じ、国籍不明の大編隊の接近情報はハワイ航空軍司令部に伝わらなかった。この誤解は、アメリカ西海岸カリフォルニアからフィリピンへ長距離飛行をするB－17の編隊が、給油と点検のためオアフ島に立ち寄るという飛行計画から生じた。

第三八哨戒飛行隊のB－17「フライングフォートレス」一二機は六機ずつの二群に分かれ、八時を少し回った頃、飛行計画にある着陸地、オアフ島のヒッカム航空基地に向け北方から接近、高度を下げつつあった。搭乗員たちは、カリフォルニアからの一四時間の飛行で疲れ果て、ハワイでの一時の休息を心待ちにしていた。すべてのB－17は機体重量軽減のため、爆弾はもちろん機銃の弾薬も積まず、長距離飛行に必要な最低限の搭乗員だけが乗り込んでいた。雲の切れ目からオアフ島が視認され、操縦士は安堵した。しかしヒッカム航空基地とその北西方向の真珠湾から濛々たる黒煙が立ち上っている。編隊の先頭を飛ぶB－17の操縦士トルーマン・ランドン少佐は当初、これを演習かあるいは事故と考えたが、すぐにヒッカム航空基地の管制塔から緊急連絡を受けた。

「西から東に向けて着陸せよ。注意しろ。今、基地はジャップの攻撃を受けている」

非常事態を知り、ただちにB－17の編隊は散開したが、上空にアメリカ軍機を発見した制空隊の零戦数機は、地上への機銃掃射をやめ急上昇に移った。零戦の追撃を受けながらB－17一二機のうち八機は、そのままヒッカム航空基地へ緊急着陸した。一機はオアフ島の東方へ逃れカイルア湾近くのベローズ航空基地に、島の北方へ退避した三機のうち二機がハレイワ航空基地になんとか降りることができた。そして一機が被弾損傷して、島の北部のカフク・ゴルフ場に不時着した。零戦に追われながら緊急着陸した機から、搭乗員は飛び降り、全力で走って機体から離れた。ヒッカム航空基地へ着陸した八機のうち四機は、零戦の機銃掃射を浴び炎上して失われた。

X　海軍工廠ドック

八時数分前から開始された第一次攻撃隊の戦闘は、約三〇分間続き、魚雷と爆弾を使い果たした第一次攻撃隊各隊は〇八時三〇分頃、バーバース岬上空で帰還前の空中集合をおこなっていた。総指揮官の淵田美津雄中佐の九九艦攻だけが、戦果確認のため真珠湾上空に留まっていた。同機は機銃弾数発を被弾していたが、飛行に支障はなかった。嶋崎重和少佐の率いる第二次攻撃隊一六七機が、オアフ島北端のカフク岬の上空に現れたのは八時四三分で、第一次攻撃隊の多くが撤収してからまもなくだった。

第二次攻撃隊はカフク岬の上空で、水平爆撃隊五四機、急降下爆撃隊七八機、そして制空隊三五機の三手に分かれた。そして第一次攻撃隊撤収から約三〇分後の〇九時〇二分、攻撃を開始した。水平爆撃隊の艦攻五四機は、カネオへ、フォード、ヒッカムなどの航空基地を、急降下爆撃隊の艦爆七八機は東方山脈を越えて真珠湾の艦艇を攻撃した。真珠湾上空は、第一次攻撃によって艦艇、陸上の航空機や施設が炎上し、濛々たる黒煙に覆われていた。またオアフ島上空では雲量が増していた。そのため視界は不良で、水平爆撃も急降下爆撃も高度を落として爆撃照準をしなくてはならなかった。

第二次攻撃隊の水平爆撃は、目標を艦艇ではなく航空基地のみとし、それらは二五〇キロ陸用爆弾二発あるいは六〇キロ通常爆弾六発を懸架していた。最初に高度を下げて降下し攻撃目標を確認後、再び高度四〇〇〇メートルくらいまで上昇、爆撃運動に入る九七艦爆も多かった。また艦艇から撃ち上げられる対空射撃の曳光弾の光跡をたどり、黒煙の中に目標を捜すこともしなくてはならなかった。

制空隊の零戦三五機は、オアフ島の制空権を第一次攻撃隊から引き継ぎ、反撃してきたアメリカ軍戦闘機数機を撃墜して制空権を持続した。続いて航空基地へ機銃掃射をおこなった。

フォード島の戦艦泊地《バトルシップ・ロウ》の対岸にある海軍工廠付近の海面とドックには、真珠湾攻撃時に二七隻の艦艇がいた。この中で被害を被ったのは、第一ドライドックに入渠中の戦艦「ペンシルバニア」、駆逐艦「カシン」と「ダウンズ」、そして岸壁に停泊中の機雷敷設艦「オグララ」、軽巡「ヘレナ」、「ホノルル」などだった。

(i) 戦艦「ペンシルバニア」

戦艦「アリゾナ」と同級の「ペンシルバニア」は真珠湾攻撃時、戦艦泊地《バトルシップ・ロウ》と南水路を挟んだ海軍工廠の第一ドライドックに補修工事のため入渠していた。アメリカ太平洋艦隊の旗艦「ペンシルバニア」のプロペラシャフトは取り外されており、ドックから引かれた管とケーブルで蒸気、電力、水が供給されていた。「ペンシルバニア」の艦首方向、同じドック内には、「カシン」、「ダウンズ」の二隻の駆逐艦が入渠し、西側の浮きドックには駆逐艦「ショー」が入っていた。「ペンシルバニア」の艦尾方向、バースB－2は「ペンシルバニア」の通常の停泊位置であるが、真珠湾攻撃時、ここに巡洋艦「ヘレナ」が投錨していた。入渠中でかつ日曜日ということで「ペンシルバニア」に訓練の予定はなかったが、前檣楼の対空機銃には人員が配置されていた。同艦にはC・M・コーク艦長をはじめ一三九五人が乗艦しており、不在は八一人、多くの乗員が艦内にいた。[64]

一九一三年十月にニューポート・ニューズ造船所で起工された「ペンシルバニア」は、一九一五年五月に進水、翌年六月に竣工した。「ペンシルバニア」級は、当時世界最大の戦艦「扶桑」型に対抗するため建造された。基準排水量三万三一〇〇トン、全長一八五メートル、全幅三二メートル、主砲は「扶桑」型と同じ一四インチ（三五・六センチ）砲一二門を三連装砲塔四基におさめる。副砲は五インチ五一口径砲一〇門。パーソンズ式の直結式タービンを採用した機関最大出力は三万一五〇〇馬力、最大速力は二一ノット（時速三九キロメートル）である。「ペンシルバニア」は当初より艦隊旗艦となることを想定し、艦橋や司令塔の容積、設備が拡張された。同級艦「アリゾナ」と同様、近代化改装を経て、魚雷防御のバルジ、対空兵装が装備された。

〇七時五七分頃、第一ドライドックの対岸にあるフォード島から爆発音が響いてきた。二度目の爆発があったとき、戦艦「ペンシルバニア」でも空襲警報が発令され、その直後に総員配置が命じられた。入渠中の同艦では隔壁扉完全閉鎖（Condition Zed）の処置はとられなかった。〇八時〇二分、西と南の方角から日本軍機の少数編隊が飛来し、戦艦泊地《バトルシップ・ロウ》の戦艦群の方向へ降下し始めた。フォード島を視認できる位置にいた「ペンシルバニア」の乗員は、真珠湾の海面に雷撃機が這い、魚雷を投じる光景に驚いた。そして明らかに命中したと思われる巨大な水柱が、戦艦群に林立した。

1941年1月7日に南側から撮影された真珠湾。手前に油槽タンク群、海軍工廠とドック、その向こうにフォード島。フォード島沿岸の北西（左上方）に空母「レキシントン」が停泊している。
〔The Naval History & Heritage Command (formerly the Naval Historical Center)〕

真珠湾攻撃後の海軍工廠のドック周辺。海面には被害を受けた艦から流出した重油層が広がっている。海軍工廠第1ドライドックには戦艦「ペンシルバニア」、その前方に駆逐艦「カシン」と「ダウンズ」が入渠中で、日本軍機の攻撃を受けた。〔The Naval History & Heritage Command (formerly the Naval Historical Center)〕

アメリカ太平洋艦隊の旗艦の戦艦「ペンシルバニア」。〔(The Naval History & Heritage Command (formerly the Naval Historical Center)〕

魚雷の投下運動に入る雷撃機は、「ペンシルバニア」の近距離を低空飛行したので、〇八時〇五分頃、それらを照準し対空射撃が始まった。人員が配置され射撃準備ができていた前檣楼の対空機銃は、もっとも早く射撃を開始した。ほとんどの銃座や砲座には、弾薬がまったく置かれていないか、あったとしても少なかった。多くの乗員たちは、弾薬庫の鍵を受け取る時間を惜しみ、弾薬庫の鍵を叩き壊して弾薬箱を運び出した。「ペンシルバニア」では、すべての対空火器が射撃可能だった。

雷撃照準中の雷撃機（九七艦攻）一機が、「ペンシルバニア」の右舷の一八〇〇メートルで被弾し焔に包まれ、海面に激突した。「ペンシルバニア」の機銃員たちは、この撃墜を自分たちの戦果と主張した。この頃、急降下爆撃隊の攻撃を受けたフォード島やヒッカム航空基地から立ち上る黒煙が、上空を覆って対空射撃の視界が悪くなってきた。

当初、日本軍の攻撃は停泊中の戦艦群に集中したが、それらが大損害を被って炎上、戦艦泊地《バトルシップ・ロウ》が黒煙に包まれると、攻撃は海軍工廠の艦艇に向けられた。〇九時〇二分以降、一〇機から一五機が、海軍工廠ドックにたいし急降下爆撃をおこなった。それは明らかに入渠中の「ペンシルバニア」と二隻の駆逐艦を狙っていた。[65]「ペンシルバニア」の対空射撃は、自艦へ突入する日本軍機へ集中された。「ペンシルバニア」

に急降下、左舷方向へ離脱した機から投じられた爆弾は、ドックのケーソン（作業用防水性与圧室、水密フロート、ドックの鉄浮戸）に命中した。急降下爆撃機（九九艦爆）は、爆弾の投擲前と投擲後の全速離脱中に激しい機銃掃射を「ペンシルバニア」艦上に浴びせた。

この頃、浮きドックに入渠中の駆逐艦「ショー」が急降下爆撃で命中弾を受け、火焔に包まれた。同艦はこの火災が原因で、一〇時〇〇分に前部の主砲弾火薬庫が誘爆、竜骨部破断、艦首が吹き飛ぶ大爆発を起こした。

〇八時四〇分過ぎ、南水路を航行中の戦艦「ネバダ」が「ペンシルバニア」の右舷後方の五〇〇メートルに目撃された。「ネバダ」を目標に急降下する爆撃機（九九艦爆）にたいし、「ペンシルバニア」の対空火器は猛烈に射撃をおこなった。しかし「ネバダ」には数発の爆弾が命中、前部に火災を発生させ速力が低下した。「ネバダ」がフォード島沿岸の浅瀬に乗り上げると、急降下爆撃隊の編隊が「ペンシルバニア」上空に飛来した。

〇八時三〇分から〇九時一五分までの間、「ペンシルバニア」の艦上では五回にわたる高々度からの水平爆撃編隊が目撃された。最初のそれは海軍工廠の上空を通過、戦艦泊地《バトルシップ・ロウ》の戦艦群を爆撃した。その次の編隊は、「ペンシルバニア」左舷艦首側から飛来し、ドライドック内の艦艇を目標にした。四機から六機のV字型編隊で、「ペンシルバニア」の中心線に沿って高度三〇〇〇から三五〇〇メートルで直進を維持し、艦首あるいは艦尾方向から爆撃照準をおこなった。

〇九時〇六分、爆弾一発が「ペンシルバニア」艦首方向に入渠中の駆逐艦「ダウンズ」を直撃した。「ペンシルバニア」もほぼ同じ時刻に一発の直撃弾を受けた。爆弾は短艇甲板に命中、そこに直径五〇センチの穴をあけ、主甲板を貫通しながら軌道が変化、第二甲板に到達して第九副砲（五インチ五一口径単装砲）の砲郭で炸裂した。短艇甲板の搭載艇用燃料タンクが損傷し、燃料が下層甲板へ流れ引火した。主甲板は下からの爆圧のため上方へひどく膨張した。爆発時、三インチ砲の砲弾二四個入りの箱が第二甲板にあったが、それは誘爆しなかった。副砲砲室、主甲板と第二甲板が火災となったが、消火管に水圧がなく消火は困難だった。艦内から多くの消火器が集められ使用された。この爆弾によって士官二人、下士官兵二六人が死亡、三〇人が負傷した[66]。

日本軍の空襲を受けている間、「ペンシルバニア」艦内に四カ所の応急救護所が設置された。救護室は、戦闘時に兵員がもっとも負傷する確率の高い対空砲、対空機銃、舷側砲との往来が容易な場所におかれる。爆弾が炸裂した第九副砲は、救護室が設けられた准士官食堂の直上の甲板で、爆圧で軍医と衛生兵も死亡している[67]。

アメリカ海軍が作成した「ペンシルバニア」の戦闘報告書[68]には、同艦が水平爆撃で被弾したことが、日本軍機の飛行編隊の様子などを交え詳しく述べられている。しかし「ペンシルバニア」の被弾について、急降下爆撃によるものと書かれた資料は多い。「ペンシルバニア」の被弾時刻は、駆逐艦「ダウンズ」に爆弾が命中した〇九時〇六分とほぼ同時刻である。第二次攻撃隊、急降下爆撃隊の九九艦爆七八機が攻撃を開始したのは〇九時〇二分の後であり、時間的には急降下爆撃隊が「ペンシルバニア」に爆弾を命中させたとするのが適当と思われる。また命中した爆弾については、「ペンシルバニア」戦闘報告書にA 500-lb（二二五キロ爆弾）と記されており、それは急降下爆撃隊が使用した九九式二五番通常爆弾（二五〇キロ爆弾）とほぼ一致する。

「ペンシルバニア」の副砲（高角砲）は、射程距離内を飛行した多くの日本軍機に射撃した。対空火器の消費弾薬量は、五インチ（一二・七センチ）六五〇発、三インチ（七・六センチ）は三五〇発、そして機銃弾は六万発だった。[69]しかし五インチ砲と三インチ砲の砲弾は、発射の瞬間から炸裂までのカウントダウンをおこなう信管の調停時間が短すぎ、弾幕は目標に届いていなかった。太平洋戦争後期、対空射撃で大きな威力を発揮したアメリカ軍のVT信管（Variable Time Fuse、近接信管）は、この時点ではまだ開発されていなかった。

「ペンシルバニア」にたいする最後の攻撃は、左舷から艦上を南方向へ通過する九九艦爆による機銃掃射だった。これはメインマストの機銃座の防御盾に約三〇発の銃弾痕を残した。同機は右舷側の対空機銃の猛烈な射撃を受け、被弾損傷して白煙を噴きながら海軍工廠近くの病院の敷地内に墜落した。真珠湾攻撃時、「ペンシルバニア」対空戦闘の最終的な撃墜数として、見張り員は最大六機と報告し、そのうち二機が「ペンシルバニア」の射撃のみ、他の撃墜については他艦あるいは陸上からの射撃との共同と、報告書に記載された。[70]

「ペンシルバニア」艦首方向には、同じ第一ドライドック内に二隻の駆逐艦が並んで入渠していた。それらは日本軍の空襲で被弾しひどい火災を発生させていた。ドックへの注水は、すでに〇八時二〇分から開始されていた。それは「ペンシルバニア」のC・M・コーク艦長が、主砲弾火薬庫への被弾、そして誘爆を懸念して、海軍工廠にドックへの注水を要請していたからだ。ドック内が一定の水量で満たされたら、主砲弾火薬庫へ危険がおよぶ状況ですぐに主砲弾火薬庫へ注水が可能となる。「ペンシルバニア」の三基のプロペラシャフトは、補修工事で外されたままだったが、最悪の状況への対処を優先した。

〇九時〇七分にドック内に爆弾が落下、炸裂したが、それ

戦艦「ペンシルバニア」被害状況

PENNSYLVANIA(BB38)

真珠湾攻撃時の位置
海軍工廠第1ドライドック

被害　250キロ爆弾1命中
死者28人、負傷者30人
1942年3月艦隊復帰

ペンシルバニア級
就役1916年6月12日
退役1946年8月29日
排水量 基準：3万3100トン
満載3万6500トン
全長185.32m
全幅32.39m
吃水10.05m

機関パーソンズ式ギヤード・タービン
4軸推進
最大速力21ノット
兵装
14インチ(35.6センチ)砲12門
5インチ(12.7センチ)砲10門
28ミリ対空砲8門
12.7ミリ対空砲8門

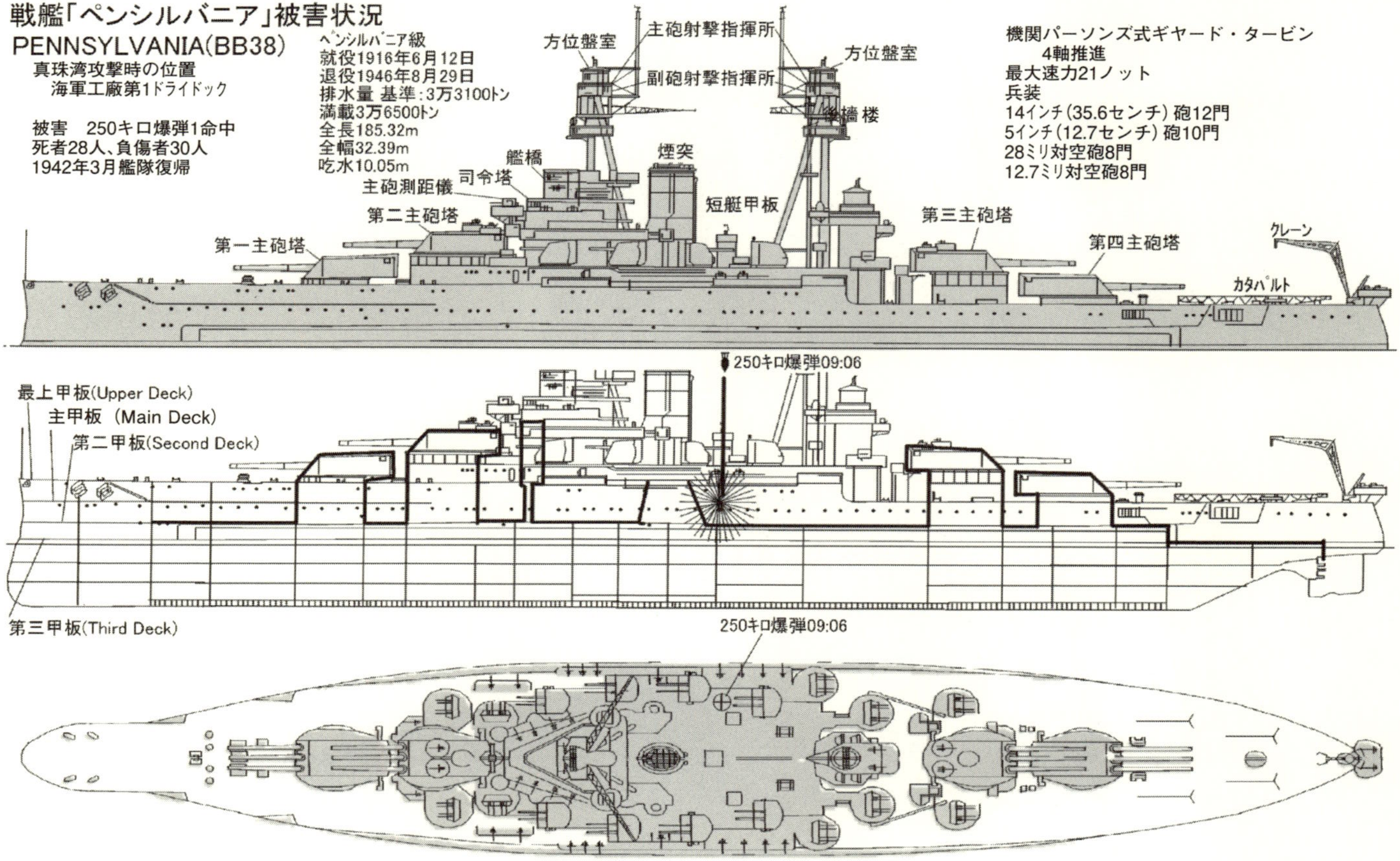

海軍工廠第1ドライドック内で破壊された駆逐艦「ダウンズ」(左側)、「カシン」(右側)。「カシン」は傾斜し「ダウンズ」に倒れかかっている。その後方に戦艦「ペンシルバニア」。さらに後方の黒煙は、戦艦「アリゾナ」とその周辺海面の重油火災からのものである。〔The Naval History & Heritage Command (formerly the Naval Historical Center)〕

によって電力が断絶し消火管の圧力も失われた。対空射撃と消火作業に必要な電力を「ペンシルバニア」艦内で確保する必要から、〇九時三〇分に第四ボイラー（缶）が点火された。しかし艦の煙突から排出される煙は、対空射撃の視界を妨げた。一〇時一〇分頃にはドックに海水が充分に入り、一〇時二八分、艦内の二つの発電機が稼働、そして艦の消火用とビルジ用ポンプが機能し始めた。この時刻、日本軍機はすでに引きあげ、その後、攻撃に現れることはなかった。

　ドック内の駆逐艦「カシン」と「ダウンズ」の火災はますますひどくなり、二隻とも全体が炎に包まれるほどになった。駆逐艦には魚雷や主砲弾薬などが搭載されたままで、それらの誘爆が心配された。炎はドック内の水面に流れ出た重油に引火、「ペンシルバニア」の右舷艦首の塗料が燃えだした。ドック外では陸上から工廠の作業員が、消火ホースで放水を続けていたが、炎上する駆逐艦「ダウンズ」には放水が届かない。〇九時四一分、ついに「ダウンズ」右舷の魚雷または主砲弾火薬庫が爆発を起こした。凄まじい爆圧が、五〇〇トンの重量のある「ダウンズ」の魚雷発射管を「ペンシルバニア」まで吹き飛ばし前檣楼に直撃させた。この爆発で、第一ドライドックとその周辺にも鉄片が広範に飛び散り、消火作業も一時、中断を余儀なくされた。「ペンシルバニア」への延焼が心配されたが、消火作業の再開で火災は鎮火にむかった。

（ii）駆逐艦「カシン」・「ダウンズ」

戦艦「ペンシルバニア」が入渠する海軍工廠の第一ドライドック内、その艦首方向に駆逐艦「ダウンズ」と「カシン」が入っていた。それらの艦も整備補修中で動力を停止していたので、ドックから電気、真水、海水の供給を受けていた。補修作業中、何人もの士官が許可を得て上陸していた。

　〇七時五三分頃、駆逐艦「カシン」では、D・F・J・シア艦長が、食堂に向かおうと自室を出たところで、通路を走ってきたE・L・ジェイムズ砲術長にヒッカム航空基地が爆撃されていると告げられた。彼らは艦尾へ向かい、左舷の扉を開けて露天甲板に出た。約三〇メートルの低い高度から、エンジン音を響かせ急上昇する見慣れない機体を見た。逆光のなか、主翼下面に描かれた赤い円が確認できた。ヒッカム航空基地からは黒煙が上がっていた。シア艦長は、ジェイムズ砲術長に総員配置を命じ艦橋に向かった。主砲の五インチ（一二・七センチ）三八口径は、一部が整備中ですべてが射撃ができないが、五〇口径の機銃は射撃が可能だった。

　この時刻、村田重治少佐指揮の雷撃隊が戦艦泊地《バトルシップ・ロウ》の戦艦群にたいし攻撃を開始していた。〇八時〇五分、シア艦長は雷撃機（九七艦攻）が、南西方向から第一ドライドックを平行に、

真珠湾攻撃から数日後の海軍工廠第１ドライドック。火災鎮火後の駆逐艦「ダウンズ」。〔The Naval History & Heritage Command (formerly the Naval Historical Center)〕

真珠湾攻撃から数日後の海軍工廠第１ドライドック。空襲中に注水されたドックの水はすでに排水されている。駆逐艦「ダウンズ」（左側）、「カシン」（右側）。後方に戦艦「ペンシルバニア」が入渠している。〔The Naval History & Heritage Command (formerly the Naval Historical Center)〕

機雷敷設艦「オグララ」。真珠湾攻撃時、海軍工廠の岸壁に停泊していた同艦は、軽巡洋艦「ヘレナ」に命中した魚雷の爆圧で船殻を損傷、岸壁から移動後に転覆した。〔The Naval History & Heritage Command (formerly the Naval Historical Center)〕

軽巡洋艦「ヘレナ」は真珠湾攻撃時に、太平洋艦隊旗艦ペンシルバニアの停泊位置バースＢ－２に繋留されていたため、日本軍に戦艦と誤認されて雷撃を受けた。〔The Naval History & Heritage Command (formerly the Naval Historical Center)〕

第２次攻撃時、第２浮きドックに入渠中の駆逐艦「ショー」の前部弾薬庫が爆発した。画面右には、戦艦「ネバダ」の前部と主砲塔が見える。〔The Naval History & Heritage Command (formerly the Naval Historical Center)〕

高度二〇メートルで海面を這うのを目撃した。それは明らかに南水路の対岸の戦艦群を狙っている。雷撃機は「カリフォルニア」まで約一八〇メートルの距離で魚雷を投下し、艦の上部構造物をかすめるように離脱した。数秒後、「カリフォルニア」の前檣楼付近からマストを凌駕するほどの高さの巨大な水柱が噴出した。

駆逐艦「カシン」の対空機銃は、海軍工廠ドック上空で雷撃運動をとる日本軍機を目標に射撃を始めた。〇八時一〇分、被弾した日本軍機が、尾翼から白煙を噴きながら、第一ドライドックと平行に飛行し、海軍病院近くの木に衝突した。それから二、三分後、五機編隊の攻撃機（九七艦攻）の編隊が、高度三六〇〇メートルで第一ドライドックの直上を飛行、それらは対岸の戦艦泊地《バトルシップ・ロウ》を水平爆撃した。

戦艦「ペンシルバニア」の要請で、第一ドライドックに注水するとの連絡を受け、「カシン」のD・F・J・シア艦長は驚いた。彼の艦は、補修工事のため船殻の一部が取り外されていた。この状態でドックに注水されれば、大量浸水し艦は大きな損害を被る。シア艦長は、機銃員以外のすべての乗員にたいし、緊急に隔壁扉完全閉鎖（Condition Zed）をするよう命じた。しかし補修工事のため区画から区画へ引かれた電線やケーブルを取り除くのがやっかいだった。そしてシア艦長は、ドックへの注水について「ペンシルバニア」艦長と話し合うため、「ペンシルバニア」へ向かった。彼は、ドックから艦の舷側に渡された橋を走り、ドックの脇を進んで「ペンシルバニア」への橋を渡った。「ペンシルバニア」の艦首に着いたとき、駆逐艦「ダウンズ」にたいし急降下爆撃があり、爆弾はその上部構造物に着弾、閃光とともに炸裂、黒煙が立ち上った。

シア艦長は、「ペンシルバニア」の司令塔でC・M・コーク艦長に会った。ドックへの注水について駆逐艦「カシン」の状況を訴えたが、彼は注水は絶対に必要だと言った。ドックに入渠中で身動きのできない艦は、いつ爆弾が命中するかもしれない。爆弾の炸裂や火災によって主砲弾火薬庫が誘爆を起こしたら最悪だ。一刻も早く火薬庫に注水できる状態にする必要がある。そのためにはまずドックへ注水しなくてはならない。補修工事中の「ペンシルバニア」でもプロペラシャフトは取り外されており、ドックに注水すればそこから当然、浸水するが、それにかまってはいられない。C・M・コーク艦長はそう話した[71]。

そうしている間に、ドック内の艦艇を目標に、続けざまに急降下爆撃がおこなわれた。「ダウンズ」には二五〇キロ爆弾が二発命中した。発生した火災で、〇九時四一分、右舷側魚雷発射管に装塡されていた魚雷の弾頭が誘爆し、主甲板と艦の右舷側、缶室と機関が大きな損傷を受けた[72]。魚雷発射管は、艦尾方向の「ペンシルバニア」の前檣楼まで吹き飛んでいった。

結局、駆逐艦「ダウンズ」と「カシン」は激しく炎上し、乗員たちは艦を離れざるを得なかった。その後、ドックの注水とともに「カシン」は、船殻を取り外されていた部分から大量に浸水、バランスを失い盤木を外れて隣の「ダウンズ」に倒れかかった。翌日になって火災は鎮火したが、二隻の駆逐艦はドック内で黒く焼けただれ無残な姿をさらしていた。

(ⅲ) その他の艦艇

第一次攻撃隊の多くの雷撃機(九七艦攻)は、戦艦泊地《バトルシップ・ロウ》の戦艦群に殺到したが、いくつかの隊は南水路を挟んでその対岸にある海軍工廠の埠頭に接岸していた艦艇を雷撃した。軽巡洋艦「ヘレナ」は、海軍工廠の岸壁に機雷敷設艦「オグララ」と並んで、その陸側に停泊していた。その位置は通常は太平洋艦隊旗艦「ペンシルバニア」が投錨する場所だった。また村田重治少佐の指揮する雷撃隊の一分隊が、機雷敷設艦「オグララ」を戦艦と誤認、攻撃をおこなった。

フォード島西側から侵入した長井彊大尉の「蒼龍」雷撃隊四機は、海軍工廠付近に停泊する多数の小型艦艇から激しい機銃掃射を受けながら、〇八時〇一分に機雷敷設艦「オグララ」を照準し魚雷を投下した。直径四五センチ、全長五四二・七センチ、全重量八三八キロ、頭部に炸薬二〇四キロを充塡した九一式魚雷改二は、四二ノット(時速七八キロメートル)で駛走した。「オグララ」は、その大きな船体のわりには喫水が浅く、魚雷はその艦底を通過、隣の軽巡洋艦「ヘレナ」に命中した。右舷八〇番ビームに魚雷一本の直撃を受けた「ヘレナ」は激震し右舷側の機械室と缶室に急速に浸水した。しかしまもなく復原し対空射撃を継続した[73]。魚雷の直撃をまぬがれた機雷敷設艦「オグララ」も、「ヘレナ」で炸裂した魚雷の爆圧で水線下の船殻を破壊された。浸水し傾斜を増した同艦は、軽巡「ヘレナ」へ倒れかかるのを避けるため、タグボートの支援で移動させられ、岸壁から離れた海域で約三〇分後に転覆した[74]。

海軍工廠岸壁に停泊していた軽巡洋艦「ホノルル」は、命中弾は受けなかったが至近弾で損害を被った。それは第二次攻撃隊の急降下爆撃によるもので、二五〇キロ爆弾が左舷側の突堤に命中し炸裂した。「ホノルル」の左舷四〇番ビーム付近の船殻の水線下に損傷を負い、接合部のリベットが弛緩し倉庫と弾火薬庫に浸水が生じ、第二砲塔への電路が断絶した[75]。

フォード島の北西側に停泊していた軽巡洋艦「ローリー」も被害を受けた。近くの海域には戦艦から改造された標的艦「ユタ」と軽巡の「デトロイト」が投錨していた。第一次攻

真珠湾攻撃後、残骸と化した駆逐艦「ショー」。第２浮きドックは海水で満たされている。〔The Naval History & Heritage Command (formerly the Naval Historical Center)〕

撃隊の雷撃隊で第二中隊四機を指揮する中島巽《たもつ》大尉は、通常は空母の停泊地となっているフォード島北西側の水路に大型艦を発見し、これを戦艦または空母と認識した。〇八時〇三分、軽巡「ローリー」には左舷に魚雷二本が命中、第二缶室、前部機械室に浸水した。そして第二次攻撃の急降下爆撃によって六〇キロ爆弾一発が命中、それは三層の甲板を貫通し、舷側から艦外へ飛び出した。艦内での爆弾炸裂はなかったが、破孔から浸水した[76]。軽巡洋艦「デトロイト」と「ローリー」も雷撃を受けている。

海軍工廠の第二浮きドックには、駆逐艦「ショー」が入渠していた。第二次攻撃時、急降下爆撃による二五〇キロ爆弾一発が直撃、また一発がドックに着弾、炸裂したことで、爆圧と無数の鉄片を浴びて「ショー」は損傷した。被弾で発生した火災は、一〇時〇〇分頃、「ショー」の前部の主砲弾火薬庫を誘爆させ、竜骨部破断、艦首が吹き飛んだ[77]。この光景は遠くからも視認され、爆発の規模は戦艦「アリゾナ」の艦首を切断した同艦の前部主砲弾火薬庫誘爆に次ぐ凄まじさだった。

フォード島西岸沖、北水路に停泊していた水上機母艦「カーチス」は、第二次攻撃隊の急降下爆撃で一発の二五〇キロ爆弾が船体中心線の左舷側格納庫前部に命中した。この九九式二五番通常爆弾は、第二甲板で炸裂、水上機格納庫を破壊

工作艦「ベスタル」。真珠湾攻撃時、工作艦「ベスタル」は、「アリゾナ」の外側に停泊していた。大型徹甲爆弾が２発命中し、浸水の増加が止められず、同艦は移動後に座礁した。〔The Naval History & Heritage Command (formerly the Naval Historical Center)〕

した[78]。また対空砲火に被弾損傷し、母艦への帰投が不可能と判断した一機の九九艦爆が〇九時〇五分、同艦右舷に突入自爆した。機体はクレーンを直撃し、クレーンとマストのアンテナが破壊され、火災が発生し被害が拡大した。自爆したのは「蒼龍」艦爆隊の第一中隊第二二小隊の三番機、操縦士丸山賢治三飛曹と偵察員桑原秀安二飛曹の搭乗機だった。同中隊では、第二一小隊の三番機、川崎悟三飛曹と偵察員高橋亮一一飛曹の搭乗機も、損傷を受けた後駆逐艦に体当たりをおこない、操縦士、偵察員とも戦死した。

　北水路に通じるパールシティのドック付近に、一機の日本軍機が着水した。その報告を受け駆逐艦「モンゴメリー」が急行すると、付近の海上に損傷した機体（九九艦爆）があった。ボートを降ろし調査に向かうと、一人の搭乗員が波間に浮かぶ機体に取り付いていた。アメリカ兵士はボートで接近しながら、降伏するよう命じた。しかし彼は拳銃を向けたので、即座に射殺されてしまった[79]。

　この日、戦艦泊地《バトルシップ・ロウ》北のＦＯＸ－７の海側に、戦艦「アリゾナ」に並んで停泊していた工作艦「ベスタル」は、魚雷の命中はまぬがれたが、水平爆撃で八〇〇キロの大型徹甲爆弾二発の直撃を受けた。命中箇所は一発が艦の前部、もう一発が艦尾だった。爆弾の炸裂によって船殻に数多くの破孔が生じ、艦尾側に著しく浸水、主甲板にまで水位が上がった。〇八時

フォード島北西の沿岸ＦＯＸ－11で、魚雷攻撃を受け転覆しかかっている標的艦「ユタ」。〔The Naval History & Heritage Command (formerly the Naval Historical Center)〕

三〇分、同艦は錨を引き揚げることのできないまま、炎上する「アリゾナ」の傍からタグボートの助けで移動、フォード島の北東の浅瀬で座礁した。

　真珠湾攻撃時、通常は空母の停泊地であるフォード島北西の沿岸ＦＯＸ－11に投錨していた標的艦「ユタ」は、空母あるいは戦艦と誤認され攻撃を受けた。同艦は「フロリダ」級戦艦の二番艦として一九一一年に就役し、戦艦の新旧交代で標的艦として改造された。甲板上には主砲塔はなく、訓練で投じられる模擬弾を受けるために太い木材が組まれていた。〇八時〇三分頃、「ユタ」を戦艦と誤認した雷撃隊の中島巽《たもつ》大尉が指揮する第二中隊の放った魚雷が、「ユタ」の左舷に相次いで命中、大量浸水で一〇分後には左舷側への傾斜が八〇度に及び、復原措置も間に合わず、〇八時一三分にそのまま転覆した。

　短時間で転覆した「ユタ」の艦内にも多くの乗員が閉じ込められた。彼らの救助作業は、日本軍機がまだ真珠湾への攻撃をおこなっている間に開始され、海面に露出している「ユタ」の艦底が酸素アセチレントーチで焼き切られた。しかし助け出されたのは一人だけだった。[80]

　真珠湾攻撃時、給油艦「ネオショー」は、戦艦泊地《バトルシップ・ロウ》のほぼ真ん中に繋留されていた。同艦は、アメリカ西海岸から運んできた高オクタン価の航空機用燃料をフォード島の貯蔵施設

1940年3月3日に高度5000メートルから撮影されたフォード島とそれを取り巻いて停泊する艦艇群。戦艦８隻と空母「ヨークタウン」が、島の南東沿岸に、戦艦２隻が画面下左側の海軍工廠岸壁に接岸している。また巡洋艦19隻と駆逐艦32隻が確認できる。その多くが、画面右の海面、“East Loch”（東の入江）に停泊している。〔The Naval History & Heritage Command (formerly the Naval Historical Center)〕

に移し終えたばかりだった。しかし艦内タンクには気化したガソリンが充満している。被弾すれば爆発炎上の危険が高く、そうなれば被害は「ネオショー」のみならず陸上の貯蔵施設にも及ぶ。艦長のジョン・S・フィリップス少佐は、「ネオショー」の機関を起動させ航進、戦艦泊地《バトルシップ・ロウ》から退避することにした。このとき戦艦「オクラホマ」は、被雷後約八分で転覆し、その艦尾をかすめるように「ネオショー」は進んだが、幸運なことに日本軍機の攻撃を受けなかった。

〇七時五五分、雷撃機がフォード島東南の戦艦泊地《バトルシップ・ロウ》に殺到したが、フォード島北東の海域に停泊していた駆逐艦戦隊にたいする攻撃はなかった。〇八時〇八分、第一駆逐艦戦隊の司令官は、第二駆逐艦戦隊にたいし湾内を哨戒するよう命じ、駆逐艦戦隊は行動を開始した。その後、第一駆逐艦戦隊の旗艦「ドビン」は爆撃機の攻撃を受け、三発の至近弾のうち一発が艦尾の真下で炸裂した。この海中爆発での弾片と激震が、後部砲塔の一人を死亡させ二人に重傷を負わせた。この至近弾は無線室にも被害をもたらした[81]。

一機の日本軍機が駆逐艦「バルティモア」の右舷に突入、自爆したが、これは対空射撃で損傷を受けた空母「蒼龍」所属の九九艦爆だった。同機の操縦士川崎悟三飛曹と偵察貞高橋亮一一飛曹の二人は戦死した。

(ⅳ) 特殊潜航艇の攻撃

その日の早朝、真珠湾口で特殊潜航艇にたいし駆逐艦「ウォード」が砲撃したのは、〇六時四五分だった。砲撃と爆雷攻撃の後、多量の油が海面に確認され、潜航艇を撃沈したと「ウォード」艦長ウィリアム・W・アウターブジリッジ大尉は判断した。彼はこれを〇六時五四分、第十四海軍区司令部に報告した。同司令部は、真珠湾にたいする敵の攻撃に疑念をもちながらも、〇七時三〇分に緊急出動艦に指定していた駆逐艦「モナガン」に出動を命じた。「モナガン」は機関始動、暖機運転中に真珠湾への日本軍の航空攻撃を目撃することになる。〇八時二七分、第一次攻撃隊が撤収のため空中集合を始める頃、「モナガン」はようやく航進を始め、湾内に侵入したかもしれない日本軍の特殊潜航艇を捜した。

駆逐艦「モナガン」は、フォード島の北方をソナーで探査、低速航行中、水上機母艦「カーチス」に敵潜航艇発見の信号旗を掲げたのを認めた。その直後に「カーチス」と工作艦「メズーサ」は、海面に向け砲撃を開始した。湾内で発見された特殊潜航艇は、「カーチス」に照準して魚雷一本を発射したが、これは外れて背後のパールシティの港湾岸壁に当たった。急行した駆逐艦「モナガン」も、この特殊潜航艇に照準して砲撃を開始した。しかし命中弾のないまま潜航艇との距離が詰まったので、「モナガン」は艦首で体当たりしよ

海軍工廠岸壁の破壊された特殊潜航艇「甲標的」。この潜航艇は、駆逐艦「モナガン」に撃沈され、海底から引き揚げられた。潜航艇の船殻のへこみは、爆雷攻撃での爆圧の凄まじさを物語っている。潜航艇の後方、自動車の並ぶ上部は、機密とすべき軍事施設などが写り込んでいたため検閲で塗りつぶされている。〔The Naval History & Heritage Command (formerly the Naval Historical Center)〕

うとそのまま進んだ。特殊潜航艇は真っ直ぐに接近してくる駆逐艦「モナガン」へ魚雷一本を発射したが、これも外れてフォード島の岸壁に当たった。「モナガン」はそのまま突っ込み、特殊潜航艇に乗り上げ通過した。「モナガン」は後方へ爆雷二個を投下、轟音とともに巨大な水柱が噴出した。陸地に近い海域での戦闘だったため「モナガン」は浅瀬に艦底を接触し座礁したが、後進をかけて離脱した。爆雷を投じた海面には油膜が漂い、この特殊潜航艇を撃沈したと「モナガン」は報告した。

第二次攻撃がほぼ終了した頃、軽巡洋艦「セントルイス」は真珠湾から外洋へ出るため南水路を南下、湾口から出た〇九時三〇分、二本の魚雷が右舷四五度で駛走してきた。魚雷は回避され、一番ブイの標識のある浅瀬の岩礁に接触して爆発した。「セントルイス」の見張員は南西方向九〇〇メートルに特殊潜航艇の司令塔を発見、右舷の五インチ（一二・七センチ）四門を斉射、これを撃沈した。この潜航艇は、真珠湾に侵入した古野艇か広尾艇、あるいは横山艇と思われるがはっきりしない。

酒巻和男少尉が艇長をつとめる酒巻艇は、ジャイロコンパス（転輪羅針儀）に故障があり、方位判別や潜航深度維持もままならない状態で「伊二四潜」から発進した。海上に潜望鏡を出して周囲を視認し、現在位置と針路を知る必要があるが、それではアメリカ軍の哨戒に容易に発見される。すでに真珠湾で航空攻撃が開始されていた〇八時一七分、酒巻艇も駆逐艦「ヘルム」に発見され砲撃を受けた。船殻に損傷を被ったが、この駆逐艦の追跡をかわし退避した。しかし操艦に支障があり、湾口を南下、ダイヤモンドヘッドを回って東海域にすすみ、蓄電池を使い果たしオアフ島東海岸のベローズ航空基地近くの浜辺に乗り上げてしまった。

戦闘能力を喪失した特殊潜航艇を処分するため、酒巻少尉は自爆用の時限信管を起動、稲垣兵曹とともに脱出した。しかし艇は自爆せず、酒巻少尉は時限信管を再起動させるため引き返す途中、荒波にのまれた。その後、稲垣兵曹は溺死したが、酒巻少尉は浜辺に打ち上げられ、意識を失っている間にアメリカ軍に拘束された。

以上のように、特殊潜航艇の真珠湾攻撃は終わった。五隻の特殊潜航艇のうち、真珠湾に三隻が侵入、二隻（三隻とする資料も多い）がアメリカ軍艦艇に魚雷を発射した。日本海軍は、特殊潜航艇がなんらかの戦果をあげたものと推定、決死の作戦を自らすすんで実行した潜航艇搭乗員を二階級特進、国民の戦意高揚のため「九軍神」として讃えた。太平洋戦争の最初の日本兵捕虜となった酒巻和男少尉は、軍神からは除かれたが、その理由は説明されなかった。

XI　南雲機動部隊の戦線離脱

〇七時五三分（五五分とする資料も多い）に始まった真珠湾攻撃は、第一次攻撃、第二次攻撃と続き一〇時少し前に終了、航空攻撃は二時間に満たなかった。真珠湾に停泊中のアメリカ太平洋艦隊は、戦艦八隻、軽巡洋艦三隻、駆逐艦四隻、水上機母艦一隻、標的艦一隻、工作艦一隻、機雷敷設艦一隻など二一隻の艦艇が沈没または損傷を受けた。またオアフ島の海軍、海兵隊、陸軍（ハワイ航空軍）所属の一八八機が破壊され一五九機に被害が及んだ。空母「赤城」の南雲機動部隊司令部では、詳細な戦果報告を淵田美津雄中佐から受ける前に、アメリカ太平洋艦隊ならびにハワイの航空兵力は甚大な被害を被ったと判断していた。

(i) 攻撃隊の収容

その日の黎明時刻、淵田美津雄中佐の指揮する攻撃隊を発進させた後、南雲機動部隊はそれらの帰投を容易にするため南下して、真珠湾の北一九〇海里（三五〇キロメートル）までオアフ島北岸に接近した。攻撃を終えた機は、オアフ島北端カフク岬から約三〇キロの待機空域に集合し、そこから帰路についた。南雲機動部隊に近いオアフ島の北方海域上空ではなく、この位置を空中集合の場所としたのは、日本軍機を追尾するアメリカ軍機によって、日本艦隊の位置が露見するのを恐れたからだった。第一次攻撃隊の集合時間は〇八時四五分までとされた。[82]この空域には九七艦攻が旋回し、航法と電波受信機の能力が限られる零戦や損傷した機が母艦に帰投するのを支援した。各機は編隊あるいは単機でそれぞれの母艦へ向かった。

オアフ島北方海域に位置する空母は六隻、航空機の着艦のため、風上へ首向、高速航行で攻撃隊の収容をおこなった。攻撃隊の収容時にも波は荒く、飛行甲板の動揺が大きく着艦の難易度は高かった。多くの機は一〇時三〇分から一三時三〇分の間に着艦した。

真珠湾攻撃中、僚機に墜落を目撃された機もあったが、各中隊の指揮官も部下の状況をすべて把握していたわけではなかった。無事帰投した搭乗員たちは、飛行甲板のエプロン上で不安に駆られながら仲間の帰還を待ちわびた。攻撃の後、彼らは一九〇海里（三五〇キロメートル）も飛行しなくてはならない。対空砲火による発動機や燃料系などの機体の損傷、自機あるいは母艦の位置の喪失、アメリカ軍機の追撃が心配された。母艦に帰投困難な場合、ハワイ諸島西のはずれニイハウ島付近の海面に着水し、搭乗員を「伊七四」潜水艦が収容する計画だった。しかしニイハウ島はオアフ島から二〇〇キロも離れており、また潜水艦は昼間潜水行動で海面下からの潜望鏡観測では互いの発見は困難だった。

空母「翔鶴」の所属機二機が、帰路を見失い、機動部隊に誘導電波の発信を無線で要請してきた。しかし南雲機動部隊司令部は作戦要領に従い、沈黙を守り、彼らは洋上に消えた。複座の九九艦爆あるいは三座の九七艦攻では、航法計算に専念できる通信員、観測員が同乗しているが、操縦士一人の零戦は目標物の少ない洋上で位置喪失となる危険性が高い。またいくつかの中隊では、非公式な命令として、自機が損傷し母艦への帰投が困難と判断された場合、アメリカ軍艦艇あるいは軍施設へ突入、自爆せよと上官が伝えていた。実際、機体損傷後にこれを実行した機が少なくとも四機あった。

一三時〇〇分以降、第二次攻撃隊は次々と空母に着艦した。その後、単機で帰投する機がまばらに続き、それも途絶えた。一三時五二分に南雲機動部隊司令部は、攻撃隊収容作業の終了を決断した。それと同時に各航空母艦は、次の攻撃隊の発進準備作業をあわただしく開始した。このとき、真珠湾にたいする「第二撃」が決定されていなかったが、敵から攻撃を受ける可能性が高い海域で、常に臨戦態勢をとる空母の当然の処置だった。

淵田美津雄中佐直率の第一次攻撃隊は、九七艦攻（雷撃機）四〇機、九七艦攻（爆撃機）四九機、九九艦爆五一機、零戦四三機の一八三機からなっていた。未帰還は、九七艦攻（雷撃機）五機、九九艦爆一機、零戦三機の計九機（二〇人）だった。嶋崎重和少佐指揮の第二次攻撃隊は、九七艦攻（爆撃機）五四機、九九艦爆七八機、零戦三五機の一六七機で真珠湾に向かったが、九九艦爆一四機、零戦六機の計二〇機（三四人）が未帰還だった。以上、第一次と第二次攻撃隊を合わせると、九七艦攻（雷撃機）五機、九九艦爆一五機、零戦九機の計二九機（五四人）が失われた。そのうち「飛龍」所属の零戦一機は、ハワイ諸島西端の小島、ニイハウ島に不時着、搭乗員の西開地重徳一飛曹はその後に死亡したことが戦後になって判明した。

完全な奇襲に成功した第一次攻撃隊は、アメリカ軍側の対空射撃の遅れ、少数の戦闘機の迎撃という好条件の結果、損

真珠湾近くのフォート・カメハメハの Building 52に墜落した零式艦上戦闘機（零戦）二一型。この機は、尾翼にＡ１-１５４の識別番号と胴体に赤い帯があることから空母「赤城」所属機。〔The Naval History & Heritage Command (formerly the Naval Historical Center)〕

フォート・カメハメハのBuilding 52に墜落した零式艦上戦闘機（零戦）二一型の操縦席。画面の中央部に、アメリカ製のフェアチャイルド社の無線羅針盤（RC-4型　シリアルナンバーは４８４）が見える。〔The Naval History & Heritage Command (formerly the Naval Historical Center)〕

失率は四・九％だった。しかし第二次攻撃隊では、すでにアメリカ軍の戦闘機の多くが地上で破壊されていたとはいえ、艦艇や陸上からの激しい対空射撃を浴びたため、損失率は一二・〇％にはね上がった。第一次と第二次攻撃隊全体の損失率は八・三％となった。機種別では、高々度で爆撃照準をおこなう水平爆撃隊の九七艦攻はすべてが帰還、しかし雷装した九七艦攻（雷撃機）は五機が撃墜され、機種別損失率は一二・五％だった。雷撃は、低空飛行で照準、魚雷投下時の速度制限のため比較的低速で目標艦艇に接近しなくてはならず、また艦艇の側からすると、対空射撃仰角が小さく照準も容易で命中弾を受けやすい。急降下で目標に肉迫、接敵距離の短い九九艦爆は、対空機銃などにより一五機が撃墜され、これは機種別損失率が一一・六％と高かった。

所属母艦ごとの未帰還機は次のようである。第一次攻撃隊では「赤城」零戦一機、「加賀」九七艦攻五機、零戦二機、「蒼龍」なし、「飛龍」なし、「翔鶴」九九艦爆一機、「瑞鶴」なし。第二次攻撃隊では「赤城」九九艦爆四機、「加賀」九九艦爆六機、零戦二機、「蒼龍」九九艦爆二機、零戦三機、「飛龍」九九艦爆二機、零戦一機、「翔鶴」なし、「瑞鶴」なし。したがって攻撃隊全体では、「赤城」九九艦爆四機、零戦一機、「加賀」九七艦攻五機、九九艦爆六機、零戦四機、「蒼龍」九九艦爆二機、零戦三機、「飛龍」九九艦爆二機、零戦一機、「翔鶴」九九艦爆一機、「瑞鶴」なし、となる。「瑞鶴」では損失機が一機もなく全機が帰投している。それにたいし「加賀」では一五機も未帰還となり三一名が戦死した。

（ⅱ）戦線離脱

南雲機動部隊司令部は、攻撃隊総指揮官の淵田美津雄中佐をはじめ帰還した各中隊指揮官、その他の搭乗員からの戦果報告を聴取、呉の聯合艦隊司令部に次のように打電した。

「敵主力艦二隻轟沈、四隻大破。巡洋艦四隻大破。以上確実。飛行機多数撃破。我飛行機損害軽微」

ハワイ作戦の第一の攻撃目標、アメリカ太平洋艦隊の戦艦部隊はほぼ壊滅、さらにハワイのアメリカ軍航空兵力にも相当の損害を与えた。南雲忠一中将は、当初の作戦目的は達成されたと評価した。しかし第一航空艦隊の航空参謀源田実中佐、第三戦隊司令官三川軍一中将は、真珠湾にたいし反復攻撃として「第二撃」をすべきと主張した。また第二航空戦隊の司令官山口多聞少将は、空母「蒼龍」から発光信号で「第二撃準備完了」を送り「第二撃」を促した。

「第二撃」の攻撃目標は、海軍工廠や燃料貯蔵タンクなどの軍港施設だった。真珠湾には、広大な二つの地域に四五〇万バレル（六一万トン）の貯蔵量のある燃料タンク群、艦船

真珠湾から引き揚げられた九九式艦上爆撃機（九九艦爆）。この機は被弾し、尾翼が吹き飛ばされていた。空母「加賀」所属機。〔The Naval History & Heritage Command (formerly the Naval Historical Center)〕

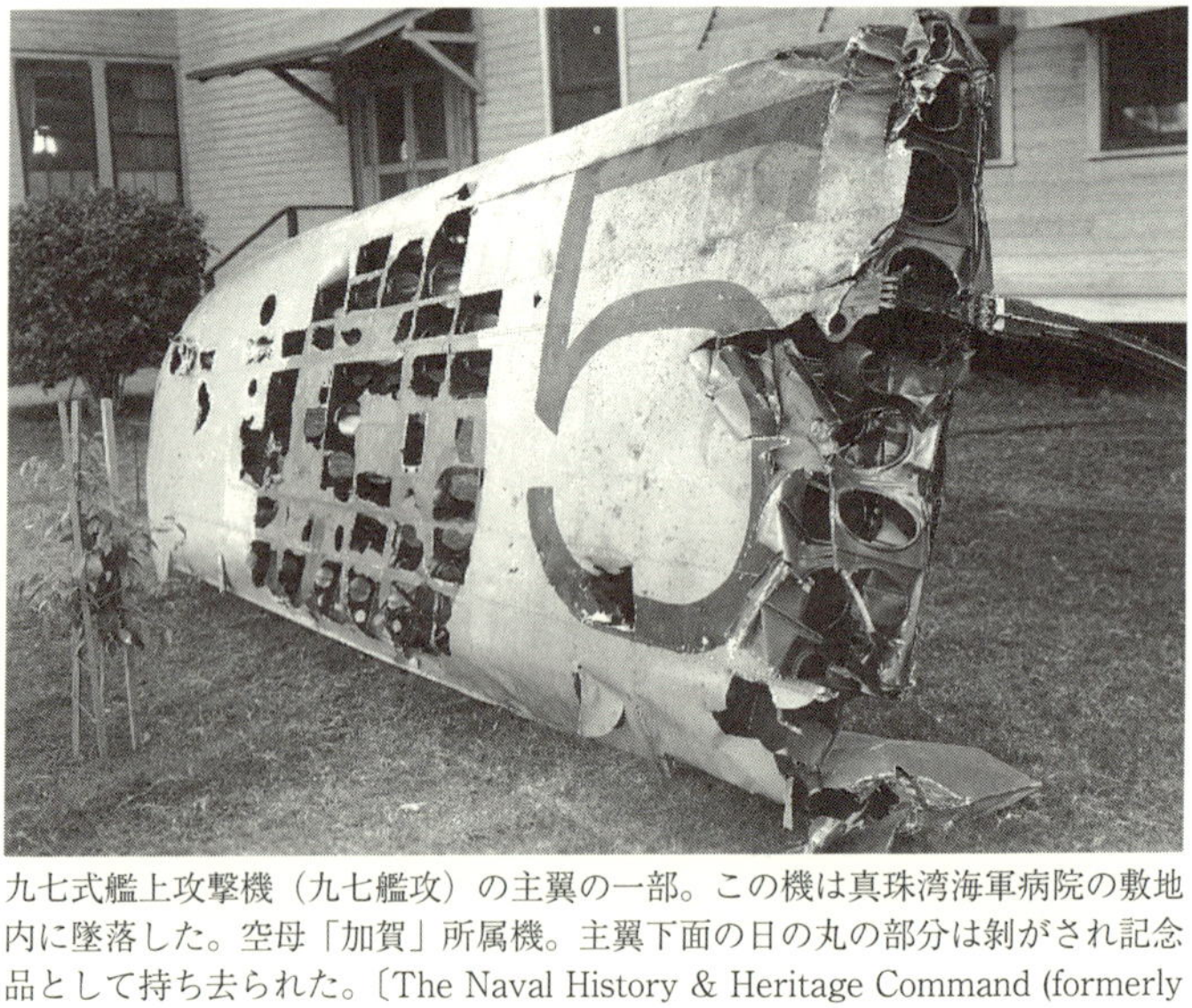

九七式艦上攻撃機（九七艦攻）の主翼の一部。この機は真珠湾海軍病院の敷地内に墜落した。空母「加賀」所属機。主翼下面の日の丸の部分は剝がされ記念品として持ち去られた。〔The Naval History & Heritage Command (formerly the Naval Historical Center)〕

の修理に不可欠な工廠施設があり、それらは無傷のまま残されていた。

ここでの「第二撃」とは、淵田美津雄中佐指揮の攻撃隊(淵田中佐直率の第一次攻撃隊、嶋崎重和少佐指揮の第二次攻撃隊)を「第一撃」とした際の呼称である。文献によっては「第二撃」を第二次攻撃としているが、「第一撃」における第二次攻撃との混同をさけるため、本書では、「第一撃」の後、実際にはおこなわれなかった攻撃を「第二撃」と表記する。

「第一撃」の第二次攻撃では、真珠湾でアメリカ軍の防空態勢が立ち上がり、激しい対空射撃で損失機数が第一次攻撃の倍以上になった。「第二撃」をすれば、それ以上の損失は間違いない。また「第二撃」の攻撃隊を発進させれば、機動部隊はその収用まで行動が大きく制限され、危険なハワイ近海からの離脱が遅れる。

ハワイ諸島に接近、アメリカ軍の哨戒海域に入って以降、南雲機動部隊司令部がもっとも警戒していたのは、機動部隊にたいするアメリカ軍の航空攻撃だった。付近の洋上にいると思われるアメリカ空母の所在は、真珠湾攻撃開始後も依然として不明で、アメリカ軍潜水艦の攻撃も懸念される。おそらくアメリカ軍は、日本軍機の真珠湾への侵入経路や撤退経路から、南雲機動部隊のおおよその位置はつかんでいるだろう。実際、機動部隊を守る上空警戒隊の「瑞鶴」所属の零戦六機は、機動部隊近くの空域でアメリカ軍の哨戒爆撃飛行艇を発見、これを雲中に見失っていた。[83] また一部の艦も、同種の航空機を距離二万五〇〇〇メートルに視認している。こうした事実からも、アメリカ軍の航空攻撃が南雲機動部隊にたいしておこなわれる可能性は高いと、機動部隊司令部は分析していた。

呉の戦艦「長門」の艦上にある聯合艦隊司令部内には、南雲中将に「第二撃」の実施を命じるべきとの意見があった。しかし第一次攻撃隊の収容作業を終えたのが一三時五二分、すでに再攻撃の時機を失し、「第二撃」は夜間または明朝となり、どちらにしても危険性は高い。山本五十六聯合艦隊司令長官は、「第二撃」は現地指揮官の判断に任せるよう参謀たちに述べ、南雲機動部隊へは「第二撃」に関する指示や命令はなされなかった。南雲機動部隊司令部は、アメリカ太平洋艦隊にたいする大打撃を最高の戦果として、聯合艦隊司令部に戦闘速報と行動予定を打電すると再び無線封鎖をし、高速で北上、アメリカ軍航空機の哨戒圏外に離脱する行動を開始した。

(iii) 空母「エンタープライズ」の飛行隊

アメリカ太平洋艦隊に所属する空母「エンタープライズ」

ダグラス社のＳＢＤ「ドーントレス」。下にグラマン社Ｆ６Ｆ「ヘルキャット」が見える。（スミソニアン博物館 National Air and Space Museum）

は、ウィリアム・ハルゼー中将の指揮する第八任務部隊とともに戦闘機をウェーク島の海兵隊に届ける輸送任務をおこなった。ウェーク島で機体を海兵隊に引き渡すと、「エンタープライズ」は真珠湾への帰路についた。真珠湾が攻撃された日の朝、「エンタープライズ」はオアフ島の西四〇〇キロメートルの洋上を航行中だった。

南雲機動部隊から第一次攻撃隊が発進している頃、「エンタープライズ」は日出時刻八分後の〇六時一五分、艦隊前方哨戒のため艦載機を発進させた。発艦したのは第六偵察中隊（Scouting Squadron Six）の一三機、第六爆撃中隊（Bombarding Squadron Six）の四機、そして偵察機が一機の一八機で、すべてがＳＢＤ「ドーントレス」だった。これはダグラス社が開発した偵察爆撃機で、「エンタープライズ」ではＳＢＤを爆撃機あるいは偵察機に特化して運用していた。

発進したＳＢＤ「ドーントレス」一八機は、艦隊針路前方一八〇度の扇型海面を索敵しオアフ島に接近し、真珠湾のフォード航空基地に着陸する飛行計画だった。「エンタープライズ」から発艦した第六偵察中隊の指揮官Ｈ・Ｌ・ホッピング少佐は、〇七時三〇分に航行中のリッチフィールド社のタンカー「パットドヘニィー」を視認、オアフ島南西のバーバース岬に向かった。オアフ島の海岸線にさしかかったとき、真珠湾の方向にひどい煙が立ち上っているのを見た。バーバース岬に近いエワ航空基地上空では、国籍不明機が乱舞していた。このとき、僚機と思われる機からの無線連絡を聞いた。

「攻撃するな。本機はアメリカの飛行機、Six Baker Three（ドーントレスの暗号名）だ！」

ホッピング少佐の率いる編隊は、日本軍機と誤認され、陸上の砲台から撃ち上げられる弾幕に囲まれていた。彼は対空射撃から逃れると、「エンタープライズ」にオアフ島が日本軍の空襲を受けていると報告した。ホッピング少佐の第六偵察中隊は、フォード島に〇八時四五分に着陸するまで一三機中六機が失われた。二機が零戦の追撃に遭い、もう一機はアメリカ軍の対空射撃で撃墜された[84]。後の三機は行方不明となったが、海上に退避中に零戦に撃墜されたと推測される。

第六偵察中隊とほぼ同時刻に「エンタープライズ」を発進した第六爆撃中隊四機も、オアフ島までの前方哨戒をしつつフォード航空基地に降りる予定だった。第六爆撃中隊指揮官H・L・ヤング少佐は、〇八時二〇分にバーバース岬に到達、そのとき、エワ航空基地の上空に縦列に連なる飛行編隊を目撃した。当初、彼はそれらがアメリカ陸軍機だと考えた。高度を二五〇〇メートルとし西へ飛行し、真珠湾が近づくと異様な光景に驚いた。前方の空を覆う対空射撃の炸裂煙、地上から噴き上がる黒煙が広がっている。ヤング少佐の機は突然、後方から機銃掃射を受けた。数条の曳光弾の光跡が、操縦席の風防をかすめていった。後座の旋回機銃は射撃の準備ができていなかった。ヤング少佐はSBD「ドーントレス」を急降下で増速し、射線をそらすためジグザグの回避運動をした[85]。

ヤング少佐の部下が搭乗する三機も、同じく銃撃され被弾したが大きな損害はなく、低い高度でトウモロコシ畑からパールシティの上空を旋回した。真珠湾の方向へ飛行したら、味方の対空砲火を浴びることは確実に思えた。しかし燃料は底をつきかけていた。ヤング少佐の第六爆撃中隊四機は、アメリカ軍がよく視認できるよう低空でフォード島に接近した。予想されたとおり、陸上と艦艇からの激しい対空射撃にさらされた。日本軍機の攻撃下、混乱するフォード航空基地の管制塔とは通信ができなかった。引き込み式の車輪を下ろし、フラップを出していたにもかかわらず、やはり対空射撃の目標とされた。滑走路に接近しては着陸を断念、退避することを繰り返した後、〇八時三五分にようやくフォード航空基地に着陸した。地上に降りた第六爆撃中隊四機の機体には、機銃弾による破孔が数多くあった[86]。

オアフ島の航空基地に帰着できた「エンタープライズ」所属のSBD「ドーントレス」のうち九機は、日本軍機の攻撃がやむと、燃料と弾薬を補給、爆弾を懸架して、海上に日本艦隊を求めて再び飛び立った。索敵を命じられた海域は、アメリカ軍の事実誤認のためオアフ島の南西約三七〇キロメートルだった。日本軍の真珠湾攻撃を知った第八任務部隊司令官ウィリアム・ハルゼー中将は、一〇時二〇分に「エンタープライズ」のSBD「ドーントレス」一五機を発進させた。それらは一〇〇〇ポンド（四五〇キロ）爆弾を携行し、向かわせた海域は、南雲機動部隊が攻撃隊収容中のオアフ島の北方ではなく、南方および西方だった。第八任務部隊はさらに重巡洋艦三隻に搭載する水上偵察機をそれぞれ二機、計六機発進させ、島の北方海域を捜索させた。偵察機二機は零戦と接触したが、日本艦隊は発見できなかった。

一〇時三〇分以降、第八任務部隊の艦載機ならびにオアフ島のPBY「カタリナ」哨戒爆撃飛行艇七機は、日本艦隊を捜索するが、誤報が錯綜し混乱した。この日の早朝、オアフ島北端カフク岬にあるオパナ基地では真珠湾攻撃に向かう第一次攻撃隊を捕捉し、フォートシャフター防空指揮所に通報した。この情報は同指揮所で不適切に処理され、日本軍の奇襲攻撃を許す結果となった。その後、オパナ基地では北方に撤退する飛行編隊を捕捉、これを報告したが、陸軍はこれを太平洋艦隊総司令部に報告するのを怠った。この情報が活用されていたなら、日本艦隊の位置特定に大きく寄与しただろう。

すでに南雲機動部隊が最大艦隊速力でハワイ諸島近海からの離脱を終えた頃、第八任務部隊の「エンタープライズ」のSBD「ドーントレス」の一機が、オアフ島南西に日本艦隊発見を報じた。一六時五九分、TBD「デスバスター」（雷撃機）一八機、SBD「ドーントレス」（急降下爆撃機）四機、F4F「ワイルドキャット」（戦闘機）六機からなる攻撃隊が、「エンタープライズ」を発進した。それらは洋上に日本艦隊を懸命に捜すが発見できなかった。その日本艦隊発見の情報は、アメリカ艦船の誤認だったからだ。日没後、攻撃隊のうち燃料不足で母艦に帰着できなくなったF4F「ワイルドキャット」六機は、フォード航空基地へ向かった。このうち四機がアメリカ軍の対空砲火で撃墜され、一人は海上で救出されたが三人が死亡した。[87]「エンタープライズ」所属機は、この日に一〇人が死亡した。そのうち五人の遺体は海上で発見されたが、残る五人は行方不明のまま一年後に死亡と判定された。[88]友軍機への射撃に関して、太平洋艦隊総司令部とハワイ航空軍は再三警告していたのだが、神経過敏で復讐心が鬱積する砲員、機銃員は同じ過ちを繰り返した。

オアフ島の北西三七五海里（七〇〇キロメートル）を索敵していた第十四哨戒飛行中隊所属のPBY「カタリナ」哨戒爆撃飛行艇三機の一機は、零戦の攻撃で被弾、またおそらく同じ機が、南雲機動部隊の艦上からも目撃されていた。「カタリナ」の搭乗員は零戦の追撃を振り切るのに精一杯で、日本艦隊を視認していない。第十四哨戒飛行中隊（海軍）司令

1939年10月8日、真珠湾へ向かう空母「エンタープライズ」。右舷の艦橋後部に巨大な煙突が設置されている。〔The Naval History & Heritage Command (formerly the Naval Historical Center)〕

部は、日本軍機との交戦を太平洋艦隊総司令部に報告しなかった。しかしこの海域に日本軍機がいたことは、報告すべきだった。そうしたなら同海域の索敵は徹底され、アメリカ軍は南雲機動部隊を発見していたかもしれない。真珠湾攻撃で混乱をきわめたこの日、ハワイの陸海軍、海兵隊間の情報統括や分析は、極めて不充分だった。

真珠湾攻撃の前、オアフ島の警戒が最低に近い水準とすれば、日本軍の奇襲後、それは最高水準にまで跳ね上がった。太平洋区陸軍司令官ウォルター・C・ショート中将は、その指揮下に第二十四歩兵師団、第二十五歩兵師団、沿岸砲兵隊、そしてハワイ航空軍（Hawaiian Air Force）をもつ。日本軍の空襲を知ると、ただちに警戒第三法を発令した。これにより、真珠湾攻撃開始時刻に配員されていなかった海軍工廠内外の一二カ所の陸軍高射砲に全員配置され、第二十四歩兵師団、第二十五歩兵師団、沿岸砲兵隊も正午までに兵力の展開を終わった。しかしオアフ島の陸軍の対空戦闘配備が完了した後、もう一機の日本軍機も飛来することはなかった。

南雲機動部隊は、第一次攻撃隊の収容を一三時五二分に終え、ハワイ近海から高速離脱中だった。しかしオアフ島の多くの人びとは、ハワイ諸島近海に空母を含む日本軍の大艦隊が攻撃準備中であり、真珠湾の水路には機雷が敷設され、潜水艦が真珠湾口を封鎖したと信じていた。兵や市民は飛び交

オアフ島南方海域で空母「エンタープライズ」艦載機の攻撃で撃沈された「伊七〇」と同型の「伊一六八」大型潜水艦。真珠湾攻撃の3日後の1941年12月10日、「伊七〇」は、93人の乗員全員とともに海底に沈んだ。〔The Naval History & Heritage Command (formerly the Naval Historical Center)〕

う日本軍の情報に過敏に反応し、アメリカ軍の艦載機や車両への発砲という不手際が続いた。ハワイ航空軍の戦闘機はバーバース岬沖で四隻の漁船を日本軍艦艇と誤認して銃撃、漁民六人を死なせた。恐怖心から住民の間には、日本軍上陸がまことしやかに取り沙汰され、すでに日本軍の落下傘部隊がバーバース岬に降下したという誤報がそれに拍車をかけた。日本軍の上陸部隊を乗せた艦船が沖合に停泊しており、日系人工作員がこれを手引きしているとの噂も流れた。日没後、オアフ島全体に灯火管制がしかれ、暗闇のなかで人びとの不安はいっそうかきたてられた。拳銃やライフルを入手できる市民は、それを手に家族とともに眠れぬ一夜を過ごした。

ハワイ陸軍の総司令官ウォルター・C・ショート中将の要請で、ハワイ準州のジョゼフ・B・ポインデクスター知事は、真珠湾攻撃の日の午後にハワイ準州すべてに戒厳令をしいた。

真珠湾攻撃から三日後の十二月十日、空母「エンタープライズ」の艦載機は、ハワイ作戦で哨戒任務をおこない帰投中の、日本の潜水艦「伊七〇」をオアフ島南方海域で発見した。そしてSBD「ドーントレス」の急降下爆撃で一三時四五分、同潜水艦を撃沈した。「伊七〇」は伊一六八型の大型潜水艦で、九三人の乗員全員が死亡、この潜水艦は特殊潜航艇を除くと太平洋戦争における日本海軍最初の沈没艦となった。

（iv）真珠湾での医療活動

真珠湾攻撃時、アメリカ軍の負傷者はさまざまな施設で治療を受けた。軍艦内や航空基地の医務室、海軍病院、病院船「ソレイス」や、各所に急ごしらえで設営された野戦病院（Field Hospital）でも応急処置がなされた。急増する負傷者にたいする医療活動は迅速におこなわれた。それには日本軍の空襲下、軍と民間人の協力、また自発的に参加した人びとの果たした役割も大きかった。もっとも多くの負傷者を治療したのは、海軍工廠に隣接する真珠湾海軍病院（Naval Hospital Pearl Harbor）だった。

真珠湾海軍病院は、アメリカ海軍が設置したすべての一八病院のなかでも充実した一つだった。真珠湾攻撃時、二五〇病床の真珠湾海軍病院は、簡易ベッドのみならず病室や廊下の床にまで負傷者を寝かせ、その収容人数を大幅に上回る患者を収容した。この病院は大規模な軍事施設の隣に位置していたにもかかわらず、空襲での被害はごくわずかだった。病院の敷地内には一発の爆弾も落下しなかった。ただし使用していない建物に日本軍機（九七艦攻）一機が墜落し、その建物は焼失したが、消火作業がなされ他の建物への延焼はまぬがれた。休暇中の薬剤師が病院へ向かう途中、海軍工廠敷地内で日本軍機の機銃掃射を受け死亡したが、これが海軍病院のスタッフでの唯一の犠牲者となった。(89)

その日の朝、八時数分前、約二〇機の航空機（雷装の九七艦攻）が、海軍病院の屋上を五〇メートルの低空飛行で通過した。それらは、南水路を挟んで対岸の戦艦泊地《バトルシップ・ロウ》へ向かっていた。当初、航空機の所属は不明だった。一分後、爆発の音響が続き真珠湾の数カ所から黒煙が上がると、海軍病院のスタッフもただならぬ事態が起こっているのを理解した。真珠湾は大規模な空襲を受けている。やがて病院には負傷者が殺到するだろうと、勤務中の病院職員は考えた。その日は日曜日だったので、大部分のスタッフは出勤してなかった。すぐに医師や看護師、職員に電話で連絡がとられ、至急病院へ来るよう伝えられた。〇九時一五分までにほとんどの病院スタッフが揃い、治療できる態勢ができた。しかしそれより早く、被害を受けた艦艇や航空基地から、海軍病院に負傷者受け入れを求める電話が相次いだ。最初の負傷者が病院に運び込まれたのは、日本軍の攻撃開始の一〇分後だった。その後、海軍病院には艦艇と陸上基地から負傷者が続々と運び込まれた。(90)

病院の敷地内に応急救護所が設営され、そこで負傷の重傷度に応じで患者を振り分けた。軽傷者は看護師の建物に設置された治療所へ、重傷者は外科医が中心となる四つのチームが担当する手術室に送られた。病院の看護師だけでは人手が足りず、赤十字に登録されていた看護師資格をもつ一一四人が呼び出され、また応急手当ての訓練を受けた多くの民間の婦人が、第二九海軍看護師班（The Twenty Nine Navy nurses）を支援した。負傷者は、救急車、トラックなど軍や工廠の車両、自家用車など、あらゆる車に乗せられ病院に運ばれて来た。日本軍の攻撃から一時間以内に、病院建物は負傷者であふれ、病院建物に入れずに病院敷地内で息絶える者も少なくなかった。

この日、真珠湾海軍病院では九六〇人の負傷者を受け入れたが、三一三人が死亡した。負傷は火傷や裂傷とさまざまだった。真珠湾海軍病院では約三五〇人の火傷を治療したが、艦内あるいは海上での重油火災に巻き込まれた者は、ほぼ全身に火傷を負っていた。裂傷は頭部、首、肢体、程度は重傷から軽傷までさまざまで、弾片、機銃弾、破片などが原因だった。負傷者の多くは、日本軍の攻撃開始後三時間以内に運び込まれたが、転覆した艦底からの救出作業が続き、負傷者の受け入れは深夜にまで及んだ。

フォード島に海兵隊の支援で移動救護所（Mobile Base Hospital）が設置されたが、多くの重傷者を含む負傷者が殺到し、応急処置が追いつかない状態だった。このすぐ近くには戦艦泊地《バトルシップ・ロウ》があり、雷撃と爆撃で破壊、重油火災を発生させた艦から数百人にのぼる負傷者が運び込まれた。フォード航空基地の食堂や海兵隊兵舎、上級士官宿舎も救護所として利用され、ここには百人以上の民間人が駆け付け自主的に医療スタッフを支援した。彼らは治療の順番を待つ重油まみれの負傷者の衣服を脱がせ、身体を洗い、裂傷の消毒などをした。

病院船「ソレイス」は、日本軍の攻撃の数日前に真珠湾に到着していた。「ソレイス」は、大爆発を起こした戦艦「アリゾナ」が沈没着底し重油火災の劫火に覆われた海面で、〇八時二五分以降、艦上と海上の乗員たちを救出した。海面の重油火災のためボートや内火艇は救出に向かうことが不可能だったが、「ソレイス」は燃えさかる炎の海を航進し、危険を顧みずそこに留まった。「ソレイス」の白い舷側は一面に焼けただれ、表面の塗料は発火した。戦艦泊地《バトルシップ・ロウ》では、戦艦「ウェストバージニア」、「オクラホマ」も短時間で沈没したが、それらの乗員救出にも「ソレイス」は尽力した。

病院船「ソレイス」の船内では、負傷者の収容と治療のための態勢が迅速にとられた。船内の病室のベッドは二段になっていたが、入院患者は上のベッドへ移され、下のベッドは負傷者のために空けられた。モルヒネ溶液、タンニン酸溶液、塩水、そして血清が用意された。この日、「ソレイス」は一三二人の負傷者の治療をしたが、そのうち二八人は船上で死亡した。死亡した者は二人を除いて重度の火傷で身元の判別は困難だった。

真珠湾海軍病院では、死者の身元特定と遺体の安置が、真珠湾攻撃当日の一一時〇〇分から始まっていた。この憂鬱な仕事は、病院の病理学者が担当し、身体的特徴、指紋からの判別をおこなった。皮膚が広範囲に焼けただれ、あるいは損傷が著しい遺体の身元特定には時間がかかり、それが不可能なものもあった。この日まで平時と考えられていたため、認識標識を身に着けている者はいなかった。撃墜された日本軍機の搭乗員の遺体も、真珠湾海軍病院の遺体安置所へ送られた(91)。

(v) 被害・死傷者

真珠湾攻撃での日本軍の戦果は大きかった。〇七時五三分から開始された第一次攻撃、これは〇八時二五分に終わり、小休止を挟んで第二次攻撃が〇九時〇二分に始まり〇九時四〇分頃に終了した。この二時間弱の間に、アメリカ軍の戦艦四隻、機雷敷設艦一隻、標的艦一隻が沈没した。他に戦艦四隻、軽巡洋艦三隻、駆逐艦三隻、そして補助艦三隻が大きな被害を受けた。アメリカ陸海軍・海兵隊の多様な機種の航空機一八八機が完全に破壊され、三一機が損傷した。人的被害も大きく、アメリカ側の死傷者は次のように記録されている。

海軍　死亡二〇〇四人、負傷九一二人
海兵隊　死亡一〇八人、負傷七五人
陸軍　死亡二二二人、負傷三六〇人
民間人　死亡六八人、負傷三五人

以上、軍人の死者の合計は二三四五人、負傷者合計は一三四七人、民間人も加えると死者二四〇二人、負傷者一三八二人となる。それにたいし日本側は未帰還機二九機で五四人、特殊潜航艇五隻の沈没で九人（一人が捕虜）の合計六三人の死亡だった。

真珠湾やホノルル市街などでの民間人の死亡は六八人、三五人が負傷した。民間人の死傷者は、ハワイ作戦立案者や日本軍機搭乗員の意図した結果ではなかった。日本軍機は海軍工廠や海兵隊の兵舎へは機銃掃射をおこなったが、それは民間人殺傷を目的とした攻撃ではない。民間人死傷者の多くは、軍事施設敷地内にいた民間人を除くと、アメリカ軍の激しい対空射撃が招いた結果だった。とくに高々度を飛行する日本軍機への遠距離射撃では、高空での時限信管による炸裂後、弾片が真珠湾から一五キロメートル離れたホノルル市街にも降り注いだ。当初、日本軍のものと報じられた爆弾も、ほとんどがアメリカ軍の対空砲弾の不発弾だった。ただし九七艦攻一機の投下器誤作動が原因で、爆弾一または二発が、爆撃運動中に市街地に落下している。

日本軍は、飛行隊搭乗員に軍事施設以外を攻撃しないよう命じていたが、これは人道的観点からというより、アメリカ軍艦艇や航空機と比べ、民間人や民間施設は戦果としては意味のない対象と認識していたからだ。日本軍の航空機は、零戦の九九式一号二〇粍機銃をはじめ携行弾数が少なく、無駄弾を最小限とするよう搭乗員は心がけていた。

このハワイ作戦の主目標とされたアメリカ太平洋艦隊の戦艦八隻の被害について、あらためて整理してみると次のようになる（死亡または行方不明、負傷者数は、攻撃時に乗艦していた者に限る）[92]。

「アリゾナ」（「ペンシルバニア」級）

数本の魚雷が左舷に命中、大型徹甲爆弾四発命中、うち一弾は第二主砲塔の横に命中し前部甲板を貫徹して前部主砲弾火薬庫で炸裂。その他爆弾四発命中。死亡または行方不明は一一七五人、負傷者は三九人。

「ウェストバージニア」（「コロラド」級）

左舷に魚雷六ないし七本命中、大型爆弾二発命中。死亡または行方不明は一五七人、負傷者は五二人。

「テネシー」（「テネシー」級）

大型徹甲爆弾二発が命中、一弾は第二主砲塔上に命中したが不発、他の一弾は第三主砲塔に命中炸裂。死亡は六人、負傷者は二〇人。

「オクラホマ」（「ネバダ」級）

魚雷五ないし六本が左舷に命中。死亡または行方不明は四五六人、負傷者は三〇人。

「メリーランド」（「コロラド」級）

大型徹甲爆弾一発、小型爆弾一発命中。死亡は三人、負傷者は一四人。

「カリフォルニア」（「テネシー」級）

左舷側に魚雷三本命中、大型徹甲爆弾一発命中。死亡または行方不明は一〇六人、負傷者は五八人。

「ネバダ」（「ネバダ」級）

左舷前部に魚雷一本命中、爆弾六発以上命中。死亡または行方不明は五〇人、負傷者は一一六人。

「ペンシルバニア」（「ペンシルバニア」級）

海軍工廠第一ドライドック入渠中、急降下爆撃による爆弾一発命中。死亡は二八人、負傷者は二八人。

もっとも人的被害が大きかったのは、前部主砲弾火薬庫の誘爆を起こした「アリゾナ」の死亡または行方不明一一一三人、その次は転覆した「オクラホマ」の死亡または行方不明四三五人だった。「アリゾナ」は艦前部にいた乗員の多くが弾火薬庫の爆発に巻き込まれ、「オクラホマ」は最初の魚雷命中から八分後に転覆したため、艦内に閉じ込められた乗員の多くが溺死した。被害を受けた多くの戦艦では、転覆回避のための反対舷への注水、弾火薬庫の誘爆防止のための注水処置、そして重油火災にたいする消火作業が適切になされた。その結果、大量浸水で着底した戦艦の多くが数カ月後には引き揚げられ、大規模な修理と改装をおこない戦線に復帰した。

ハワイ諸島西端のニイハウ島に不時着した西開地重徳一飛曹の零式艦上戦闘機（零戦）二一型。西開地一飛曹は、零戦がアメリカ軍の手に渡ることを恐れ機体に火を放った。

(vi) ニイハウ島事件

ハワイ作戦では、日本軍機が母艦に帰投困難な場合、ハワイ諸島西端のニイハウ島付近の海面に着水、搭乗員を「伊七四」潜水艦が収容することになっていた。しかしこの搭乗員救出計画は、気休めでしかなかった。ニイハウ島は真珠湾から二〇〇キロも離れていて、また潜水艦は行動秘匿のため昼間潜水航行をとり、潜望鏡での上空観測は視界が限られる。また潜水中の潜水艦を、航空機から発見するのも困難だった。「飛龍」制空隊で未帰還となった西開地重徳一飛曹の零戦一機が、ニイハウ島に不時着していたことが、戦後になって日本でも知られた。

ニイハウ島は、富豪エイルマー・ロビンソンが所有する島で、住民約二五〇人のほとんどがハワイ原住民カナカ族だった。この島には、隣島カウアイ島からのサンバン船（中国様式の小型船）が毎週月曜に往復していた。その日、被弾し燃料漏れを起こした西開地一飛曹の零戦は、搭乗員救助のために配備されているはずの「伊七四」潜水艦を求めて、ニイハウ島沖の海域にたどり着いた。しばらく低空飛行で海面を捜したが、潜水艦は発見できず、一四時頃にニイハウ島の野原に不時着した。

不時着機を目撃した島の住人ハウィラ・カレオハノは、急いで駆けつけると操縦席の西開地一飛曹から力ずくで拳銃と書類鞄を奪った。まもなく島の住人たちにも日本軍機の不時着は知られ、日本語の通訳として原田義雄という日系人が呼ばれた。西開地一飛曹は、ハウィラ・カレオハノに奪われた書類を返してほしいと頼んだが、彼はそれを聞き入れなかった。書類には真珠湾から帰還する攻撃隊を収容する位置が記されてあった。西開地一飛曹は、原田を説き伏せ彼に協力を約束させた。翌日はニイハウ島に隣の島からサンバン船が着く月曜だったが、真珠湾攻撃でハワイ準州には戒厳令がしかれ、船は来なかった。

　自分の書類を取り戻すことに必死の西開地重徳一飛曹は、原田とともに散弾銃と拳銃を入手し、零戦の機銃も取り外して武装、零戦の機密保全のため機体を燃やした。そしてカレオハノ家で書類を捜したが見つからず、書類の焼失を期待して家に火を放った。その後、ハウィラ・カレオハノとその妻エラは、西開地一飛曹らと乱闘となった。銃弾で負傷しながらもカレオハノは西開地一飛曹を殺害（自決との説もある）、原田はその様子を見て散弾銃で自殺した。その間、島民六人は小舟を夜通し漕いで、カウアイ島へ渡り、アメリカ軍に日本軍機の不時着を通報していた。彼らはニイハウ島の所有者エイルマー・ロビンソンとアメリカ軍兵士とともに水上機母艦で島に戻り、事件の結末を知った。戦後になって、ハウィラ・カレオハノとその妻エラは、日本軍と勇敢に闘ったことで勲章を授与された。

　ハウィラ・カレオハノが西開地重徳一飛曹の書類を奪わなければ、西開地一飛曹が彼を傷つけることはなかったのかもしれない。西開地一飛曹がその書類を取り戻すのに必死だったのは、空母の位置が露見することを恐れたからだった。しかし南雲機動部隊は、攻撃隊の収容を終えると、ただちにハワイ諸島近海から離脱を開始しており、書類の軍事的価値は低かったはずだ。

XII　真珠湾攻撃の後に

(i) アメリカの宣戦布告

日本政府は、最後通牒だと主張する文書「帝国政府見解」をアメリカ政府に提出したが、それが真珠湾攻撃の開始時刻に遅れたことをルーズベルト政権は徹底的に利用した。日本の真珠湾攻撃は許しがたい騙し討ち（sneak attack）であるとし、ルーズベルト大統領は、それを周到に計画実行した日本にたいするアメリカ国民の敵愾心を煽った。

フランクリン・D・ルーズベルト大統領は、一九四一年十二月八日（ワシントン時間）、日本に宣戦を布告するよう議会に要請した。これを上院は賛成八二対反対〇で可決、下院も賛成三八八、反対一で可決した。真珠湾攻撃を国辱と受けとめ、日本への復讐を誓うアメリカの国民感情は、その伝統的孤立主義と決別した。もうアメリカ政府は、日本との戦争、そして日本と同盟関係を結ぶドイツなど枢軸国との戦争に躊躇はなかった。すでにナチスドイツによって始められていたヨーロッパの戦争は、日本の真珠湾攻撃を境に世界大戦として一挙に拡大した。

日本軍の真珠湾攻撃を許した責任追及は、ハワイ諸島における海軍と陸軍の最高司令官の二人に向けられた。太平洋艦隊司令官ハズバンド・E・キンメル大将と太平洋区陸軍司令官ウォルター・C・ショート中将は、真珠湾攻撃の調査がおこなわれる前に更迭された。

ハズバンド・E・キンメルは太平洋艦隊司令官を解任され、二階級格下げの少将となり、真珠湾攻撃に関する調査委員会や公聴会での際限ない自己弁護の日々が始まった。彼に代わり太平洋艦隊司令官となったのは、航空主兵論者として知られるチェスター・W・ニミッツで、キンメルとは逆に二階級特進し、大将となり太平洋における日本海軍との戦いの指揮をとった。太平洋地区陸軍司令官だったウォルター・C・ショート中将もその職を追われ、一階級格下げの少将として、真珠湾攻撃の調査委員会や公聴会に出席し、多くの批判にさ

真珠湾攻撃の翌日の1941年12月8日、日本にたいする宣戦布告書に署名するフランクリン・D・ルーズベルト大統領。〔The Naval History & Heritage Command (formerly the Naval Historical Center)〕

"Remember Dec. 7th!"（12月7日を忘れるな！）戦争情報局（Office of War Information）がつくったアレン・サンドバーグの描いたポスター。アブラハム・リンカーンのゲチスバークでの演説「この者たちの死を決して無駄にはしないことを、われわれはかたく誓う」という言葉も、このポスターに入れられた。〔The Naval History & Heritage Command (formerly the Naval Historical Center)〕

らされた。

なぜ、アメリカ太平洋艦隊ならびに陸軍のハワイ航空軍（Hawaiian Air Force）、海兵隊は、容易に日本軍の奇襲を許し、また有効な反撃を加えることができなかったのか。真珠湾攻撃から一〇日後の一九四一年十二月八日、ルーズベルト大統領は真珠湾攻撃に関する全面的な調査を命じ、専門家で組織された調査委員会の議長にオーウェン・J・ロバーツ最高裁判事を任命した。ロバーツ委員会と呼ばれたこの委員会は、翌一九四二年一月二十三日に、二千ページ以上の膨大な量の報告書を提出し、結論としてキンメル大将とショート中将には職務怠慢の罪があると断じた。

その後、真珠湾攻撃に関する調査は、陸軍や海軍、あるいは陸海合同の調査が複数回実施された。連合国軍が戦局を有利にすすめ、最終的に日本が無条件降伏をした後になっても、真珠湾攻撃についての人びとの関心は衰えず、その公的な調査は一九四六年七月の報告書発表まで続いた。

(ii) 損傷艦の引き揚げと修復

真珠湾攻撃で日本軍は、アメリカ太平洋艦隊の戦艦部隊をほぼ壊滅させた。多くの艦艇が沈没したが、すべてが水深の浅い停泊地や水路沿岸で沈んだため、着底したまま露天甲板や上部構造物は海面上にあった。水深の深い洋上であれば沈

ハズバンド・E・キンメル大将（画面右端）は太平洋艦隊司令官を更迭され、彼に代わり太平洋艦隊司令官となったのは航空主兵論者として著名なチェスター・W・ニミッツ大将（画面右から２人目）だった。〔The Naval History & Heritage Command (formerly the Naval Historical Center)〕

没艦は永久に失われる。しかし真珠湾攻撃で沈んだとされる艦は、引き揚げて修復する価値があると判断された艦はそうされたし、そうでない旧式艦も真珠湾の航行の障害となる場合は解体撤去された。

艦首が切断され、もっとも大きな損害を受けた戦艦「アリゾナ」だけは、艦内で死亡したと推定される乗員遺族の強い要望にもかかわらず、船体が引き揚げられなかった。同艦は、第三、第四主砲塔、前檣楼の五〇口径の機関銃、探照灯、艦載機の射出機などが再利用のため取り外された。一四インチ（三六センチ）主砲塔は沿岸の陸上砲台として設置された(93)。

転覆した戦艦「オクラホマ」は、フォード島から張られた二一本のワイヤーを巻き上げる大規模な引き起こし作業で浮上させたが、損傷が大きく、また旧式艦のため修理が断念され解体された。兵装と上部構造物が撤去され、船体は西海岸のスクラップ会社に売却されたが、サンフランシスコへの曳航の途中、太平洋上で浸水が増加、沈没した。

旧型戦艦が改造された標的艦「ユタ」は、引き揚げられることがなく、今も真珠湾の北水路に沈んでいる。

損傷が比較的少なかった戦艦「テネシー」や「メリーランド」、「ペンシルバニア」はむろんのこと、戦艦泊地《バトルシップ・ロウ》に沈没着底した戦艦「ウェストバージニア」、「カリフォルニア」も浮上させられ、海軍工廠ドックに曳航後に大規模な修理がおこ

真珠湾攻撃３日後の1941年12月10日、沈没着底した戦艦「アリゾナ」の前檣楼。崩壊した前檣楼は火災で激しく焼かれ黒ずんでいる。その下に14インチ（36センチ）45口径3連装の砲身が海面から突き出ている。「アリゾナ」の後方中央には、軽巡洋艦「セントルイス」、その左に機雷敷設艦「バルティモア」が停泊している。〔The Naval History & Heritage Command (formerly the Naval Historical Center)〕

なわれた。それらの戦艦は、修復後に艦隊に復帰し、太平洋戦争において主に陸上にたいする砲撃支援をおこなった。

一九四二年六月、ドライドックで修理中の「ウェストバージニア」艦内区画から二〇人の遺体が発見された。悲劇的なことには、隔壁に刻まれた文字から、彼らの何人かは十二月二十三日まで生存していたことがわかった。それは真珠湾攻撃から十六日目である。真っ暗闇で水も食料もない状況下、彼らは二週間以上も生き長らえたが、その願いはかなわなかった。

工作艦「ベスタル」は、ドライドックで応急修理後、修復作業が完全におこなわれた。主砲弾火薬庫の誘爆を起こし大爆発で船体が切断された駆逐艦「ショー」、搭載魚雷の誘爆と火災で徹底的に破壊された駆逐艦「カシン」と「ダウンズ」でさえ、修理されて大戦中に現役復帰を果たしている。機雷敷設艦「オグララ」は、引き揚げて修復する価値はなかったが、湾内航行の障害となるため撤去作業がおこなわれた。

航行中に急降下爆撃の集中攻撃を受け、真珠湾の南水路の西側のホスピタルポイント（避難用浅瀬）に沈没座礁した戦艦「ネバダ」も、一九四二年二月に引き揚げられた。「ネバダ」は、一九一六年就役の旧式艦だったが、大きな損傷はなかったため修理が実施された。太平洋艦隊に復帰した「ネバダ」は、アッツ島攻略支援作戦に参加、その後にノーフォーク海軍工

1942年２月25日、沈没着底した戦艦「アリゾナ」の後部にある第３、第４主砲塔の解体撤去作業。

1943年３月19日、戦艦泊地で転覆した戦艦「オクラホマ」は、フォード島から張られた22本のワイヤーを巻き上げる大規模な引き起こし作業で浮上した。〔The Naval History & Heritage Command (formerly the Naval Historical Center)〕

1943年12月24日、船体の引き起こし後、解体作業中の戦艦「オクラホマ」。艦橋などの上部構造物、艦首と艦尾の最上甲板などがすでに撤去されている。

廠で近代化改修を受けた。一九四四年六月にはヨーロッパ戦線に投入され、ノルマンディー上陸作戦でシェルブール半島を防衛するドイツ軍を砲撃した。その後、太平洋戦線に戻り、翌年一九四五年二月に硫黄島などの日本陸軍守備隊に艦砲射撃を実施、同年三月に沖縄本島を砲撃している。沖縄戦では特攻機の突入で乗員一一人が死亡している。終戦後、「ネバダ」は一九四六年七月のビキニ環礁での核実験「クロスロード作戦」に標的艦として供用された。しかしビキニ環礁で沈没に至らなかった「ネバダ」は、真珠湾へ帰投後ハワイ沖で砲撃及び魚雷によって海没処分された。

(ⅲ) 日系人の強制収容

真珠湾上空から日本軍機の姿は消えたが、ウィリアム・ハルゼー中将の第八任務部隊の艦載機、陸上基地の哨戒爆撃機は日本艦隊の捜索に懸命だった。この頃から、オアフ島では日系人への警戒心が大きくなっていた。日系人に向けられた猜疑心は、伝聞の誤りや嘘を増幅した。日系人工作員が「水道に毒を入れた」、「日本軍に青いランプで信号を送っていた」などが、まことしやかに囁かれた。アメリカ太平洋艦隊の戦艦部隊を壊滅させたほどの攻撃を、日系人の協力なしにできるわけがない。そう考える人びとは多かった。ホノルルの日本領事館を市民の襲撃から守るために、ハワイ準州警察

南水路の西側のホスピタルポイント（避難用浅瀬）から引き揚げられ、海軍工廠の第２ドライドックに入渠する戦艦「ネバダ」。〔The Naval History & Heritage Command (formerly the Naval Historical Center)〕

バトルシップ・ロウ（戦艦泊地）で沈没着底した戦艦「カリフォルニア」も引き揚げられた。1942年４月９日、海軍工廠ドライドックに入渠、修理中の「カリフォルニア」。〔The Naval History & Heritage Command (formerly the Naval Historical Center)〕

が警備についた。日本領事館はハワイの軍事情報収集の拠点だったのは事実だが、その諜報活動に日系人を積極的に参加させてはいなかった。

日本軍のスパイとの疑いをかけられた日系人は、警察によって徹底した家宅捜索を受け、長期間拘束されて尋問を受けた。ハワイの陸海軍、海兵隊が大きな打撃を受け、ハワイの防衛力は弱体化した。この機に日本軍の大規模な上陸作戦があるかもしれない。差し迫った脅威の前に、長年ハワイ社会の発展に貢献してきた日系人の歴史は顧みられることはなかった。

真珠湾攻撃の衝撃は、三五〇〇キロメートル離れたアメリカ西海岸の人びとをも恐れさせた。彼らもまた日本軍上陸という強迫観念にとらわれた。当時、中国大陸で日本陸軍がおこなったさまざまな残虐行為は、アメリカ国内でも衝撃的に報じられていた。一九四二年二月二十二日、「伊一七」潜水艦はカリフォルニア州サンタバーバラ近郊のエルウッド石油製油所を砲撃した。一四インチ砲を二〇発射撃したが、不発弾が多く被害は小規模で負傷者は一人だった。他にも「伊二六」潜水艦のバンクーバー島のカナダ軍施設への砲撃、「伊二五」潜水艦のオレゴン州アストリアのスティーブンス海軍基地への砲撃があったが、いずれも被害は軽微だった。

一連の日本海軍の潜水艦砲撃作戦は、ほとんど戦果がなかったのみならず、戦略的には日本にとってむしろマイナスだった。アメリカ本土にたいする日本軍の直接攻撃は、アメリカ国民の対日戦争における敵愾心を煽る結果にしかならなかった。新聞や雑誌には、アメリカ本土の防衛のため、北米太平洋岸に住む日本人と日系アメリカ人にたいし、なんらかの処置をすべきとの主張が数多くあらわれた。

フランクリン・D・ルーズベルト大統領は、大統領行政令九〇六六号を発し、日本人やアメリカ市民権をもつ日系人一二万人と、メキシコやペルーなどの中南米諸国在住の日系人を、終戦まで西海岸各州に設けた十一カ所の強制収容所に隔離した。その処置は、合理的根拠を欠いていた。収容された日系アメリカ人はアメリカ国籍をもつアメリカ市民で、アメリカ生まれの二世、三世でアメリカ社会にしっかりと根ざし、日本との絆は薄く、ましてや日本軍の手先となるとは思えない。また一部の日系人がアメリカ合衆国に対し、なんらかの反逆的な行為をしたと仮定しても、その軍事的意味は、一二万人以上の日系人の大規模な強制収容という行政的、経済的に大きな負担に比べ、とるに足りないものだった。

一九四二年、カリフォルニアやワシントン、オレゴンに居住する日系アメリカ人は、資産を没収され強制収容所に送られた。しかしハワイの日系アメリカ人にたいしては、これほど過酷な対応はとられなかった。ハワイでは真珠湾攻撃後、

1942年4月5日、サンペドロから列車でサンタアニタ収容所（Santa Anita Assembly Center）に到着した日系の人びと。彼らは内陸部の収容所に移動させられるまでの期間、ここの収容所で生活することになった。〔The Naval History & Heritage Command (formerly the Naval Historical Center)〕

1942年春。強制収容所に向かう車両を、一家の荷物の傍らで待つ日系人少女。〔The Naval History & Heritage Command (formerly the Naval Historical Center)〕

日系人のカメラやラジオは没収され、日本語学校は閉鎖、日本語新聞は検閲されたが、強制収容された日系人は全体のごく一部だった。強制収容所に隔離された人びとは、ハワイの日系社会の中心とみなされた日本人会会長や僧侶などだった。当時のハワイの人口は四〇万人で日系人は一五万人、それは全人口の約四割をしめハワイ準州の行政や経済を支えていた。またハワイ諸島に一五万人を収容する施設はなく、収容施設を建設することは具体的に議論されなかった。当時のハワイはアメリカ合衆国の正式な州ではなく準州で、ルーズベルト大統領がもっとも気にかけていたアメリカ国内世論とはあまり関係がなかった。

この日系人の強制収容に関し、アメリカ政府は半世紀近くを経た一九八八年に、ロナルド・レーガン大統領が公式に謝罪し、生存者に限って一人二万ドルの補償をおこなっている。

エピローグ――第一航空艦隊の最期――

おそらくアメリカの軍事史のなかで、真珠湾攻撃ほど詳細に文書化され、検証された出来事はないだろう。調査に次ぐ調査がなされ、このテーマに関連する多くの本も出版された。アメリカ軍が大損害を被った事態にたいする責任追及と、それにたいする反論が繰り返された。

開戦劈頭の日本の南方作戦は、日本陸海軍の予想をはるかに上回る成功をおさめた。連合国側はヨーロッパの戦争に忙殺されており、太平洋における軍事的体制は充分ではなかった。真珠湾攻撃と同時に開始した南方作戦は、五カ月のうちにイギリス領マレーやシンガポールなどを管理下においた。さらに日本軍は、西太平洋の島々にも進出し、グアム島とウェーク島を奪取、フィリピンに上陸した。一九四二年二月には、シンガポールのイギリス軍の要塞を陥落させ、同年三月までにイギリスとフランス、オランダが東南アジアと西太平洋に領有する広大な地域をすべて確保した。アメリカが支配していたフィリピンもその大部分の制圧に成功した。

しかし一九四二年六月、日本海軍はミッドウェー海戦で真珠湾攻撃にも参加した制式空母四隻を喪失、その後、日本海軍は太平洋上でおこなわれた主要な戦闘に勝利することはなかった。一九四二年八月、アメリカ海兵隊はガダルカナル島に上陸、この島を失うことを起点として日本は敗戦に至るまでの過酷な消耗戦を戦うことになる。

真珠湾攻撃の日本の勝利は圧倒的だったが、それは完全ではなかった。アメリカ空母はすべてが無傷だった。空母は一隻も真珠湾にいなかったからだ。真珠湾にある海軍基地の重要な施設もほとんど被害を受けなかった。これらの施設は太平洋戦争におけるアメリカの勝利に大いに貢献することになった。

第一航空戦隊旗艦「赤城」は真珠湾攻撃から帰投後、一九四二年初頭、南方作戦の支援に出撃、カビエン、ラバウル、ポートダーウィンを攻撃の後にインド洋に向かいセイロン島を空襲し、四月に日本に戻った。そして翌月、ミッドウェー攻略のため出撃した。一九四二年六月五日、第一次攻撃隊として零戦九機、九九艦爆一八機を発進させた後、対艦攻撃兵装で飛行隊を待機させていたが、陸上攻撃用に装備を転換中、敵空母発見の報告を受け、再び雷爆装備への転換を始めた。その作業中の〇七時二三分、空母「エンタープライズ」、「ホーネット」の艦載機の攻撃を受け爆弾二発が命中した。これが大規模な誘爆を引き起こし、大火災が発生した。「赤城」は六月六日〇一時〇〇分頃、味方駆逐艦の魚雷で処分された。

空母「加賀」は真珠湾攻撃に参加後、第一航空戦隊の「赤城」とともに南方侵攻作戦の支援に出撃、カビエン、ラバウル、ポートダーウィンを空襲した。一九四二年二月、パラオ泊地に入港の際に艦底を損傷し、セイロン沖海戦には参加せずに日本に帰還して修理を受けた。同年五月二十七日、ミッドウェー攻略作戦で出撃する。六月五日、第一次攻撃隊として零戦九機、九九艦爆一八機を発進させた。飛行甲板上に対艦攻撃兵装で待機する飛行隊を陸上攻撃用に転換、再び対艦攻撃装備に転換、ようやく作業を完了した。発艦準備中の〇七時二三分、空母「エンタープライズ」の急降下爆撃機SBD「ドーントレス」の投擲した爆弾三発が命中した。爆弾と魚雷が誘爆、大火災を発生、一四時頃に総員退艦が命じられた。そして一六時頃にガソリンタンクが大爆発を起こし船体が二つに断絶、一六時二六分に沈没した。

空母「蒼龍」は一九四二年二月十九日にオーストラリアのポートダーウィンを空襲した。同年四月、第一航空戦隊（空母「赤城」、「加賀」）、第五航空戦隊（「瑞鶴」、「翔鶴」）とともにインド洋作戦に参加した。日本艦隊は、セイロン島を空襲、イギリス海軍の空母「ハーミーズ」、重巡「コーンウォール」、「ドーセットシャー」を撃沈した。そして一九四二年六月五日のミッドウェー海戦で、第一次攻撃隊として零戦九機、九七艦攻一八機の発艦後、対艦攻撃兵装で飛行隊が待機中、「ヨークタウン」所属のSBD「ドーントレス」の急降下爆撃を受け爆弾三発が命中、魚雷と爆弾が誘爆して大火災、機関が停止し八時間炎上して海底に沈んだ。

空母「飛龍」は、一九四二年四月のインド洋作戦で急降下爆撃隊が非常に高い命中率を記録した。この戦いでイギリス海軍の巡洋艦「コールウォール」と「ドーセットシャー」の撃沈に貢献した。そして一九四二年六月のミッドウェー海戦。六月五日の〇七時二三分に始まるアメリカ軍艦載機の攻撃で空母「赤城」、「加賀」、「蒼龍」が甚大な被害を受けたが、このときは「飛龍」だけは無傷だった。「飛龍」は零戦六機、九九艦爆一八機を発進、空母「ヨークタウン」に爆弾三発を命中させた。引き続き「加賀」所属二機を含む零戦六機、「赤城」所属一機を含む九七艦攻一〇機を発進、再び「ヨークタウン」を攻撃し魚雷二本を命中させた。その後、空母「エンタープライズ」のSBD「ドーントレス」の攻撃を受け、爆弾四発を被弾し、これが致命傷となり、最後は駆逐艦「巻雲」

の魚雷で沈没処分となったが、沈まずそのまま漂流、沈没は目撃されていない。

真珠湾攻撃後、空母「翔鶴」と「瑞鶴」で編制される第五航空戦隊は、ラバウル、ラエを空襲した。それからインド洋作戦に参加、セイロン、ツリンコマリを空襲、イギリス海軍の空母「ハーミーズ」を攻撃する。ポート・モレスビー攻略支援作戦の後、アメリカ機動部隊との最初の海戦、珊瑚海海戦に参加した。日本海軍は空母「祥鳳」を喪失するが、「翔鶴」と「瑞鶴」の艦載機六九機が、空母「ヨークタウン」に爆弾一発を命中させ、「レキシントン」を撃沈した。「翔鶴」は爆弾三発を被弾、飛行甲板を損傷し退避、「瑞鶴」は損傷しなかったが多くの艦載機を失い、作戦は中止された。珊瑚海海戦での損傷のため「翔鶴」型空母二隻は、ミッドウェー海戦に参加できなかった。

ミッドウェー海戦で「赤城」、「加賀」など主力空母四隻が失われると、「翔鶴」と「瑞鶴」は第三艦隊下の第一航空戦隊を編制した。一九四二年八月の第二次ソロモン海戦で「翔鶴」の艦載機が空母「エンタープライズ」に爆弾三発を命中させた。一九四二年十月の南太平洋海戦では、「翔鶴」の艦載機が空母「ホーネット」に爆弾六発と魚雷二本を、「エンタープライズ」に爆弾三発を命中させた。しかし「翔鶴」も爆弾四発を被弾、大破して撤退した。一九四四年六月、マリアナ沖海戦では、「翔鶴」がアメリカ潜水艦「カバラ」から魚雷四本を受け、大量に浸水、航空機燃料に引火、火災を発生させて沈没した。「瑞鶴」はこの海戦で小破した。

一九四四年十月の捷一号作戦では、実質的に航空戦力を喪失していた日本海軍は、「瑞鶴」を中核に第三航空戦隊を編制して出撃するが、それは戦艦「大和」以下の戦艦部隊の水上砲撃戦を実現するための囮だった。「瑞鶴」はエンガノ岬沖で、魚雷八本、爆弾七発を受けて海底に沈んだ。

以上のように、真珠湾攻撃をおこなった第一航空艦隊の六空母のすべてが失われた。

南雲機動部隊が真珠湾攻撃から凱旋した後、第一航空艦隊航空参謀の源田実中佐、飛行隊総指揮官の淵田美津雄中佐は皇居に呼ばれ、昭和天皇に拝謁することを許された。二人の海軍士官は、陛下に真珠湾攻撃の有り様を奏上する栄誉に浴した。

ハワイ作戦の実施計画作成を担当した一人、源田実中佐は、真珠湾攻撃後、引き続き第一航空艦隊航空参謀としてインド洋海戦、ミッドウェー海戦の航空作戦を指揮した。大敗を喫したミッドウェー海戦の後、空母「瑞鶴」飛行長を短期間務めてから大本営軍令部第一課へ転出し、海軍の大局的な航空作戦立案にかかわった。源田中佐は、特攻隊戦術の考案者の一人であるとされる。戦争末期になると、本土防衛のため新

1942年６月６日、前日のミッドウェー海戦で被弾し、放棄後に漂流中の空母「飛龍」。飛行甲板前方が破壊され、航空機格納庫がむき出しになっている。この写真は空母「鳳翔」の艦載機によって撮影された。その後、日本海軍の駆逐艦が「飛龍」を海上に捜したが発見できなかった。〔The Naval History & Heritage Command (formerly the Naval Historical Center)〕

1944年10月25日、フィリピンのエンガノ岬沖海上で左舷へ大きく傾斜する空母「瑞鶴」の飛行甲板。総員退艦が命じられ、万歳を叫ぶ大勢の乗員たち。「瑞鶴」の沈没で、真珠湾攻撃に参加した６空母のすべてが海底に沈んだ。〔The Naval History & Heritage Command (formerly the Naval Historical Center)〕

鋭戦闘機「紫電改」を選りすぐりの搭乗員で集中運用する第三四三海軍航空隊「剣部隊」を編制し、日本本土を空襲するアメリカ軍機の迎撃をおこなった。

　大戦を生き延びた源田実は、一九五四年に防衛庁入りし、航空幕僚監部装備部長、初代航空総隊司令、航空幕僚長を歴任し、空将にまで昇格した。そして一九六二年、自由民主党から参議院選挙に出馬、当選し議員を四期二十四年も務めた。海軍航空隊の英雄だった源田実は、防衛問題における重鎮とされた。一九八九年に八四歳で死去するが、その命日は四四回目の終戦記念日だった。

　真珠湾攻撃で航空攻撃全般の現場指揮官だった淵田美津雄中佐は、ミッドウェー作戦に向かう途上、虫垂炎の手術を受け、戦闘中は出撃することなく空母「赤城」艦内にいた。艦が被弾し劫火に包まれるなか、彼は脱出する際に両足を骨折した。しかし負傷しながらも淵田中佐は、辛くもミッドウェー海戦から生還を果たす。その後、横須賀航空隊教官、海軍大学校兼陸軍大学校教官を経て、軍令部に入り作戦参謀として海軍の作戦立案にかかわった。それから聯合艦隊南方軍参謀となる。大戦末期、広島に原爆が投下された翌日、海軍調査団の一人として広島に行き、核兵器使用のもたらした惨状を目の当たりにし強い衝撃を受けた。終戦後は第二復員省、史実調査部などで働いた。一九四九年にキリスト教に入信、プロテスタントの教会で洗礼を受けた。淵田美津雄はその後の人生を、キリスト教伝道者として日本とアメリカでの布教活動に捧げた。一九七六年に七四歳で死去している。

　真珠湾攻撃で特殊潜航艇「甲標的」に乗り込んだ酒巻和男少尉は、海岸に潜航艇が座礁し太平洋戦争における日本人捕虜第一号となった。同乗していた稲垣清二等兵曹にも死なれ、特殊潜航艇で出撃した一〇名で生き残ったのは彼一人だけだった。当時、日本では戦死した九名が「九軍神」として崇められたが、捕虜になった酒巻少尉のことは秘密にされた。アメリカ軍に捕らえられた酒巻少尉は、厳しい尋問を受けながら、ハワイの捕虜収容所で自決を試みるが失敗している。その後、彼はアメリカ本土の捕虜収容所に移され、終戦までの長い時間をそこで過ごした。終戦で帰国後、トヨタ自動車工業に入社、輸出部次長などを経て、同社ブラジル現地法人の社長に就任している。引退後日本に戻り、一九九九年十一月に愛知県で八一歳で亡くなっている。

　戦後を長く生きた源田実や淵田美津雄、そして酒巻和男とちがい、真珠湾攻撃で雷撃隊の先陣をきった村田重治少佐の余命は短かった。彼は、真珠湾攻撃で魚雷を懸架した九七艦攻四〇機を指揮し、戦艦泊地《バトルシップ・ロウ》の戦艦群に大打撃を与え「雷撃の神様」と呼ばれた。村田少佐は真珠湾攻撃の翌年十月、南太平洋海戦において空母「ホーネット」を雷撃し、その直後に同艦に突入、自爆している。その衝撃的な最期は僚機が目撃、報告された。

真珠湾攻撃で急降下爆撃隊を指揮した高橋赫一少佐は、真珠湾攻撃の翌年の五月、珊瑚海海戦に参加、空母「レキシントン」に爆弾を投擲した。そして撤退空中集合している際、乗機の九九艦爆がアメリカ軍戦闘機に撃墜され戦死している。

卓越した零戦の操縦士だった板谷茂少佐は、真珠湾攻撃では制空隊を指揮したが、ミッドウェー海戦で「赤城」が沈没すると第五一航空戦隊参謀として転出した。彼は一九四四年七月、アリューシャン列島千島の空域を九六式陸上攻撃機で移動中、日本陸軍機の誤射により撃墜され死亡した。

ハワイ作戦を実行した第一航空艦隊司令官の南雲忠一中将は、真珠湾攻撃で大戦果をあげた後、インド洋でイギリス海軍と戦い打撃を与えた。しかしミッドウェー海戦で、主力の制式空母四隻を喪失するという大敗を喫した。この敗戦指揮官の処遇は、山本五十六連合艦隊司令長官の一時預かりとなったが、その翌月、「翔鶴」、「瑞鳳」などの空母機動部隊として再編制された第三艦隊の指揮官として南雲中将が任命された。この第三艦隊は、一九四二年十月の南太平洋海戦で空母「ホーネット」を撃沈するが、南雲中将の艦隊も多くの熟練搭乗員が戦死し、海軍の航空兵力は著しく弱体化した。この海戦後、南雲中将は、呉鎮守府司令長官、そして第一艦隊司令長官となるが、第一艦隊はまもなく編制替えで消滅した。一九四四年三月、南雲中将は中部太平洋方面艦隊司令官を命じられ、同年六月に玉砕したサイパン島守備隊とともに死亡した。彼の最期は、自決あるいは戦死という二つの説がある。

山本五十六聯合艦隊司令長官に、ハワイ作戦の原案作成を依頼された大西瀧治郎少将は、搭乗員が確実に死亡する特攻作戦の提唱者として知られる。しかし特攻作戦の採用と実施は、さまざまな史実からみて軍令部の決定だった。大西中将は一九四四年十月、最初の計画的、組織的な特攻攻撃となる捷一号作戦時、第一航空艦隊に特攻命令を下す役割を与えられた。彼をして「統率の外道、十死零生の戦術」といわしめた特攻は、追い詰められた陸海軍の正式な戦術として、終戦のその日まで全面的に実施され、大勢の飛行訓練未了の若い搭乗員がこの作戦に殉じた。

日本政府内で終戦が模索されていた時期の一九四五年五月、大西瀧治郎中将は海軍軍令部次長を任命され、昭和天皇にたいし直接、戦争継続を訴えている。この行為は米内光政海軍大臣の逆鱗にふれた。大西中将が戦争継続に固執したのは、戦争継続を主張する陸軍との関係で説明されるが、彼の真意は明らかでない。大西瀧治郎は、終戦の翌日一九四五年八月十六日の夜、特攻隊英霊に宛てた遺書を残して割腹自決をはかった。このとき絶命するには至らず、医師の治療を拒み続け、翌日未明まで苦しみながら亡くなった。

そして最後に、聯合艦隊司令長官山本五十六大将。二度のアメリカ在住武官を経験し、国際情勢に高い見識をもつ理論家であった山本五十六は、永野修身海軍大臣の下で海軍次官に就任、陸軍の拡張政策、日独伊三国同盟締結に強く反対した。一九三九年八月に聯合艦隊司令長官となると、不可避となりつつある対米戦争で日本優勢とすべくハワイ作戦を構想、軍令部の反対を押し切って実現した。

一九四三年四月十八日早朝、山本司令長官が乗り込んだ一式陸上攻撃機は、南太平洋のブーゲンビル島上空でアメリカ陸軍の双発戦闘機P－38「ライトニング」に撃墜された。この聯合艦隊司令長官のブーゲンビル島視察予定は、すでに日本海軍の暗号解読に成功したアメリカ軍に事前に察知されていた。長官機撃墜の報告は、護衛についていた零戦から現地司令部へ伝えられた。地上から救援に向かった陸軍第一七軍第六師団歩兵第二三連隊は、密林の中に墜落した一式陸上攻撃機を発見した。座席に座ったままの山本司令長官は全身打撲あるいは内臓破裂により死亡していた。死亡時刻は、軍医によれば撃墜時ではなく、機が撃墜された翌日の朝だとされている。

おわりに

真珠湾攻撃は、アジアでの対立を日米英蘭などの戦争とし、このアジアの戦争を遠いヨーロッパや植民地での戦争と一体化させ人類史上二度目の世界大戦とする、重大な歴史的転換点となった。半世紀以上前、一九四一年の日本海軍による真珠湾攻撃が、現代の国際社会に想起させられたのは、二〇〇一年九月十一日のアメリカ同時多発テロの直後だった。ジョージ・W・ブッシュ大統領は、このテロを戦争と宣言し、アフガニスタンとイラクでの戦争につきすすんだ。9・11同時多発テロを、アメリカの一部マスメディアが「第二の真珠湾攻撃」と煽りたてたのは、アメリカ領土が外国から直接攻撃を受けた、歴史上二度目の大事件だったからだ（一九四一年当時、ハワイは準州）。もっともアメリカ領土にたいする他国の小規模な攻撃は、太平洋戦争初期の日本海軍の潜水艦作戦などもあったが、孤立主義や外交交渉を継続すべきとの国民世論を吹き飛ばし、戦争へ駆り立てる強い衝動をアメリカ社会にもたらした出来事は、これらを除いてほかにない。また真珠湾攻撃と9・11同時多発テロは、どちらも当時の政権が国民を戦争に向かわせる強力な広報宣伝活動を展開した事実も共通している。

さらに日本海軍の真珠湾攻撃と9・11同時多発テロに関しては、アメリカ政府や大統領の「陰謀説」が取り沙汰され、その真偽は定かではないが、今日に至ってもいくつかの謎が残されたままである。こうした諸説の背景には、それぞれの政権が、どちらもアメリカの戦争を強く求めていた事実がある。

9・11同時多発テロの約半年前、マイケル・ベイ監督の映画『パール・ハーバー』が公開された。総制作費一億三〇〇〇万ドルをかけたこのハリウッド映画は、コンピュータグラフィックを駆使したSFXと音響演出で臨場感あふれる戦闘シーンを描き出したが、戦争映画としての史実を大胆に無視した内容が批判の対象ともなった。映画のなかで悲劇的に描写された日本軍機による民間人や病院施設、そして沈没艦から逃れ海面を漂う兵士たちへの機銃掃射がなかったことは、本書のなかで述べたとおりである。

真珠湾攻撃でのアメリカ人の死者は、陸海軍、海兵隊が二三四五人、民間人が六八人で、膨大な物的被害に比し人的被害は少なかったといえる。その理由は、整備された軍港で攻撃を受けたため、艦艇乗員の脱出と救助が洋上での戦闘よりはるかに容易だったこと、攻撃が日曜の早朝だったため軍事施設における未配員が多かったことなどによる。それにたいし一例をあげれば、太平洋戦争末期、沖縄への水上特攻（菊水作戦）での坊ノ岬沖海戦では、戦艦「大和」一艦だけで二七四〇人の戦死者、第一遊撃部隊全体では三七二一人が亡くなっている。世界史における重要性は、真珠湾攻撃が格段に大きく、沖縄へ向かった戦艦「大和」の沈没は軍事的にもほとんど価値がなかった。このことは、歴史を動かすのは死者の数ではないことを如実に物語っている。

最後に、本書を出版するにあたり、貴重なご助言、ご指導をいただいた現代書館編集部の吉田秀登氏、ノンフィクションライターの澤宮優氏に深く感謝申し上げる。

秋元健治

二〇一〇年三月

〔註〕

(1)佐藤和正『太平洋海戦①』講談社　一九八八年　三五頁

(2)防衛庁防衛研修所戦史室『戦史叢書　ハワイ作戦』朝雲新聞社　一九六七年　一七四頁

(3)防衛庁防衛研修所戦史室『戦史叢書　ハワイ作戦』朝雲新聞社　一九六七年　一七五頁

(4)防衛庁防衛研修所戦史室『戦史叢書　ハワイ作戦』朝雲新聞社　一九六七年　一八一頁

(5)防衛庁防衛研修所戦史室『戦史叢書　ハワイ作戦』朝雲新聞社　一九六七年　一四四頁

(6)防衛庁防衛研修所戦史室『戦史叢書　ハワイ作戦』朝雲新聞社　一九六七年　一四一頁

(7)防衛庁防衛研修所戦史室『戦史叢書　ハワイ作戦』朝雲新聞社　一九六七年　一三七頁

(8)防衛庁防衛研修所戦史室『戦史叢書　ハワイ作戦』朝雲新聞社　一九六七年　三四七頁

(9)A・J・バーカー『パールハーバー　われ奇襲に成功せり』サンケイ新聞社出版局　一九六七年　八六頁

(10)The Pearl Harbor Attack, 7 December 1941: Where were the Carriers, 7 December 1941

(11)Damage Report for Aircraft after Pearl Harbor Attack, Enclosure (D) to Commander in Chief, Pacific Fleet Report of Japanese Raid on Pearl Harbor, 15 February 1942

(12)Commander Battles, Battle Force, Report for Pearl Harbor Attack, A16-3/(0923)

(13)Commander Battles, Battle Force, Report for Pearl Harbor Attack, A16-3/(0923)

(14)Damage Report for Ships after Pearl Harbor Attack, Enclosure (C) to Commander in Chief, Pacific Fleet Report of Japanese Raid on Pearl Harbor, 15 February 1942

(15)Action Report U.S.S. Arizona (BB39) December 7, 1941, Receiving Barracks, Pearl Harbor Attack, T.H., December 13, 1941

(16)Action Report U.S.S. Arizona (BB39) December 7, 1941

(17)Action Report U.S.S. Arizona (BB39) December 7, 1941, Receiving Barracks, Pearl Harbor Attack, T.H., December 13, 1941

(18)Commander Battles, Battle Force, Report for Pearl Harbor Attack, A16-3/(0923)

(19)Commander Battles, Battle Force, Report for Pearl Harbor Attack, A16-3/(0923)

(20)Damage Report for Ships after Pearl Harbor Attack, Enclosure (C) to Commander in Chief, Pacific Fleet Report of Japanese Raid on Pearl Harbor, 15 February 1942

(21)Action Report U.S.S. West Virginia (BB48) December 7, 1941, Pearl Harbor Attack, BB48/A16-3, Enclosure A

(22)Action Report U.S.S. West Virginia (BB48) December 7,

1941, Pearl Harbor Attack, BB48/A16-3

(23) Action Report U.S.S. West Virginia (BB48) December 7, 1941, Pearl Harbor Attack, BB48/A16-3, Enclosure A

(24) Action Report U.S.S. West Virginia (BB48) December 7, 1941, Pearl Harbor Attack, BB48/A16-3, Enclosure A

(25) Cook Third Class Doris Miller, USN

(26) Cook Third Class Doris Miller, USN

(27) Action Report U.S.S. Tennessee (BB43) December 7, 1941, Pearl Harbor Attack, Serial 0157, BB43/A16-3

(28) Action Report U.S.S. Tennessee (BB43) December 7, 1941, Pearl Harbor Attack, Serial 0157, BB43/A16-3

(29) 渡部義之編『アメリカの戦艦』学習研究社 二〇〇七年 一一三頁

(30) Action Report U.S.S. Oklahoma (BB37) December 7, 1941, Pearl Harbor Attack, A9/L11-1

(31) Action Report U.S.S. Oklahoma (BB37) December 7, 1941, Pearl Harbor Attack, A9/L11-1(2)

(32) U.S.Naval Ammunition Depot Oahu, Hawaii, U.S.A. West Loch December 16, 1941, Surprise Enemy Attack and Sinking of the U.S.S. Oklahoma

(33) U.S.Naval Ammunition Depot Oahu, Hawaii, U.S.A. West Loch December 16, 1941, Surprise Enemy Attack and Sinking of the U.S.S. Oklahoma

(34) Commander Battles, Battle Force, Report for Pearl Harbor Attack, A16-3/(0923)

(35) Damage Report for Ships after Pearl Harbor Attack, Enclosure (C) to Commander in Chief, Pacific Fleet Report of Japanese Raid on Pearl Harbor, 15 February 1942

(36) Action Report U.S.S. Maryland (BB46) December 7, 1941, Pearl Harbor Attack, T.H., December 15, 1941

(37) Action Report U.S.S. Maryland (BB46) December 7, 1941, Pearl Harbor Attack, T.H.December 15, 1941

(38) Action Report U.S.S. Maryland (BB46) December 7, 1941, December 19, 1941, p.8

(39) Reports by Survivors of Pearl Harbor Attack

(40) Reports by Survivors of Pearl Harbor Attack

(41) Reports by Survivors of Pearl Harbor Attack

(42) Damage Report for Ships after Pearl Harbor Attack, Enclosure (C) to Commander in Chief, Pacific Fleet Report of Japanese Raid on Pearl Harbor, 15 February 1942

(43) Action Report U.S.S. California (BB44) December 7, 1941, Pearl Harbor Attack, T.H.December 13, 1941

(44) Action Report U.S.S. California (BB44) December 7, 1941, Pearl Harbor Attack, T.H., December 13, 1941

(45) Action Report U.S.S. California (BB44) December 7, 1941, Pearl Harbor Attack, T.H., December 13, 1941

(46) E01 Commander Battle Force, Report for Pearl Harbor Attack, A16-3(PH)/(05)/(09)

(47) Action Report U.S.S. California (BB44) December 7, 1941,

Pearl Harbor Attack, T.H., December 13, 1941

(48)Commander Battles, Battle Force, Report for Pearl Harbor Attack, A16-3/(0923)

(49)Action Report U.S.S. Nevada (BB36) December 7, 1941, Pearl Harbor Attack,.... , December 15, 1941

(50)Commander Battles, Battle Force, Report for Pearl Harbor Attack, A16-3/(0923)

(51)Action Report U.S.S. Nevada (BB36) December 7, 1941, Pearl Harbor Attack,.... , December 15, 1941

(52)Action Report U.S.S. Nevada (BB36) December 7, 1941, Pearl Harbor Attack,.... ,December 15, 1941

(53)Damage Report for Ships after Pearl Harbor Attack, Enclosure (C) to Commander in Chief, Pacific Fleet Report of Japanese Raid on Pearl Harbor, 15 February 1942

(54)Commander Battles, Battle Force, Report for Pearl Harbor Attack, A16-3/(0923)

(55)Commander Battles, Battle Force, Report for Pearl Harbor Attack, A16-3/(0923)

(56)Damage Report for Aircraft after Pearl Harbor Attack, Enclosure (D) to Commander in Chief, Pacific Fleet Report of Japanese Raid on Pearl Harbor, 15 February 1942

(57)防衛庁防衛研修所戦史室『戦史叢書　ハワイ作戦』朝雲新聞社　一九六七年　三七七頁

(58)防衛庁防衛研修所戦史室『戦史叢書　ハワイ作戦』朝雲新聞社　一九六七年　三七七頁

(59)Patrol Squadron Twenty-Two Report for Pearl Harbor Attack, VP22/A16-3/L11-1/A9

(60)Patrol Wing One Report for Pearl Harbor Attack, A16-3/(1)

(61)Patrol Wing Tow Report for Pearl Harbor Attack, PW2/A16-3/

(62)Patrol Wing One Report for Pearl Harbor Attack, A16-3/(1)

(63)Marines at Pearl Harbor, 7 December 1941 p.3

(64)Action Report U.S.S. Pennsylvania (BB38) December 7, 1941, Pearl Harbor Attack, A16-3/(01525)

(65)Action Report U.S.S. Pennsylvania (BB38) December 7, 1941, Pearl Harbor Attack, A16-3/(01525)

(66)Action Report U.S.S. Pennsylvania (BB38) December 7, 1941, Pearl Harbor Attack, A16-3/(01525)

(67)A09 Pearl Harbor Navy Medical Activities

(68)Action Report U.S.S. Pennsylvania (BB38) December 7, 1941, Pearl Harbor Attack, A16-3/(01525)

(69)Action Report U.S.S. Pennsylvania (BB38) December 7, 1941, Pearl Harbor Attack, A16-3/(01525)

(70)Action Report U.S.S. Pennsylvania (BB38) December 7, 1941, Pearl Harbor Attack, A16-3/(01525)

(71)Damage Report for Ships after Pearl Harbor Attack, Enclosure (C) to Commander in Chief, Pacific Fleet Report of Japanese Raid on Pearl Harbor, 15 February 1942

(72)Damage Report for Ships after Harbor Attack, Enclosure (C) to Commander in Chief, Pacific Fleet Report of Japanese Raid on Pearl Harbor, 15 February 1942

(73) Damage Report for Ships after Pearl Harbor Attack, Enclosure (C) to Commander in Chief, Pacific Fleet Report of Japanese Raid on Pearl Harbor, 15 February 1942

(74) Damage Report for Ships after Pearl Harbor Attack, Enclosure (C) to Commander in Chief, Pacific Fleet Report of Japanese Raid on Pearl Harbor, 15 February 1942

(75) Damage Report for Ships after Pearl Harbor Attack, Enclosure (C) to Commander in Chief, Pacific Fleet Report of Japanese Raid on Pearl Harbor, 15 February 1942

(76) Damage Report for Ships after Pearl Harbor Attack, Enclosure (C) to Commander in Chief, Pacific Fleet Report of Japanese Raid on Pearl Harbor, 15 February 1942

(77) Damage Report for Ships after Pearl Harbor Attack, Enclosure (C) to Commander in Chief, Pacific Fleet Report of Japanese Raid on Pearl Harbor, 15 February 1942

(78) Damage Report for Ships after Pearl Harbor Attack, Enclosure (C) to Commander in Chief, Pacific Fleet Report of Japanese Raid on Pearl Harbor, 15 February 1942

(79) Damage Report for Ships after Pearl Harbor Attack, Enclosure (C) to Commander in Chief, Pacific Fleet Report of Japanese Raid on Pearl Harbor, 15 February 1942

(80) Damage Report for Ships after Pearl Harbor Attack, Enclosure (C) to Commander in Chief, Pacific Fleet Report of Japanese Raid on Pearl Harbor, 15 February 1942

(81) Commander Destroyer Flotilla 1, Report for Pearl Harbor Attack, Com Des Flot One File No. A12/A16-3(C)

(82) 防衛庁防衛研修所戦史室『戦史叢書　ハワイ作戦』朝雲新聞社　一九六七年　三四二頁

(83) 防衛庁防衛研修所戦史室『戦史叢書　ハワイ作戦』朝雲新聞社　一九六七年　三三〇頁

(84) Damage Report for Aircraft after Pearl Harbor Attack, Enclosure (D) to Commander in Chief, Pacific Fleet Report of Japanese Raid on Pearl Harbor, 15 February 1942

(85) Enterprise Air Group, Report for Pearl Harbor Attack, CEAG/A16/Pb/(579)

(86) Enterprise Air Group, Report for Pearl Harbor Attack, CEAG/A16/Pb/(579)

(87) 防衛庁防衛研修所戦史室『戦史叢書　ハワイ作戦』朝雲新聞社　一九六七年　三九三頁

(88) Commander Battles, Battle Force, Report for Pearl Harbor Attack, A16-3/(0923)

(89) Pearl Harbor Navy Medical Activities

(90) Pearl Harbor Navy Medical Activities

(91) Pearl Harbor Navy Medical Activities

(92) Commander Battles, Battle Force, Report for Pearl Harbor Attack, A16-3/(0923)

(93) Damage Report for Ships after Pearl Harbor Attack, Enclosure (C) to Commander in Chief, Pacific Fleet Report of Japanese Raid on Pearl Harbor, 15 February 1942

❖著者紹介

秋元健治（あきもと・けんじ）

青森県弘前市出身。

早稲田大学社会科学部卒業、東北学院大学大学院経済学研究科（経済学修士）、岩手大学大学院連合農学研究科（農学博士）。

現在、日本女子大学 家政学部家政経済学科 准教授。

著書、『悠久の大地―インド農村物語』（1991年　第一書林）、『かえらざる祖国―占領地パレスチナ最前線』（1992年　第一書林）、『ボルネオ・熱帯雨林・ペナン族―失われる環境と人間』（1997年　第一書林）、『むつ小川原開発の経済分析―巨大開発と核燃サイクル事業』（2003年　創風社）、『核燃料サイクルの闇―イギリス・セラフィールドからの報告』（2006年　現代書館）、『戦艦大和・武蔵―そのメカニズムと戦闘記録』（2008年　現代書館）、『覇権なきスーパーパワー・アメリカの黄昏』（2009年　現代書館）。

真珠湾攻撃・全記録――日本海軍・勝利の限界点

2010年6月15日　第1版第1刷発行

著　者　秋元健治
発行者　菊地泰博
組　版　デザイン・編集室エディット
印　刷　平河工業社（本文）
　　　　東光印刷所（カバー）
製　本　矢嶋製本
装　幀　中山銀士

発行所　株式会社　現代書館
〒102-0072　東京都千代田区飯田橋3-2-5
電　話　03（3221）1321　FAX　03（3262）5906
振替　00120-3-83725　http://www.gendaishokan.co.jp/

校正協力・岩田純子

現代書館

秋元健治 著
戦艦 大和・武蔵
そのメカニズムと戦闘記録

世界最大最強の戦艦大和と武藏。15万馬力の超ド級戦艦はどんな運命の下に生まれてきた軍艦だったのか。軍国主義・海洋国家・少資源国等のさまざまな課題に直面しながら米海軍に勝つために創られた戦艦の全貌を詳述する。かわぐちかいじ氏推薦。

2600円＋税

日本の軍隊（上・下）
文 前田哲男／絵 貝原 浩
フォー・ビギナーズ・シリーズ

明治維新の内戦の中に生まれ、激動の世界史にまたたく間に参入した日本の軍隊。大国との戦争、政府への介入、国内でのテロ、クーデターと常に歴史をゆり動かしてきた軍人たちの行動原理を明らかにし、自衛隊の未来像まで論じた日本軍全史。

各1200円＋税

司馬遼太郎と「坂の上の雲」
文 中島誠／絵 清重伸之
フォー・ビギナーズ・シリーズ

司馬遼太郎の全小説原稿量の一割近い分量を占める「坂の上の雲」。日本人は負けはしなかったが、勝ち戦ともいえない日露戦争を自己の力で完勝したと考えたことで、歴史の誤りに踏み込んだ。この長編の時代・明治と「坂の上の雲」の日本人へのメッセージにメスを入れる。

2000円＋税

中島 誠 著
司馬遼太郎と丸山真男

共に96年に亡くなり、終生国家について考えた二人の思想、歴史・民族・国家観を分析比較。明治という国家、幕末・維新の志士達の見方、江戸後期の学問について、戦後日本について、日本史の流れについて等。相違点の謎解きが面白い。

2000円＋税

森川方達 編著
帝國ニッポン標語集〈増補普及版〉
戦時国策スローガン・全記録

「米英を消して明るい世界地図」「二人して五人育てて一人前」など戦時国策標語が4237句。現代でも通用する標語もあるが、国民を戦争へと駆り立てるのに大きな役割を果たしたのはこれらの言葉であった。言葉の責任は重い。解説に新資料追加。

1800円＋税

秋元健治 著
覇権なきスーパーパワー・アメリカの黄昏
迷走するアメリカの〈正義〉の行方

アメリカが展開する「対テロ戦争」の呪縛が世界を壊し続けている。今も星条旗の下に多くの人間が殺されている。オバマも手を焼くブッシュ時代の負の遺産の正体を暴く。アメリカと付き合わなくてはならない不幸な世界を解剖する。

2200円＋税

秋元健治 著
核燃料サイクルの闇
イギリス・セラフィールドからの報告

石油高騰の国際不安の中で再び原子力発電が「評価」されている。チェルノブイリの教訓を忘れ核燃料サイクルの恐ろしい真実を隠そうとする悪しき代表例であるイギリスの原発の歴史を暴き、セラフィールド原発事故の癒えない後遺症を追う。

2300円＋税

（定価は二〇一〇年六月一日現在のものです。）